元華文創

CONSUMER PROTECTION LAW

圖解案例

實務案例
增訂二版

消費者保護法

林瑞珠 教授 編著

闡述法律規範與司法實務之發展趨勢

繼而提供個案之解析，使理論與實務相互印證

自 序

　　回顧過往多年的教學經驗，從生澀、制式到互動融合，對於老師而言，真是一種難得的人生歷程，而看著學生的成長，更是一種滿足。近年來，個人有幸參與許多消費者保護法規的相關政府諮詢與社會服務，則深深體會到廣大民眾在面對日常生活的法律問題時，比初學法律者更是無助！相對者，政府雖有理想有作為，但面對事業經營者與消費大眾之間的齟齬，如何在程序上取信社會？又如何在法律的釋義上讓人信服？對此，溝通與理解當成為核心問題。

　　是以，當元華出版社的蔡總經理提出其數位出版之構想時，第一個浮現在眼簾的，就是個人多年投入校園講學之用的視覺化教材，以及一個能透過網路、有益於社會大眾理解及政府傳遞其消保理念的規劃。

　　在設計的理念上，個人還是先回歸法律人的法律體系思維，建構出自總論到各論的章節架構，但在訴求上，則使用創新式的 PPT 圖示教材，以淺顯易懂的視覺化圖文，來引領讀者或學習者進入消費者保護法的領域；再者，則輔以「消保法律小學堂」的篇框，較深度的詮釋法律用語，以滿足使用者的多元需求。若是教師有意願採用此講義，將另外獲得教學手冊與題庫的支持，以完善其課程使用之目的。

　　綜上，身為法律人，多年追逐法學專著之發表後，深感回饋社會大眾之重要性！而消費者保護這個攸關全民食、衣、住、行、育、樂，乃至生、老、病、死，人生大事的課題，更應該有法律人投入易懂、能用的知識資源。此次增訂二版印製之際，COVID-19疫情影響未歇，數位化工具已成為兼顧日常生活所需以及疫情控制的解決方案。無遠弗屆的網路，搭配電子書的發行，也讓學習體驗從實體學術殿堂解放；這也正是出版這份講義之用心所在。

目 次

喜歡吃豆花的阿遠，趁著中午時分，在學校旁的豆花店買兩碗豆花準備在學校木桌前大快朵頤，其中一碗自己吃，另一碗送給女朋友阿花吃。

老闆，兩碗豆花帶走！

4

快吃吧！
我特別去買的唷！

誰知在下午的課堂上，阿遠與阿花皆覺得肚子劇烈翻滾，跑了數次廁所後都不管用，就醫檢查後方發現係因豆花內含易使人腹瀉之細菌所致…

6

阿遠氣憤地向老闆請求醫療費用賠償，誰知在法學院旁經營豆花店的老闆，因終日耳濡目染，竟然毫不客氣的問阿遠請求權基礎為何？

民法第184條

- Ⅰ、因**故意或過失**，不法侵害他人之權利者，負損害賠償責任。故意以背於善良風俗之方法，加損害於他人者亦同。

老闆姿態擺得高傲，若欲請求其賠償，似乎非上法院不可…

消保小學堂：請求權基礎

- 民法：有別於刑法、行政法等一般傳統的「公法」，民法主要是在規範私人之間的權利義務。民法共有五編：總則、債編、物權、親屬及繼承。

- 簡單來說，在民法上，規定一方可以要求他人做什麼或不做什麼的權利稱為「請求權」；規定請求權的條文規範，稱為「請求權基礎」。

- 常見的請求權基礎，像是阿遠到自助餐買便當，便是與店家締結買賣契約，阿遠享有得向店家請求移轉便當；店家享有要求阿遠支付價金的權利。

8

問題思考

1 阿遠除了民法第184條第1項前段之外，是否有更適當之請求權基礎向豆花店請求賠償？

2 若之後發現帶有細菌者，並非豆花店之豆花，而是老闆所添加之糖漿，因糖漿公司之生產缺陷所造成，則此時阿遠得向何人主張何種權利？

3 除了經由複雜的民事訴訟之外，是否存在更簡易之管道向豆花店老闆請求賠償？

4 無辜的女友阿花，是否只能向自己男朋友主張賠償，或得向其他人主

壹、引導案例

二、陰魂不散的健身房

阿遠在準備考試之餘，為了維持自己最基本的運動量，所以決定開始重訓。

念書之餘，身體健康也要顧才行！

但學校的重訓室器材種類較少，故阿遠在10月決定自己花錢到「魔鬼精肉人健身房」健身。

12

健身房在簡單的介紹後，即拿出一年期定型化契約條款要求簽約；阿遠雖然是法律系出身，不過看到那麼多密密麻麻的文字也是覺得頭昏眼花...

13

但阿遠的功課越來越重，根本沒時間去健身，便將健身房的事情忘了。到了隔年的12月，阿遠才想起曾跟健身房簽約，但卻忘記契約是否到期，因此打電話向健身房詢問...

「您好，您原本的契約已於今年10月到期囉。」
「但您尚積欠11月以及12月兩個月之費用」。
「請您盡快結清，否則欠款過多的話…」

不是到期了嗎！怎麼還會要我繼續繳款？

14

原來是因為阿遠並未向健身房為終止契約之表示，故依據當初契約上之內容，即使阿遠在11月以及12月未使用健身房，阿遠仍然積欠11月以及12月這兩個月之費用。

當初契約上之內容：

若消費者於到期時未為終止之表示下，視為同意延長契約一個月，並得無限次延長之，之後消費者欲終止者，除為終止之意思表示外，尚須繳清未結清之欠款…

健身房並揚言：

若積欠金額過多，將派出三名壯如金鋼狼的猛男「登門拜訪以促使繳清款項」。

說啊！為什麼不乖乖繳款呢？

15

問題思考

1 何謂定型化契約？消費者若認為上述定型化契約條款對其權利造成侵害，得如何主張救濟？

2 行政院教育部體育署公布之「健身中心定型化契約應記載及不得記載事項」內「不得記載事項」中第十一記載：「業者不得事先約定屆期自動續約不另通知消費者或類此字樣。」

- 1.過去體育署「健身中心定型化契約應記載及不得記載事項」之法律依據為何？
- 2.健身房之定型化契約條款有無違反此「不得記載事項」之規定？
- 3.健身房該定型化契約條款違反此項規定之法律效果為何？

3 阿遠發現若要經由民事訴訟解決紛爭，將是複雜而漫長的道路，是否有其他管道可解決紛爭並迫使業者遵守政府規定之事項？是否得向消費者保護團體申訴？你（妳）知道哪些消費者保護團體？

16

貳、消保法之體系

一、

消保法之立法原則

17

立法原則

1 實踐憲法保障人民生存權、財產權及言論自由權之基本原則。

2 採取宣示性與實踐性合併立法之體例。

3 使本法與其他有關消費者保護之法規互相協調或補漏。

4 在保護消費者權益的前提下，兼顧企業經營者的利益。

5 參考先進國家的立法經驗。

6 適應我國的國情。

18

規範體系

消保法之規範體系與民法體系類同，由抽象到具體，由一般到特定。

消保法之編排體例，以總則規範一般性之通例，例如消保法第2條對於各個名詞之定義，以及政府與企業經營者應盡之一般性義務。

第二章以消費者之保障為中心，規範消費者之健康與安全保障以及定型化契約應遵守之規範，等較抽象之概念；之後進入較為具體而特殊之特種交易以及消費資訊規範，此章為消保法之核心所在。

第三章及第四章依序規範民間之消費者保護團體、政府行政監督下之權力以及行政院主管消費者保護事務之權限。

其後規範消費爭議之調解、訴訟；最後規範罰則。

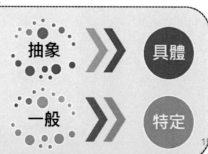

19

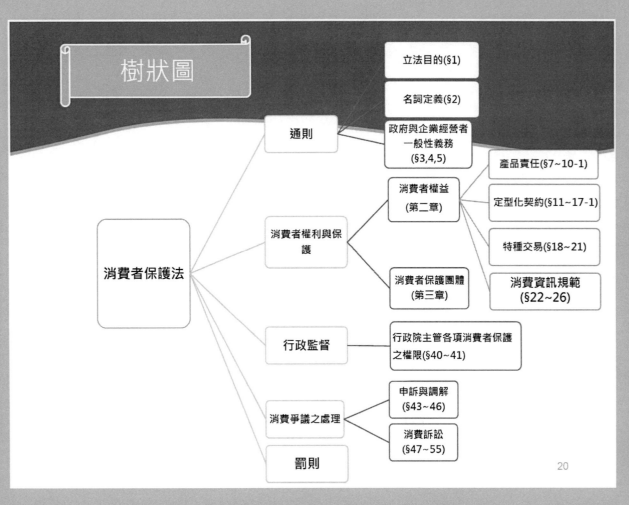

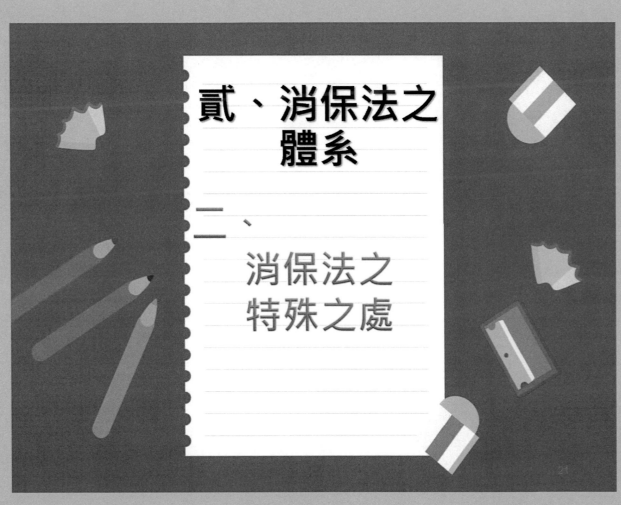

消保法之制定，為補足民法等規範之不足

民法　過去未區分企業經營者以及消費者為不同規範，
其以追求雙方之公平為基本原則

- 惟消保法之制定，就是為補足民法規範所不足。因企業經營者往往擁有巨大之財力以及專業知識，而在雙方訂立契約時藉由草擬契約以及消費者無從選擇其他產品下訂立不公平之定型化契約條款。

- 在商品、服務對消費者或第三人產生損害時，消費者難以舉證企業經營者之過失而使消費者（或第三人）求償無門。有時，企業經營者亦會以不實之廣告內容欺騙消費者。

- 且在求償程序上，企業經營者在法律上往往具有律師或其他專業人員之協助，對一般消費者而言，難以負擔龐大的律師費用。

消費者

企業經營者　有錢　有權　有專業知識　健康受損　金錢損失　權益受害

22

特殊之規定

基於上述種種對消費者不利之情形消保法在設計上為保障消費者，主要有幾項特殊之規定，在此大略敘述：

▶ 在商品或服務責任上，對商品製造人或服務提供人採取無過失責任。也就是不同於民法侵權行為規定的必須以故意過失為要件，無過失責任就是在特定情況下，縱使無故意過失，也要賠償。

▶ 對於定型化契約條款，其條款應使消費者得預見外，應符合平等互惠、誠信原則。主管機關應積極監督，並選擇特定行業公告其定型化契約應記載或不得記載事項（消保法第11條以下）。

▶ 對於特殊交易類型針對消費者處於不利地位之處，予以特別規定，保障消費者（消保法第18條以下）。

▶ 消保法規範企業經營者及相關媒體對於廣告內容之真實義務及最低限度義務（消保法第22條以下）。

▶ 對於消費者權益受害時之特殊救濟管道（消保法第33條以下）。

▶ 消費爭議調解委員會與消費專庭之設計（消保法第43條以下）。

▶ 懲罰性損害賠償之設計（消保法第51條）。

23

商品及服務責任概述

◆ 以商品及服務責任為例，有別於民法第184條第一項前段以下有關侵權行為以加害人有過失為要件之原則，消保法對於商品製造人及服務提供者之特定行為，僅規定企業經營者於其舉證無過失時，法院得減輕賠償責任。

◆ 也就是說企業經營者縱使無過失，亦須負賠償之責，不以加害人有過失為要件之「無過失責任」

消保法第7條：

- I、從事設計、生產、製造商品或提供服務之企業經營者，於提供商品流通進入市場，或提供服務時，應確保該商品或服務，符合當時科技或專業水準可合理期待之安全性。

- II、商品或服務具有危害消費者生命、身體、健康、財產之可能者，應於明顯處為警告標示及緊急處理危險之方法。

- III、企業經營者違反前二項規定，致生損害於消費者或第三人時，應負連帶賠償責任。但企業經營者能證明其無過失者，法院得減輕其賠償責任。

24

定型化契約

★ 消保法第2條 第9款

- 定型化契約：指企業經營者提出之定型化契約條款作為契約內容之全部或一部而訂立之契約。

企業經營者利用定型化契約侵害消費者權益之案例十分常見

為了保護消費者之相關權利，消保法自第11條以下規定消費關係之定型化契約相關事項
包括形式上契約締結過程與實質內容之規制

消保法第17條授權主管機關得公布應記載及不得記載事項，具體地針對特定企業為定型化契約之監督，避免消費者受到不合理定型化契約條款之侵害，並使企業經營者於擬定定型化契約條款時得以遵循。

定型化契約條款違反不得記載事項者，依據消保法第17條第4項之規定，該定型化契約條款應屬無效；若應記載事項卻未記載時，依據同條第5項之規定，該應記載事項仍構成契約內容之一部。

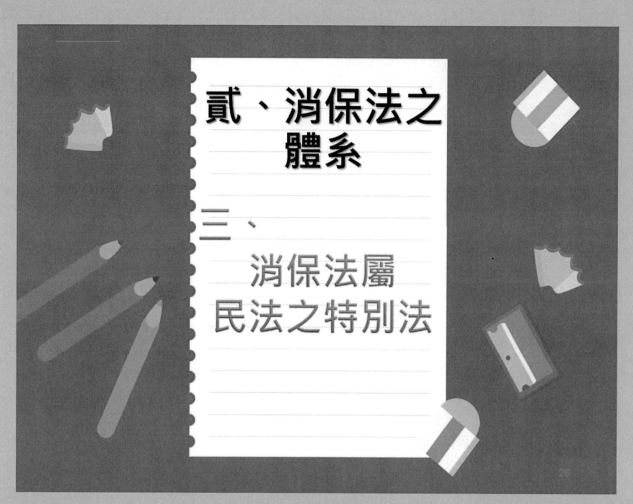

貳、消保法之體系

三、消保法屬民法之特別法

消費者保護法

有鑑於消費紛爭中 → 消費者受到企業經營者以不公平之契約條款（包括書面簽訂之契約以及各種告示）、不良之商品、服務以及不實之廣告等不公平之待遇 → 為保障消費者之權益，我國於民國八十三年制定公布消費者保護法。

消保法第1條

- Ⅰ、「為保護消費者權益，促進國民消費生活安全，提昇國民消費生活品質，特制定本法。」
- Ⅱ、「有關消費者之保護，依本法之規定，本法未規定者，適用其他法律。」

➤ 於消費者之保護方面，消保法屬民法之特別法，也就是說有關消費者之保護應優先適用消保法。

消保法未有規定者，應回歸民法適用

最高法院104年度台上字第358號判決（最高法院具參考價值裁判）

- 按消費者保護法（下稱消保法）第一條第一項揭櫫「為保護消費者權益，促進國民消費生活之安全，提昇國民消費生活品質，特制定本法」；復於同條第二項規定「有關消費者之保護，依本法之規定，本法未規定者，適用其他法律」，消保法乃屬民法之特別法，並以民法為其補充法。故**消費者或第三人因消費事故死亡時，消保法雖未明定其得依該法第七條第三項規定，請求企業經營者賠償之主體為何人？及所得請求賠償之範圍？然該條係特殊形態之侵權行為類型，同條第二項更明列其保護客體包括生命法益**，且於同法第五十條第三項規定，消費者讓與消費者保護團體進行訴訟之損害賠償請求權，包括民法第一百九十四條、第一百九十五條第一項非財產上之損害，<u>此依上開同法第一條第二項補充法之規定，自應適用民法第一百九十二條第一項、第二項及第一百九十四條規定</u>，即為被害人支出醫療及增加生活上需要之費用或殯葬費（下稱醫療等費）之人，得請求企業經營者賠償該醫療等費；對被害人享有法定扶養權利之第三人，得請求企業經營者賠償該扶養費；被害人之父、母、子、女及配偶，得請求企業經營者賠償相當之金額（即慰撫金）。

28

消保法非僅是私法

消保法為民法之特別法，但其並非僅有私法之性質。

例如：消保法第四章規範行政監督相關事項，同法第五章規範消費爭議之處理。

- 有強烈的公法性質，也顯現出消保法除在企業經營者與消費者之間尋求公平之外，尚要求公權力積極介入，以公權力調和消費關係。

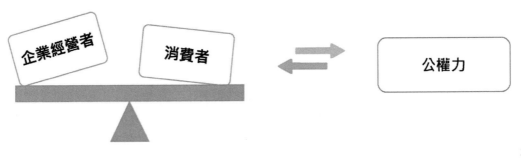

29

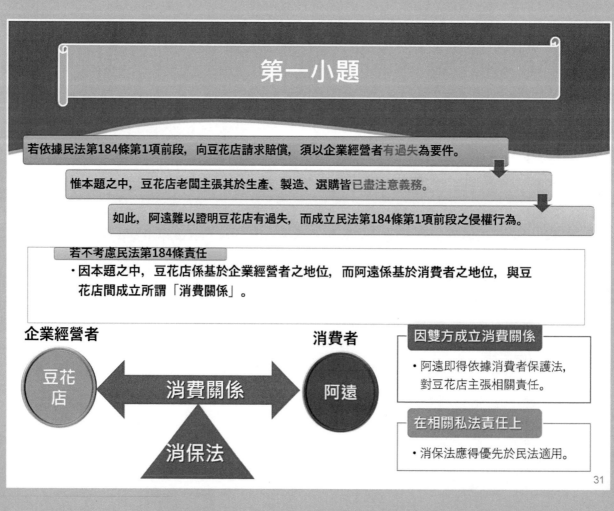

第一小題(續)

消保法第七條第一項規定商品及服務責任

本條有別於民法以過失侵權行為主要責任類型之原則，其不以過失為要件，而採無過失責任

此時縱使企業經營者主張其無過失，仍然須負擔損害賠償責任

因此本題之中，豆花店所販賣之豆花：

縱使老闆已主張其無過失，但因含有各種細菌並不符合食品應有之衛生規範，不符當時科技或專業水準可合理期待之安全性

故應成立消保法第7條第1項商品製造人責任，其不以有過失為要件，縱使老闆主張其無過失，阿遠仍得請求賠償。

第二小題

消保法施行細則第4條

本法第七條所稱商品，指交易客體之不動產或動產，包括最終產品、半成品、原料或零組件。

糖漿雖然僅是添加於豆花中之成分，並非直接銷售予消費者

惟消保法施行細則第4條規定半成品、原料亦得為商品製造人責任之商品

對於其半成品、原料若造成消費者之損害，亦有探究是否構成消保法第7條商品製造人及服務提供者責任之可能。

故糖漿既屬於商品之範疇，對於糖漿公司生產缺陷，造成糖漿含有害細菌，如前所述，並不符合商品可合理期待之安全性；

因此其亦違反消保法第7條第1項之規定，依據同條第3項之規定，因對阿遠及阿花造成損害，應與豆花店負連帶責任。

第三小題

阿遠 • 消費者

豆花店 • 企業經營者

→ 期間因豆花商品所生之爭議，屬於消保法第2條第1項第4款之**消費爭議**範圍

對於消費爭議，消保法第43條以下規範消費者得向企業經營者、消費者保護團體或消費者服務中心或其分中心**申訴**。若申訴未獲妥適處理，得向消費爭議調解委員會申請調解。

34

第四小題

阿遠並非為企業經營者 **無消費者保護法之適用**

- 且對於阿遠購買豆花送阿花，導致阿花腹瀉之結果並無過失，故阿花不得向阿遠請求侵權行為賠償（惟仍不排除有契約上加害給付責任之可能）。
- 對於向豆花店之請求，雖然阿花並非買賣契約之當事人，但依據消保法第2條第1項之規定，使用商品之人亦可為消保法下之消費者。
- 故阿花與豆花店之間，亦有消費者與企業經營者間之消費關係，因而對於製造有缺陷之豆花，阿花亦得以消保法第7條之商品製造人責任，向豆花店主張損害賠償。

35

參、例題解說

二、

陰魂不散的
健身房

第一小題

消保法第2條第9款 ⎨ • 定型化契約：指以企業經營者提出之定型化契約條款作為契約內容之全部或一部而訂立之契約。

1. 其基於定型化契約條款往往由企業經營者等有資力之一方擬定，可能含有對消費者不利之條款，對消費者之權益影響重大。

2. 於消保法第12條中，有規定定型化契約條款中違反誠信原則，對消費者顯失公平者無效等規定。

3. 至於民法第247條之1有對於定型化契約造成當事人所列該條各款之不利益，按其情形顯失公平者無效。

本題定型化契約課予消費者主動終止契約之規定，且必須自行負擔未終止契約之結果；

而企業經營者本可以簡易之方式提醒消費者契約即將期滿，但其將此風險轉嫁消費者，已課予消費者不相當之義務，而違反平等互惠原則，依第12條第2項推定該自動續約條款顯失公平，應屬無效。

第二小題

依據消保法17條規定中央主管機關得選定特定行業

公告規定其定型化契約應記載或不得記載之事項

此為體育署公布之「健身中心定型化契約應記載及不得記載事項內不得記載事項」之法律依據

『魔鬼精肉人』之規定：
- 規定消費者於契約期滿後，未為終止契約之表示者，視為同意延長契約一個月。

該條款違反了？
- 業者不得事先約定屆期自動續約不另通知消費者或類此字樣。

違反該條款規定者，依消保法17條第4項規定，應屬無效。

應記載而未記載者，依消保法第17條第5項之規定，仍構成契約之內容。

第三小題

消保法第43條

- Ⅰ、消費者與企業經營者因商品或服務發生消費爭議時，消費者得向企業經營者、消費者保護團體或消費者服務中心或其分中心申訴。
- Ⅱ、企業經營者對於消費者之申訴，應於申訴之日起十五日內妥適處理之。
- Ⅲ、消費者依第一項申訴，未獲妥適處理時，得向直轄市、縣(市)政府消費者保護官申訴。

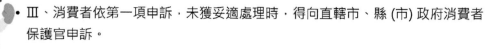

阿遠得依據消保法第43條向企業經營者、消費者保護團體或消費者服務中心或其分中心申訴.

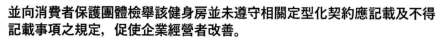

並向消費者保護團體檢舉該健身房並未遵守相關定型化契約應記載及不得記載事項之規定，促使企業經營者改善。

而消費者保護團體，依據消保法第2條規定，係指以保護消費者為目的而依法設立登記之法人；因此其並不以名稱上有保護消費者字眼者為限；只要在章程中，以消費者保護為目的者皆屬之，例如消費者保護基金會、台灣消費者保護協會、主婦聯盟環境保護基金會。

肆、國考試題演練

題號	答案	題目	相關條文
1	A	依消費者保護法規定，企業經營者未經邀約而與消費者在其住居所、工作場所、公共場所或其他場所所訂立之契約。此係指下列何者？ (A)訪問交易 (B)現物交易 (C)分期付款交易 (D)寄賣 <div align="right">【107年度不動產經紀營業員資格取得測驗更新題庫】</div>	§2
2	D	下列何者非屬政府為達成制定消費者保護法之目的，應實施之措施？ (A)維護商品或服務之品質與安全衛生 (B)防止商品或服務損害消費者之生命、身體、健康、財產或其他權益 (C)確保商品或服務之標示，符合法令規定 (D)促進事業商譽之維護及商品價格之保障 <div align="right">【107年度不動產經紀營業員資格取得測驗更新題庫】</div>	§3
3	C	下列何事項非屬政府為達成制定消費者保護法之目的，應就與之有關之法規及其執行情形，定期檢討、協調、改進之？ (A)確保商品或服務之廣告，符合法令規定 (B)確保商品或服務之度量衡，符合法令規定 (C)扶植、獎助企業經營者 (D)促進商品或服務之公平交易 <div align="right">【107年度不動產經紀營業員資格取得測驗更新題庫】</div>	§3

題號	答案	題目	相關條文
4	C	依消費者保護法規定，下列有關企業經營者對於其提供之商品或服務之敘述，何者錯誤？ (A) 應重視消費者之健康與安全 (B) 向消費者說明商品或服務之使用方法 (C) 維護企業經營者之合理利潤 (D) 提供消費者充分與正確之資訊 【107年度不動產經紀營業員資格取得測驗更新題庫】	§4
5	A	依消費者保護法之規定，企業經營者未經邀約而與消費者在其住居所、工作場所、公共場所或其他場所訂立之契約，下列何者屬之？ (A) 訪問交易 (B) 特種交易 (C) 定型化契約 (D) 個別磋商契約 【104年普通考試】	§2
6	C	法律有普通法與特別法的區別，下列何者屬於民法的特別法？ (A) 民事訴訟法 (B) 家事事件法 (C) 消費者保護法 (D) 破產法 【107初等】	§1

22

圖解案例消費者保護法　實務案例增訂二版

-第二章-
消保法之效力範圍

林瑞珠教授

大綱

2

壹、引導案例

一、

狀況連連的一天

3

阿遠是個就讀法律系的大學生，有著豐富精采的人生

但這天，他遭遇了一生中最倒楣的一天...

1

今天考期中考，起床時發現時間已經來不及，只好搭計程車上學。

2

沒想到司機加速趕路時，閃避旁邊的機車不及而發生擦撞，造成阿遠有點擦傷，支出醫藥費。司機歹勢的跟阿遠說他是第一天開小黃，有點緊張，敬請見諒。

6

3

幸好趕上考試，考完回家路上剛好經過麵包店試吃活動，阿遠便擠進人群，拿了一塊免費麵包，想說可以送給女朋友阿花。沒想到阿花吃完之後腹瀉不止，後來發現當日麵包發酵有問題。

結果阿花吃完後卻腹瀉不止…

7

4 下午，阿遠為了表達對阿花的歉意，帶阿花去看了場3D電影，阿遠不小心將3D眼鏡折斷，沒想到電影院以電影院門口所標示「3D眼鏡有遺失或毀損者，賠償新台幣五千元。」向阿遠求償五千元。

3D眼鏡有遺失或毀損者，賠償新台幣五千元

8

5 從電影院走出場，許多銀行理財專員在旁；看到阿遠穿著正式，年輕有為，便走上前去開始推銷相關理財服務，告訴阿遠年輕就要開始規劃未來，好好理財。

9

6

阿花平日在玩網拍，甚至已經達到白金會員等級，有近千的好評數；因今日吃了發酵有問題的麵包後頻跑廁所，便交代阿遠要登入其經營之網拍回答相關問題，有顧客反應其販售之衣服有脫線等瑕疵，與當初想像不合，要求解除契約。

回答錯了一定會被阿花修理得很慘...

請問以上各事件是否有消費者保護法之適用？

10

問題思考

- 如果阿遠一大早不是搭計程車，而是搭乘目前當紅的Uber，在法律上的主張會不一樣嗎？可以向誰請求損害賠償？

11

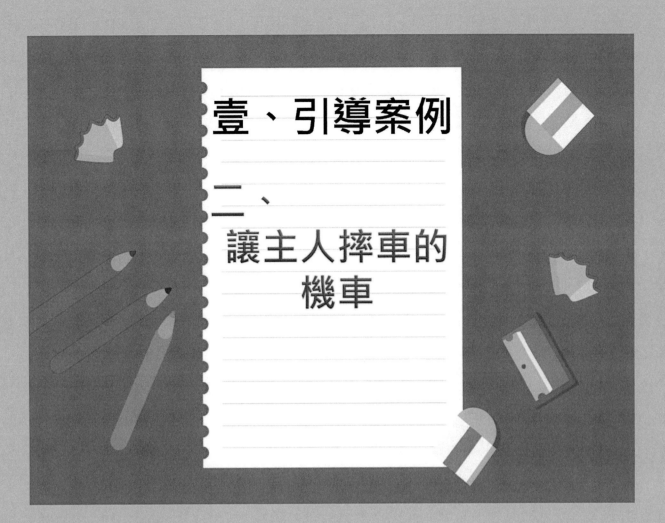

壹、引導案例

二、讓主人摔車的機車

阿遠考量到未來上下學、來往補習班的交通關係，以及搭載阿花等考量，便打算購買機車代步。其向「龜速機車公司」依市價五萬元購買該公司出廠之「龜速125」。

阿遠花了五萬元買了一台「龜速機車公司」出廠之「龜速125」。

沒想到過沒多久，便因煞車發生問題，導致撞到路旁之行道樹！
雖然「龜速125」沒有損傷，但是當時在車上的阿遠及阿花卻摔倒受傷，
付出醫藥費用一萬元。

14

之後隨著時間流逝，阿遠的里程數也累積到一定程度，必須到機車行做
保養，阿遠便到「亂修機車行」保養機油，亂修機車行的員工並順便幫
阿遠**免費**保養機車其他零件。

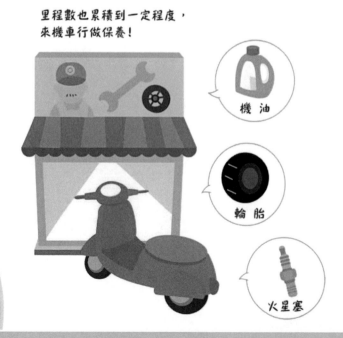

15

但在保養之後沒過多久，機車再度發生摔車問題，導致阿遠受傷，支出醫藥費一萬元。

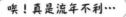

保養之後沒過多久，機車再度發生摔車問題

唉！真是流年不利…

16

問題思考

1 題目所述阿遠購買機車之目的，阿遠是否屬於消保法上之消費者？阿遠及阿花因煞車失靈導致之損害，得各以何種身分向何人主張消保法上權利？

2 「亂修機車行」更換機油及免費保養之行為是否屬於企業經營者提供商品及服務之行為？商品及服務在消保法中之定義為何？機車行兩項行為都是企業經營者之行為嗎？

3 若保養之後的摔車，經調查後發現係因機油製造商之生產缺陷，則阿遠得向何人主張消保法上權利？

4 若保養之後的摔車，經調查後發現係機車行員工越幫越忙，在免費保養之後因過失未將螺絲鎖緊所致，請問阿遠是否得向機車行主張消保法上權利？

17

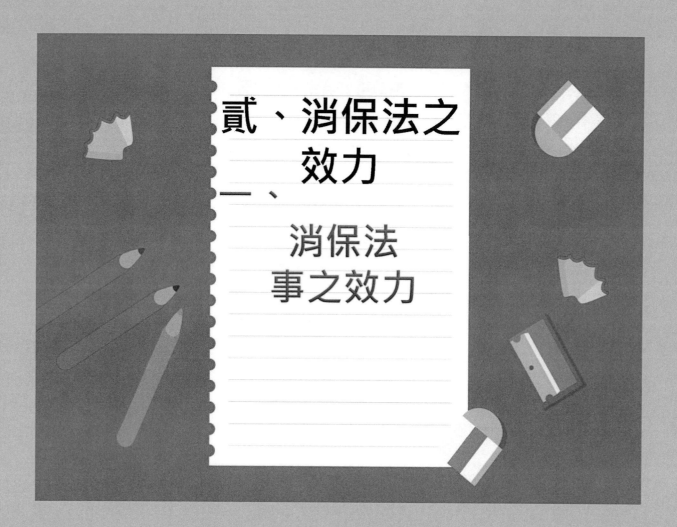

消保法主要以消費者保護為其規範對象

1. 事的效力上，參酌消保法之立法目的以及消保法第1條第2項之規定可知，消保法主要係適用於消費者保護之相關事項；

2. 包括商品及服務責任、定型化契約、特種交易、消費資訊規範均僅適用於消費關係；

3. 而第三章對消費者保護團體之規範，雖然並非直接針對企業經營者與消費者之法律關係為規制對象，但消費者團體之相關規定亦為消費者保護之重要事務指標；

4. 之後的行政監督、消費訴訟，雖然是規定若干行政機關之公權力以及法院司法程序等公法規定，惟其仍以消費者保護為主要規範事務及目的。

因此消保法主要以消費者保護為其規範對象，此屬於消保法事的效力。

何謂「消費」？

有關消費之解釋，依據消保會於八十四年四月六日「台八十四消保法字第○○三五一號」函可資參考，該函認為：

二、消費者保護法係以消費關係為其規範範圍，只要有消費關係存在均應適用本法。

- 所謂「消費關係」，依本法第二條第三款規定，係指消費者與企業經營者間就商品或服務所發生之法律關係而言。
- 基此，消費者保護法對於適用對象之行業別並無加以限制之規定，併此敘明。

三、所謂消費，由於消費者保護法並無明文定義，尚難依法加以界定說明，惟依學者專家意見認為，消費者保護法所稱的「消費」，並非純粹經濟學理論上的一種概念，而是事實生活上之一種消費行為。其意義包括：

- (一) 消費係為達成生活目的之行為，凡係基於求生存、便利或舒適之生活目的，在食衣住行育樂方面所為滿足人類慾望之行為，即為消費。
- (二) 消費係直接使用商品或接受服務之行為，蓋消費雖無固定模式，惟消費係與生產為相對之二名詞，從而，生產即非消費，故消費者保護法所稱之消費，係指不再用於生產之情形下所為之最終消費而言。惟此種見解是否得適用於消費者保護法所定之一切商品或服務之消費，仍應就實際個案認定之。

20

若有轉手獲利或單純投資等行為，則該行為非屬消費

例如： **購買零件之後，加工製造轉售**

- 其並非直接基於零件而滿足生活上慾望，而是以零件再加工生產
- **既為生產，則其即非屬消費**

例如： **一般民眾尋找理財專員，與金融業者簽訂相關契約，購買外幣、股票或基金等投資**

- 過去著眼於其獲利之角度，而認為投資與消費為相對之概念，**投資即非消費**
- 故單純投資或購買金融商品之行為，應無消保法之適用
- 例如：實務見解臺灣高等法院民事判決102年度重上字第235號即認為：購買保本固定收益債券之金融商品，係屬投資行為，與一般商品之消費行為有別，亦非基於消費目的而交易，與消費者保護法第7條第1項規定之企業經營者對商品或服務所負之合理期待安全性義務之規範目的不同，無適用該條規定之餘地。
- 須注意者為，金融管理監督管理委員會函釋指出，投資型金融商品是否可適用消費者保護法，應依該商品或服務之主要用途而定，不應就「投資型」之金融商品即逕認為投資行為，而無消費者保護法之適用。

21

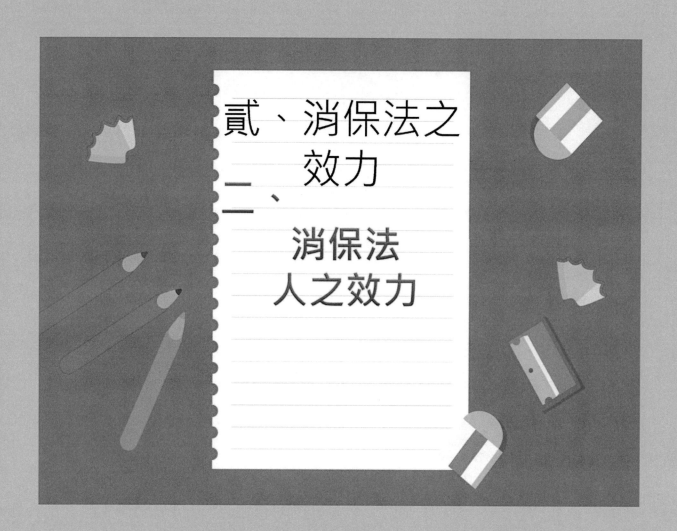

貳、消保法之效力

二、消保法人之效力

消費關係

消保法第2條第三款

- 本法所用名詞定義如下：
- 三、消費關係：指消費者與企業經營者間就商品或服務所發生之法律關係。

⬇

Business to Consumer（B2C）

消保法第2條第3款規定消費關係之雙方主體，亦即消費關係必為消費者與企業經營者間之關係，因此消費者及企業經營者即為消保法中「人之效力」所及。

由此可見，消保法所規定之消費關係，除了需考量該項行為是否屬於消費行為以外，對於交易雙方主體，其僅限於企業經營者對消費者間之關係(Business to Consumer, B2C)，而不適用於企業經營者間(B2B)或消費者間(C2C)之關係。

但消費者不限於「自然人」。公司企業之所有行為並不必然皆立於企業經營者之地位，有時公司、企業亦有可能以消費為目的購買商品，此時公司、企業即為消費者之角色，若其與企業經營者以消費為目的為交易，應有消保法之適用。

消費者、企業經營者

消保法第2條第一款、第二款

- 本法所用名詞定義如下：
  - 一、消費者：指以消費為目的而為交易、使用商品或接受服務者。
  - 二、企業經營者：指以設計、生產、製造、輸入、經銷商品或提供服務為營業者。

消保法施行細則第2條

- 本法第二條第二款所稱營業，不以營利為目的者為限。

在不以營利為限下，行政院消費者保護委員會89年8月21日台八十九消保法字第00908號函釋指出：

- 凡以提供商品或服務為營業之人，不論其為公司、團體或個人、亦不論其營業於行政上是否經合法登記或許可經營，只要是營業之人，均為企業經營者。

故應認為只要有經營、營業之意思，此時即屬企業經營者。例如在網路上分享自行開發之免費軟體、免費提供試吃者皆屬此處之企業經營者，在他方為消費者時，該行為受消保法之拘束。

第三人

消保法第7條：

- I 從事設計、生產、製造商品或提供服務之企業經營者，於提供商品流通進入市場，或提供服務時，應確保該商品或服務，符合當時科技或專業水準可合理期待之安全性。
- II 商品或服務具有危害消費者生命、身體、健康、財產之可能者，應於明顯處為警告標示及緊急處理危險之方法。
- III 企業經營者違反前二項規定，致生損害於消費者或**第三人**時，應負連帶賠償責任。但企業經營者能證明其無過失者，法院得減輕其賠償責任。

由消保法第7條之文意應可得知第三人至少應為「消費者及企業經營者以外之人」，故<u>交易、使用商品或享受服務之人，皆非此處之第三人</u>。

惟此仍未對第三人之範圍為定義，是否只要「企業經營者以及消費者以外之人」均屬第三人，而該當消保法相關條文要件時，均得據以請求？如此第三人之範圍是否過於無邊無際？

所謂「第三人」之範圍為何？

①實務見解相當分歧，大多認為應適度限縮，不應無邊無際，過於廣泛而採狹義之「合理預見之第三人」，作為第三人之範圍

- 如臺灣高等法院108年度重訴字第9號民事判決節錄如下：
  - 消費者保護法上之企業經營者責任，乃屬廣義之侵權責任，其損害賠償請求權人，原則上以具有消費之原因契約關係之人為限，此觀之消費者保護法第二條第一款僅就『消費者』為立法定義，消費者保護法施行細則草案研擬時，就『第三人』所為之『因商品或服務具有安全或衛生上危險而可能受損害之人』草案規定，於正式立法時，則遭刪除自明。本院因認該法第七條所稱之『第三人』，應僅限於消費關係下之『合理可預見之第三人』，始為允當。

②亦有採廣義說者

- 如邱聰智教授認為：「商品係因消費者使用或消費商品而生損害於第三人者，不問企業經營者得否合理預見，均須依本法對該等第三人負賠償責任。」
- 陳忠五教授亦主張：「任何可能因企業經營者提供服務而遭致人身或財物損害之人，均屬消保法服務責任的保護主體。」故判斷重點不在於被害人之地位，而在於服務是否欠缺安全性。
- 比較法上，英國消費者保護法規定「於本章規定之要件下，全部或部分因商品欠缺安全性所致之損害，應由本條第二項規定適用之人就該損害賠償負責。」僅就責任主體為規範，而受損害人為何，在所不問。

參見邱聰智，商品責任，「消費者保護法專案研究實錄」，頁63，行政院消費者保護委員會1997年6月。
參見陳忠五，在餐廳滑倒受傷與消保法服務責任的適用—最高法院100年度台上字第104號判決再評釋，台灣法學雜誌，第185期，2011年10月。

貳、消保法之效力

三、消保法時之效力

時之效力

消保法於立法院通過後，民國八十三年一月十一日經總統公布，其並未有溯及既往之規定；

- 根據該法第64條並依中央法規標準法第13條之規定，故其於民國八十三年一月十三日發生效力。

EX.

定型化契約的訂定，學說認為應以訂定於八十三年一月十三日（含）之後之定型化契約方受消保法之拘束

在商品責任方面，依據消保法施行細則第42條之規定：「本法對本法施行前已流通進入市場之商品或已提供之服務不適用之。」明示商品責任時之效力範圍。

- 相較於民法債編於八十八年修訂，並於八十九年五月五日修訂，關於定型化契約限制之民法第247條之1，依據民法債編施行法第17條之規定，有溯及既往之適用。

- 但新增訂之民法第191條之1商品製造人責任並未有溯及既往之規定，因此必須以八十九年五月五日（含）生效施行之後流通進入市場之商品為限。

詹森林，最高法院與定型化契約法之發展，收錄於民事法理與判決研究（四）—消費者保護法專論(2)，2006年12月，頁150以下。

28

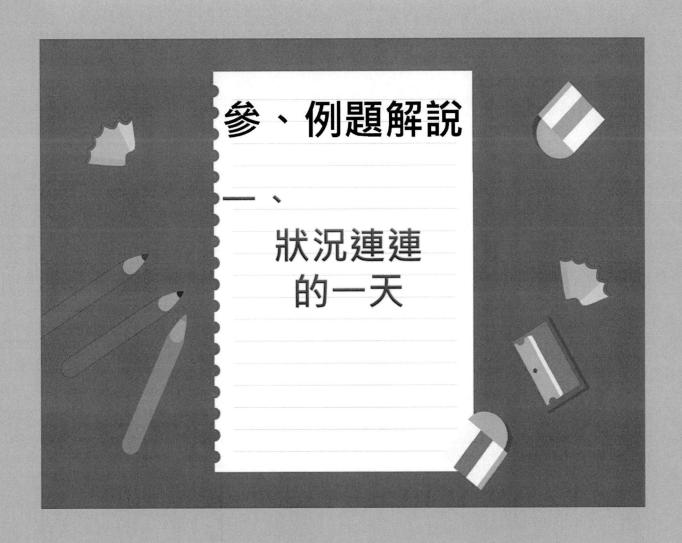

事件一

阿遠搭乘計程車應係為自己使用之目的，直接享受計程車服務之人，應屬於消費者；

而雖然計程車司機為第一天開車，但因其對未來以長久經營之意思而提供服務，因此應屬企業經營者。

故此事件中，係為消費者與企業經營者間所成立之消費關係，故應有消保法之適用。

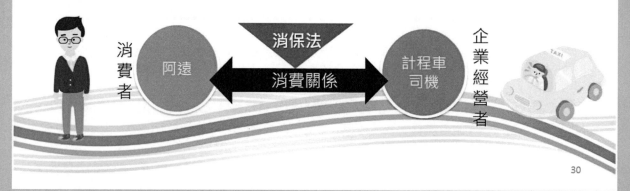

30

事件二

麵包店雖然係提供免費試吃，但消保法施行細則第2條規定企業經營者並不以營利為限；因麵包店之免費試吃係為長期之經營而提供商品，故仍無礙於其屬於企業經營者。

另一方面，雖然與麵包店成立贈與契約者為阿遠，而阿花僅是使用商品，並非與企業經營者成立契約關係，但依據消保法第2條第1項之規定，使用商品之人亦屬消費者；

故本題仍為企業經營者與消費者間所成立之消費關係，有消保法之適用。

31

事件三

電影院自然係以長期營業經營電影播放作為服務內容，而阿遠與阿花為自己消費之目的而欣賞電影，自然屬於企業經營者與消費者之關係，而有消保法之適用。

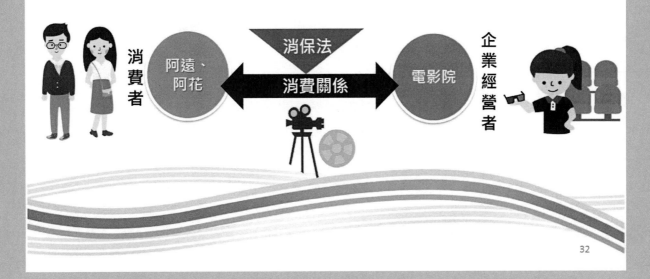

消費者　阿遠、阿花　←消保法／消費關係→　電影院　企業經營者

32

事件四

◆ 理財專員向阿遠推銷相關金融商品，依舊有多數實務見解，因購買金融商品之目的往往係為獲利，應與消費相互對立，因此若其與金控公司購買金融商品，非屬消費，而無消保法之適用。

◆ 惟金融消費者保護法通過之後，購買金融商品之行為，依該法之規定，屬於「金融消費」，而阿遠即屬於「金融消費者」而受金融消費者保護法之保護。

◆ 惟對於金融消費是否屬於消費之一部分，而金融消費者保護法與消保法間之關係究竟為何？是否為特別法與普通法之關係，抑或是兩個相互平行，未有重複規範之法律？金融消費者保護法頒布前各界看法不一，頒布後依消保處第1010072144 號函示，**兩法係屬競合關係，並無特別法與普通法關係存在，如屬消費關係，金保法如未規定，消保法相關規定當然可以直接適用(非補充適用)。**

◆ 因此本事件中，金融消費是否有消保法之適用：依目前實務見解，消費者因接受金融服務業提供金融商品或服務致衍生糾紛，**倘已依金融消費者保護法處理而未獲妥處時，亦應允許消費者適用消保法解決糾紛**；固然可能有重複提出，行政資源浪費之疑慮，惟就金保法未規定部分，如產品責任、定型化契約等事項所生爭議，藉由本法所訂之爭議處理機制解決糾紛，尚非無實益。

33

實務見解-金保法與消保法適用

行政院消費者保護處臺消保字第1010072144號函（節錄）

> 按金融消費者保護法（以下簡稱金保法）立法目的為「保護金融消費者權益，促進金融市場健全發展」及「於訴訟途徑外，提供金融消費者一具金融專業且有法律依據之紛爭處理機制」；**凡因金融服務業之商品或服務所生之民事爭議，例如廣告、促銷或要約過程之爭議、理賠或非理賠之保險爭議等所生之民事爭議，不區分「最終消費」或「投資」，均得適用金保法，**合先敘明。

> 發生法律競合情形時，金融消費者得選擇使用其認為合適之機制以解決紛爭，與現行其他法定訴訟外紛爭處理機制並不衝突；亦即**金保法與本法、公平交易法等同屬競合法性質，**其間並無特別法與普通法關係存在。以本法為例，如屬消費關係，金保法如未規定，本法相關規定當然可以直接適用（非補充適用）；即使是金保法已規定之部分，由於是競合關係，並未排除本法相關規定的適用，本法規定當然也可以直接適用。

> 消費者因接受金融服務業提供金融商品或服務致衍生糾紛，倘已依金融消費者保護法處理而未獲妥處時，參諸前述，尚難拒絕消費者適用本法解決糾紛；固然可能有重複提出，行政資源浪費之疑慮，**惟就金保法未規定部分，如產品責任、定型化契約等事項所生爭議，藉由本法所訂之爭議處理機制解決糾紛，尚非無實益。**

34

事件五

阿花雖然平常扮演消費者之角色，但其在網拍上有鑑於其擁有近千的好評數，且已達到白金會員之等級，應認為其有經營之意思，在網拍上其屬於企業經營者。

若是對方買家屬於消費者時，阿花與該消費者所發生之關係即屬消費關係，而有消保法之適用。

消費者　網路買家　→ 消保法 消費關係 ← 阿花　企業經營者

參、例題解說

二、讓主人摔車的機車

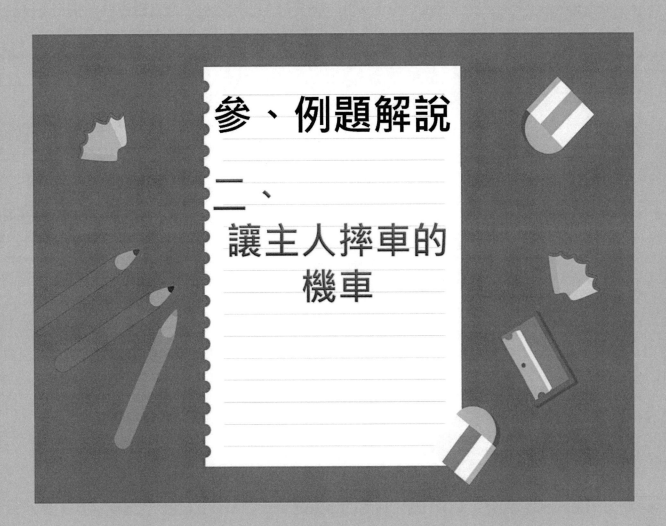

第一小題

阿遠
- 消費者：依據消保法第2條之規定，以及消保會之相關函釋，係以自己使用為目的，且非用於生產加工及轉賣。
- 阿遠購買機車之目的係為自己之使用，並非以機車為單純生產加工轉賣，故其屬消保法上之消費者。

阿花
- 阿遠屬於消保法上之消費者，而女友因有使用該商品，利用商品之功能增加活動之範圍，因此亦屬於消保法第2條第1項第1款之使用商品之消費者。

① 機車之煞車能力，依現今科技可合理期待之預期，對新出廠之機車，煞車應具有使該機車穩定停止之功能，惟系爭之機車並未具備此項功能，

② 因此阿遠及其女友得依消保法第7條第1項及第3項向「龜速機車公司」請求醫藥費賠償。

③ 並可依據消保法第10條請求商品製造人回收該批商品（在訴訟時，可主張消保法第51條之懲罰性賠償金）。

第二小題

消費者保護法施行細則第4條

- 本法第七條所稱商品，指交易客體之不動產或動產，包括最終產品、半成品、原料或零組件。 ➡ 至於「服務」，消保法並未明文定義。依行政院之解釋，消保法及其施行細則之『服務責任』之範圍，由法院參酌社會經濟發展，依實際情形以個案方式認定解決

消保法上企業經營者之行為並不以有償、無償或是否營利為判斷基準

- 故「亂修機車行」之保養，雖然為免費提供之服務，但在提供保養之部分，亦屬消保法上企業經營者提供服務之範疇。
- 若造成消費者或第三人之損害，應負消保法第7條以下之商品責任。

添加之機油並非機車行所生產製作

- 但因其係機車行直接添加進各個機車之中，若機油中品質欠缺造成消費者之損傷，基於機車行並未對機油改裝分裝，機車行應對於機油之部分負消保法第8條第1項之經銷商責任。

第三小題

對於機油生產之缺陷	對於機車行
因一般性機油之生產依現今科技，民眾得合理期待其水準可使機車行駛時更加順暢、不致失控，摔車應不屬現今科技安全可合理期待之水準。	因其僅直接添加機油至機車中之經銷商，阿遠應依據消保法第8條第1項，要求機車行與機油製造商負連帶責任。
因此阿遠得對機油製造商依消保法第7條第1項及第3項主張損害賠償責任，並依據第10條要求其回收該批商品	惟機車行得主張對於損害之避免，例如機油之選用，添加等，皆已盡相當注意義務極力避免之，而有免責可能。

第四小題

機車行員工提供保養服務時，雖係免費提供之服務，但不影響其為企業經營者提供服務之本質。

⇩

對於員工執行職務時不法侵害他人權利者，依民法188條第1項，由僱用人與員工連帶負損害賠償責任。

⇩

阿遠得依消保法第7條第1項及第3項、民法第188條第1項向機車行和員工主張賠償醫藥費。

肆、國考試題演練

題號	答案	題目	相關條文
1	C	下列有關消費者保護之敘述，何者正確？ (A) 通訊交易時，消費者與企業經營者得以約定延長或縮短七日之解約期限 (B) 從事經銷之企業經營者，對於商品因設計瑕疵所生之損害，僅對購買商品之消費者負賠償責任，不包括對第三人負責 (C) 消費者向財團法人購買基於公益目的而義賣之商品，亦應適用消費者保護法 (D) 企業經營者對於消費者因商品所生損害之賠償責任，得以契約約定僅就其過失行為負責 【106警察四等】	§2

題號	答案	題目	相關條文
1	C	下列有關消費者保護之敘述，何者正確？ (A) 通訊交易時，消費者與企業經營者得以約定延長或縮短七日之解約期限 (B) 從事經銷之企業經營者，對於商品因設計瑕疵所生之損害，僅對購買商品之消費者負賠償責任，不包括對第三人負責	§2

-第三章-
商品及服務責任

林瑞珠教授

大綱

2

商品及服務責任簡易樹狀圖

請求主體	賠償義務人	行為及責任	法律效果
消費者或第三人	商品製造人或提供服務之人(§7)以及商品或服務進口商(§9)	商品流入市場或提供服務時，確保符合當時科技及專業水準可合理期待安全性(§7 I)；造成損害，雖可舉證無過失，但僅得減輕賠償責任。	請求損害賠償(§7Ⅲ)並請求企業經營者回收該產品或停止服務(§10)
		有危害消費者生命、身體、健康、財產可能者，明顯處為警告標示及緊急處理之方法(§7Ⅱ)；造成損害，雖可舉證無過失，但僅得減輕賠償責任	
	經銷商(§8)	改裝、分裝之企業經營者，與商品製造人負同一損害責任(§8)；但舉證已盡相當注意者，得免責。	請求從事經銷之企業經營者負連帶責任(§8)

3

第一節：商品製造人及服務提供人責任

壹、引導案例

- 一、發生暴衝的汽車
- 二、緊急剎車的公車

貳、商品服務責任概述

- 商品服務責任之理論

參、商品製造或提供服務者責任

- 一、賠償義務人：企業經營者
- 二、請求權人：消費者或第三人
- 三、責任類型：商品或服務
- 四、行為態樣
- 五、因果關係認定
- 六、純粹經濟上損失
- 七、法律效果

肆、例題解說

4

壹、引導案例

一、

發生暴衝的汽車

5

學校才剛開學，功課還不會太重，因此阿遠與阿花便在下課後，在市區漫步。在十字路口等待過馬路時，沒想到旁邊一台小轎車突然衝上人行道，撞傷了阿遠及阿花，駕駛自己也受了傷...

同時車子因撞擊，導致毀損。

經過調查顯示，肇事之原因為駕駛在紅燈之後，逐漸踩剎車減速，沒想到此時汽車竟然不由自主的加速往前暴衝，在駕駛失去控制之下，開上旁邊人行道，造成阿遠及阿花的受傷。

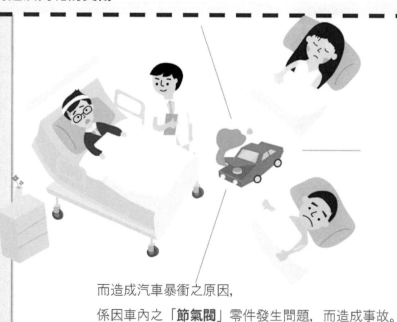

而造成汽車暴衝之原因，
係因車內之「**節氣閥**」零件發生問題，而造成事故。

而肇事之車輛，為國內「流星汽車公司」所自行設計、生產、製造之車款，其主張從材料的選購，整個生產流程，到檢查出貨皆符合目前世界標準，且其他汽車皆未發生如此狀況...

本次發生之事故，實非本公司所能控制！

故在無過失之下，本公司拒絕賠償駕駛、阿遠及阿花！

8

問題思考

1 請問阿遠及阿花是否得依據消保法第7條有關商品及服務責任，向駕駛請求醫藥費之賠償？

2 請問駕駛是否得向「流星汽車公司」依據消保法第7條請求損害賠償？其請求之範圍為何？

3 請問阿遠及阿花得否亦得向「流星汽車公司」依據消保法第7條請求損害賠償？

9

壹、引導案例

二、

緊急剎車
的公車

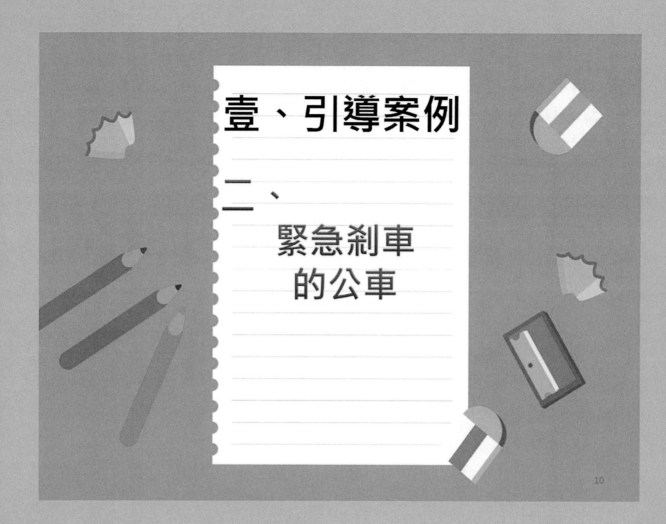

10

因物價上漲，阿遠雖然平日有代步的摩托車，
但也不得不因現實的考量，改搭公車上學。

上班時間公車上的乘客較多，阿遠為了避
免到站時來不及擠到門口順利下車，因此
公車還在前一個路口時，阿遠便由座位上
站起，慢慢往車門移動。

11

沒想到在司機行經路口時，剛好有一隻狗由路旁跑出，司機因而緊急剎車！阿遠當時正在移動中，並未抓緊扶手，整個人跌倒在地受了點傷。

12

司機便將其送往旁邊的醫院，阿遠因而支出醫藥費。

13

 阿遠認為支出的醫藥費不應由自己負擔，而應由公車營運之客運公司負擔

 阿遠又發現，公車上**並沒有**任何警告乘客「**車未停妥，請勿隨意移動及更換座位**」等標語

14

問題思考

下列問題，試由各要件分析：

 阿遠若以消保法**第7條第1項**向客運公司請求，是否有理由？

 阿遠若依據消保法**第7條第2項**向客運公司請求，是否有理由？

貳、商品服務責任概述

一、商品服務責任之理論

16

消費安全

現代商業活動頻繁，每個人每日皆可能購買各式各樣的商品，商品交易興盛下，商品無可避免會有缺陷而導致損害。

有時在企業經營者疏於監督、未予適當說明之情形，造成商品具有缺陷；而又有時縱使企業經營者已善盡注意義務，然而在大量自動化生產下，亦有可能於幾百萬件商品中，出現一、兩件帶有缺陷之商品

而現代工業成長，對於大眾消費之商品，逐漸複雜、多樣，複雜性及危險性增加下，消費者之安全受到嚴重威脅。

如此可能造成消費者不了解企業經營者內部之分工製造或企業經營者已盡注意義務而難以請求賠償，造成購買缺陷商品之消費者必須自行吸收損害，對消費者極為不利。

17

立法參考

我國於立法時，參考歐美國家立法例將危險責任及商品製造人納入

以危險責任立法之方式，並採取歐美立法例中的無過失責任

否則依民法侵權行為請求損害賠償時，必須舉證企業經營者之故意過失，往往使消費者陷於無法求償之窘境[1]。

☐ 就商品及服務責任之性質，消保法係採侵權責任。因**民法上商品責任乃侵權責任**，而消保法作為保障消費者的**特別法**，體系上應維持該責任性質以免弱化被害人保護。

☐ 因契約責任必須是契約當事人方得請求，而受害者與企業經營者間並不必然有契約關係存在；相較民法，**消保法商品責任之特色在於「責任主體歸責事由」調整為不以故意過失為必要之「企業經營者無過失責任」**。「保護主體」則沿襲民法規定，包含一切因商品有消保法所定欠缺科技或專業水準可合理期待安全性，而受損害之任何人[1]。

1. 詹森林，被害人濫用商品與企業經營者之消保法商品責任——最高法院一○三年度台上字第二四四號裁定之評釋，月旦民商法雜誌，第45期，2014年09月，頁10-11。

18

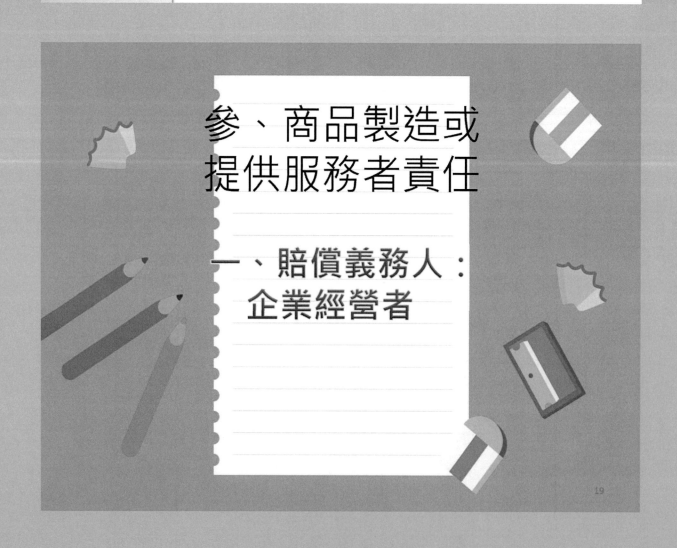

19

請求對象

消保法第7條：

- Ⅰ、**從事設計、生產、製造商品或提供服務之企業經營者**，於提供商品流通進入市場，或提供服務時，應確保該商品或服務，符合當時科技或專業水準可合理期待之安全性。

- Ⅱ、商品或服務具有危害消費者生命、身體、健康、財產之可能者，應於明顯處為警告標示及緊急處理危險之方法。

- Ⅲ、企業經營者違反前二項規定，致生損害於消費者或第三人時，應負連帶賠償責任。但企業經營者能證明其無過失者，法院得減輕其賠償責任。

本條之企業經營者類型限於從事設計、生產、製造商品或提供服務之人；

而經銷、進口商品服務之企業經營者，本法分別於第8條及第9條設有規範，故其不在第7條之適用範圍。

20

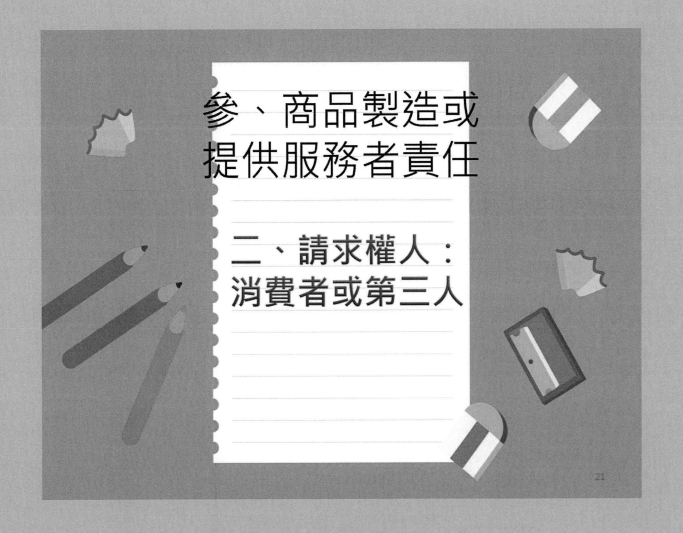

參、商品製造或提供服務者責任

二、請求權人：消費者或第三人

21

請求權主體

消保法第7條請求權主體：消費者或第三人

- 消費者之認定不以自然人為限，亦不以有支付對價為必要。
- 故法人得為消費者，免費商品之試用者亦可屬消費者。

第三人之意義範圍及實務上之爭論：

- 目前多數見解係採「企業經營者可合理預見之第三人」為判斷標準。
- 也有學說見解認為商品責任中消費者及第三人不必予以區分。
  - → 因第三人相較於消費者更無防備，故不應有差別保護[1]
- 比較法上，美國已承認因商品瑕疵(defective)而造成損害之第三人可求償。

---

1. 詹森林，消保法有關商品責任之規定在實務上之適用與評析，民事法理與判決研究(三)，2003年8月，頁222。詹森林，消保法商品責任之消費者與第三人，收錄於民事法理與判決研究(四)，2006年12月，頁6。See Richard Epstein, Cases and Material on Torts, 9th Edition, 2008, p. 753.

22

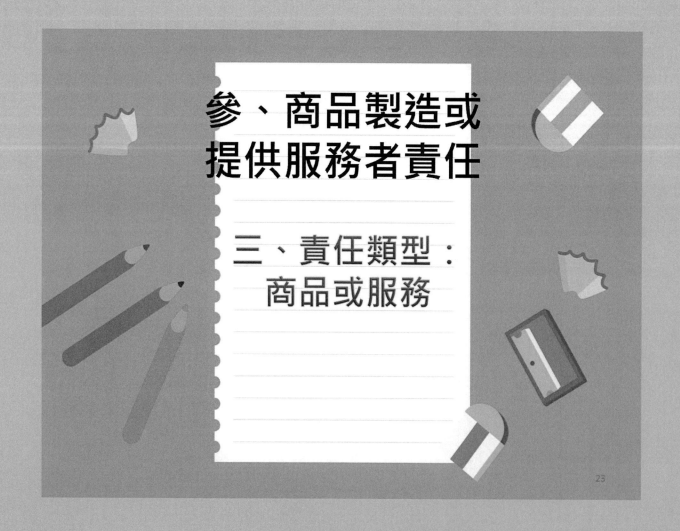

23

商品之定義

□ 商品責任之部分，必須是因**商品或服務**所造成之損害。

□ **商品之定義：**

- 消保法施行細則第4條規定：「**本法第七條所稱商品，指交易客體之不動產或動產，包括最終產品、半成品、原料或零組件。**」

- 故包括供消費者織成圍巾之毛線、需消費者自行組裝之家具零組件，均屬於商品之範圍。

- 而製造這些商品之企業經營者，其與消費者之間，雖然沒有契約關係，但也會分別有消費關係存在。

24

消保法並未明文定義「服務」

消保會消保法字第0920000371號 節錄如下：

- …由於現行消保法及其施行細則對於「服務」並未加以定義；**有關消保法「服務責任」之範圍，宜由法院參酌社會經濟發展，依實際情形以個案方式認定解決。**

- 另詢「企業經營者所提供之服務是否包含顧客購買商品之空間與附屬設施？」一節，依消保法第七條之立法意旨觀之，企業經營者於提供服務時，對於購買商品之空間與附屬設施仍應確保其安全性；至於，企業經營者之損害賠償責任是否成立，仍應視具體個案而定。

25

『服務』之範圍為何？

| 依行政院
消費者保護處官網 | 對於『服務之範圍』有相關說明 | 茲附錄全文如下： |

問：消費者保護法所稱「服務」之範圍為何？

- （一）消費者保護法並未就服務明文定義，參照歐洲共同市場一九九〇年關於服務責任要綱建議案第二條規定，有關消費者保護法第七條規定之服務似可嘗試定義為：指非直接以生產或製造商品或移轉物權或智慧財產權為客體之勞務。

- （二）惟服務之無過失責任，為我國消費者保護法所創，欠缺相關案例和立法例，對服務之概念，難予周詳嚴謹之界定，宜讓諸法院實務及學說依社會經濟發展及保護消費者之需要決定之。

購物環境之安全性亦屬企業經營者之「服務」

消保會消保法字第0920000371號

- 「依消保法第七條之立法意旨觀之，企業經營者於提供服務時，**對於購買商品之空間與附屬設施仍應確保其安全性。**」

臺灣臺北地方法院民事判決102年度簡上字第142號（高院暨所屬法院具參考價值裁判）

- 「提供安全、便利之購物環境，課與消費者保護法中企業經營者理應提供之服務，不但可使企業經營者必須積極提升門市購物環境，更提高消費者購物及回流意願，而消費者在內得安心購物，自能招徠更多的消費者，雙方俾得雙贏之效。故企業經營者就其出賣之商品，固應提供可合理期待之安全性，對於出售商品之週邊環境，亦應保持無安全上之危險，以便顧客在安全環境中選購商品。綜上所述，**對於門市之購物環境，○○○公司對之得規劃、設計、安排整體購物動線，對於門市購物環境維持與店員維繫門市運作具有指揮監督與管理之權，就○○○公司與其提供之購物環境而言，自屬上揭消費者保護法第7條規定所欲規範之企業經營者及服務。**」

『具體個案』之認定？

下列係曾經由消保會所解釋者：

1.金融服務業

屬企業經營者，所提供服務是否負無過失責任，應就個案具體認定[1]。

3.旅行業對顧客提供之旅遊服務

屬於消費者保護法所稱之服務[3]。

2.合作社提供停車位並收取費用

係經常性之業務行為，應屬消費者保護法第7條所稱提供服務之企業經營者[2]。

4.美容中心業者

應確保提供之服務具有安全性，若有違反致生損害於消費者時，依消保法第7條第3項規定應負連帶賠償責任[4]。

5.購物環境之安全

購物環境之安全亦屬企業經營者之服務，對於購買商品之空間與附屬設施仍應確保其安全性[5]。

1. 中華民國九十年二月二十七日，消保法字第00239號函。
2. 中華民國八十七年五月十三日，消保法字第00571號函。
3. 中華民國八十七年五月十一日，消保法字第00561號函。
4. 中華民國九十四年十一月十八日，消保法字第0940010695號函。
5. 中華民國九十二年三月二十日，消保法字第0920000371號。

28

醫療行為是否屬消保法中之服務？(1)

肯定說：醫療行為屬於消保法中之『服務』：

馬偕醫院肩難產案

✓ 臺灣臺北地方法院85年度訴字第5125號判決

✓ 臺灣高等法院87年上字151號判決

- 消保法第7條第1項所稱之「服務」，應係指非直接以設計、生產、製造、經銷或輸入商品為內容之勞務供給，且消費者可能因接受該服務而陷於安全或衛生上之危險者而言；因之，本質上具有衛生或安全上危險之醫療服務，自有消保法之適用。

✓ 最高法院90年台上字第709號判決

最高法院90年台上字第709號判決認為上訴人(醫院方)採取之生產方式於醫療服務上是否具備通常可合理期待之安全性，係屬重要之防禦方法，原審卻棄置不論，故廢棄原判發回更審。

29

醫療行為是否屬消保法中之服務？(2)

肯定說：醫療行為屬於消保法中之『服務』：

消保會函釋

✓ 中華民國九十二年三月二十五日 消保法字第0920000392號

一、醫療行為得適用消保法第7條

1.依立法院所通過附帶決議，醫療行為仍為消費行為，但是否有本法第七條無過失規定之適用，尚有爭議。

2.醫療行為雖有本法之適用，然並非發生損害之結果，必然須負損害賠償之責，**仍應審究該醫療行為是否已符合當時科技或專業水準可合理期待之安全性**……至於醫療過程中可能發生不可控制之變數，若符合消保法第七條之一之認定標準，自可排除無過失責任之適用。況每一行業均有其不確定性及危險性，不應僅因醫療服務恒具「無法確定之變數」為由，遽論與本法所規範之服務目的不相容。

二、醫療爭議之處理程序

……醫療法第七十四條規定本身無排他之效力。消費者得自主選擇依本法所規定之消費爭議處理程序，或依醫療法規定之調處程序，或依民事訴訟法規定聲請調解方式解決紛爭。

30

醫療行為是否屬消保法中之服務？(3)

否定說：醫療行為不應適用消保法第7條無過失責任

臺灣高等法院90年度上字636號判決

…至於專門職業人員之服務，尤其**醫療契約之服務**，無論是否涉及商品之使用，**英美二國法院均認為專門職業人員僅負擔過失責任**，亦即只需盡到合理之注意與能力，即無需負責，其理由如下：

(一)醫學並非精密科學，醫療行為之治療過程與結果，充滿不確定性與危險性，非醫師所能控制。

(二)醫療傷害損失無法經由保險分散，必須由病患承擔損失，以分散風險，從而必定增加一般患者之醫療費用，使醫療服務獲得不易，顯非病患之福。

(三)醫療責任負擔增加，將促使醫師採取「防禦性醫療措施」，醫療手段之採取，不再係為病人之安全，而在於保護醫療人員。我國消費者保護法既繼受諸先進國家法典而來，就服務業者之責任，自應採取相同之見解。

準此，就醫院及醫師所提供之醫療服務，應無消費者保護法第七條第一項規定之適用。

31

醫療行為是否屬消保法中之服務？(4)

否定說：醫療行為排除消保法之適用

臺灣高等法院108年醫上易字第 6 號民事判決	…按醫療行為如適用消費者保護法無過失責任制度，反而不能達成消費者保護法第1條所明定之立法目的，是**應以目的性限縮解釋之方式，將醫療行為排除於消費者保護法適用之範圍之列。**
	參以93年修正之醫療法第82條第2項，已明確將醫療行為所造成之損害賠償責任限於因故意或過失為限，醫療行為自無消費者保護法無過失責任之適用（最高法院97年度台上字第741號判決要旨參照）。
	是上訴人主張本件應適用消費者保護法第7條規定，被上訴人應負賠償責任云云，即乏所據，並無可採。

32

醫療行為是否屬消保法中之服務？(5)

消保小學堂

有學者主張應區分醫療行為而定，不可一概而論。

- 如詹森林教授[1]應區分「醫療行為」與「其他醫事行為」，後者屬於消保法之服務範圍，前者則非。
- 而陳忠五教授[2]則認為應依損害發生原因區分「單純醫療失敗」與「醫療意外事故」，後者仍適用消保法。
- 侯英泠教授[3]則認為應區分「純粹醫療行為」與「技術性醫療行為」，後者仍屬於消保法之服務範圍。

---

1. 詹森林，消費者保護法服務責任之實務問題—最高法院96年度台上字第656號判決、99年度台上字第933號裁定及其原審判決之評析，法令月刊，第63卷第1期，2012年1月，頁1-16。
2. 陳忠五，醫療行為與消費者保護法服務責任之適用領域-台灣台北地方法院八五年度訴字第五一二五號與台灣高等法院八七年度上字第一五一號（馬偕紀念醫院肩難產案件）判決（下稱判決）評釋，台灣本土法學第7期，2000年2月；陳忠五，醫療行為與消費者保護法服務責任之適用領域-判決評釋，台灣本土法學第7期，2000年2月；陳忠五，醫療事故與消費者保護法服務責任之適用問題-判決評釋，台灣本土法學第36期，2002年7月，頁36-61。
3. 侯英泠，談醫療意外的風險分攤問題—消費者保護法對純粹醫療行為與醫院提供相關醫療服務的企業式服務行為之適用，收錄於：民法研究會實錄，7冊，學林，2004年11月，頁16。

33

醫療法之規定

中華民國九十三年修正公布之醫療法：

醫療法第82條
- Ⅰ、醫療業務之施行，應善盡醫療上必要之注意。
- Ⅱ、醫療機構及其醫事人員因執行業務致生損害於病人，以故意或過失為限，負損害賠償責任。

→ 不採消保法第7條無過失責任。

近年來最高法院多認為應將醫療行為排除於消保法第7條所定之無過失責任範圍外

如最高法院 102 年台上字第 1668 號民事判決、最高法院 106 年台上字第 227 號民事判決

34

問題思考

最高法院近年來的取徑：
- 一種是以**目的性限縮解釋**，限縮解釋消保法第七條的服務，排除醫療行為。
- 另一種則是認為醫療行為所存在者是一種**醫病關係**，此非消保法所規定之商品或服務消費關係可比擬，應排除消費者保護法以及公平交易法的適用（最高法院99年台上字588號判決）。

然而，這樣解釋的問題在於醫美的情況，同樣是醫療行為，但是否仍可持相同的理由，排除於消保法之外呢？

再者，醫療法第82條所規定以故意過失責任為限，是否可以直接得出醫療行為無消保法商品服務責任適用之餘地？還是仍有消保法第7條的適用，只是必須限於有故意過失的時候，方負損害賠償責任？

此外，當人（不一定是病人）進入醫院當中所接觸的相關行為，其實也不僅以醫生所能施行的醫療行為為限。更包含醫療行為外圍的其他相關周邊準備行為或準備行為，這是否也有上開醫療法第82條之適用？

35

問題思考

✓ 學者有認為，現代社會美容醫學手術盛行，其目的多係為滿足個人主觀上對於美的追求或期待，並無客觀上治療之必要性，此與治療、矯正或預防人體疾病、傷害或殘缺而有客觀上接受治療的必要性不同。

✓ 再者，觀諸現行醫美業者採取之行銷手法或廣告，具有高度商業化色彩，鼓動、促進身體健康狀況良好之民眾接受非必要醫療行為，使其因接受該等手術而增加自身健康或安全上之風險。

✓ 從而民國93年修正的醫療法第82條應作目的性限縮解釋，非治療性的美容醫學不屬於該條所謂之「醫療業務」，仍應適用消保法第7條之服務無過失責任[1]。

1.劉宏恩、吳采玟，美容醫學醫療行為是否具消費行為性質的法社會實證研究—兼論醫療法第82條新法與消費者保護法適用之關係，月旦醫事法報告，第32期，2019年6月，頁21-27。

參、商品製造或提供服務者責任

四、行為態樣

商品服務責任侵害行為之類型

- 消保法第7條所規定企業經營者之商品責任侵害行為之類型，第1項及第2項有不同規定：

```
企業經營者之商品責
任侵害行為之類型
```

第1項：
於商品流入市場時，不符合當時科技或專業水準可合理期待之安全性。

第2項：
對有危害消費者生命、身體、健康、財產之可能，應於明顯處為警告標示及緊急處理危險之方法。企業經營者必須將產品可能之危險及使用時應注意之事項告知。

38

不符合當時科技或專業水準可合理期待之安全性

判斷企業提供之商品或服務

是否「符合當時科技或專業水準可合理期待之安全性」？

消保法施行細則
第5條規定：

- 「本法第七條第一項所定商品或服務符合當時科技或專業水準可合理期待之安全性，應就下列情事認定之：
- 一、商品或服務之標示說明。
- 二、商品或服務可期待之合理使用或接受。
- 三、商品或服務流通進入市場或提供之時期。」

39

具體個案判斷

- **實務**對於當時科技水準之認定，有時係參照**是否符合行為當時法規**作為判斷標準

    - 例如對於建築方面，以是否符合建築法規為判斷依據

Ex.

最高法院九八年台上一七二九號判決：

- 消保法施行細則第五條第一項規定係商品於其流通進入市場，或服務於其提供時，未具通常可合理期待之安全性者。而此與民法所謂之瑕疵意義，並不相同。…堪認系爭大樓之施工確有違背上述建築術成規之情事，且施工瑕疵確與一期建物之瞬間倒塌，致建物所有人受有損害，有相當因果關係。**系爭大樓既有上開違背當時之建築術成規之施工瑕疵**，有致生公共危險之潛在可能性，則系爭大樓在離開上訴人頌揚公司控制時已存在製造上之瑕疵，堪以認定。

最高法院九八年台上二二七三號判決：

- 故就房屋買賣而言，若房屋於**流通進入市場時其構造及使用之建材與建築術成規，或當時科技或專業水準不符**，有安全或衛生上之危險，致危害購屋或房屋使用者之生命、身體、健康、財產而生損害，被害人即得依消保法第七條規定對企業經營者請求賠償損害。查系爭房屋之結構安全及施工材料，雖經建築師公會、結構技師公會鑑定，認定系爭大樓設計有瑕疵及施工不當等情，惟上開鑑定報告之內容，就系爭房屋於流通進入市場時之安全性如何？並未有何說明…

40

舉證責任

消保法第7條之1規定：

- Ⅰ、企業經營者主張其商品於流通進入市場，或其服務於提供時，符合當時科技或專業水準可合理期待之安全性者，就其主張之事實負舉證責任。

- Ⅱ、商品或服務不得僅因其後有較佳之商品或服務，而被視為不符合前條第一項之安全性。

是否符合科技或專業知識水準，由企業經營者負舉證責任。

參、商品製造或提供服務者責任

五、因果關係認定

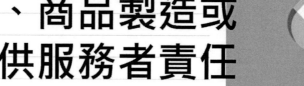

因果關係

於商品責任，**消費者**對企業經營者有無故意過失不負舉證責任；

但仍須證明「**產品欠缺安全性(商品瑕疵)**」與「**損害**」間具有「**相當因果關係**」。

如：最高法院九八年度台上字第二二七三號判決。

實務上相當因果關係認定[1]：	無此行為，雖必不生此損害；有此行為，通常即足生此種損害，是為有因果關係。
	無此行為，必不生此種損害；有此行為，通常亦不生此種損害，即無因果關係。

1. 如最高法院一〇〇年度台上字第一四一號判決、九十九年度台上字第二二八四號判決。

參、商品製造或提供服務者責任

六、純粹經濟上損失

44

純粹經濟上損失（pure economic loss）

純粹經濟上損失，係指無絕對權侵害之利益上損失。

消保法常見之『純粹經濟上損失』之範疇： → 一般包括債權、營業權之損失以及商品自傷。

消保小學堂

》**商品自傷**

因商品自己之欠缺，導致商品之毀損滅失；例如車輛本身之欠缺，導致車輛於行駛間暴衝毀損，而車輛本身之損害即屬商品自傷，但對其他生命、身體、財產之損害，則屬絕對權之侵害。

消保法第7條之求償範圍

多數見解	・實務與學說多採『排除純粹經濟上損失』之見解。

└ 消保法第7條第2項：
> 商品或服務具有危害消費者生命、身體、健康、財產之可能者，應於明顯處為警告標示及緊急處理危險之方法。

└ 所謂『財產』：
> ・應限於被害人之所有權或其他物權等財產權而言，並不包括系爭商品自身及被害人之其他純粹經濟上損失[1]。
> ・其理由在於維持契約法及侵權行為法本質之分界[2]。

少數見解	・某些權利雖非絕對權，但應納入消保法第7條之商品責任範圍中以保障消費者之權利。 ・有學者認為商品自傷不應排除在外，蓋其屬於「物之所有權被侵害」，與純粹經濟上損失有間，物自身的毀損滅失也侵害了物的完整性，故亦得依消保法第7條請求損害賠償[3]。

1. 詹森林，消保法有關商品責任之規定在實務上之適用與評析，民事法理與判決研究(三)，2003年8月。
2. 王澤鑑，商品製造者責任與純粹經濟上損失，民法學說與判例研究(八)，頁269-272，2000年3月版。
3. 陳忠五，論消費者保護法商品責任的保護法益範圍，台灣法學雜誌第134期，2009年8月15日，頁77-96。

46

實務見解

臺灣高等法院96年消上字第3號民事判決	依實務及學者之見解，均認為消費者保護法第7條第2項所謂「財產」，限於被害人之所有權或其他物權等財產權而言，**並不包括系爭商品自體傷害或被害人其他純粹經濟上損失。**
	若單純係商品本身有瑕疵者，自應依民法瑕疵擔保責任或債務不履行規定保護即可，本件無依消費者保護法予以規範之必要。
最高法院105年度台上字第65號判決	消保法第七條規定受保護之財產，**不包括具有瑕疵商品本身的損害及其他純粹上經濟損失。** 海砂屋瑕疵之價值貶損，屬經濟上損失，非上開規定範圍，自不得依消保法第七條請求。

47

參、商品製造或提供服務者責任

七、法律效果

48

商品服務責任之法律效果

消保法第7條第3項

- 對於消費者或第三人所受之損害，負損害賠償責任，除企業經營者須對無故意過失為舉證外，即使企業經營者無過失，仍須賠償消費者，故一般認為此屬**無過失責任**。

消保法第10條

- 企業經營者回收商品之義務。

消保法第10條之1

- 企業經營者對消費者或第三人之損害賠償責任，不得預先約定限制或免除。故企業經營者對商品之欠缺預先為責任之免除，該免除之約定為無效。
- 若企業經營者係故意、重大過失或過失所致者，得依消保法第51條請求懲罰性賠償金。

49

不當使用

- 惟企業經營者是否得以消費者「**不當使用**」（misuse）商品為抗辯？

- 按「不當使用」商品或服務約又可分為：

  （一）企業經營者已對該使用方法依據消保法第7條第2項加以標示，惟**消費者「未按該標示使用商品或享受服務」**。

  （二）消費者所為之「不當使用」行為，**企業經營者**對於該使用方法**未加以標示說明或禁止**。

50

第一種情形

於第一種情形下，企業經營者已對該使用商品或服務之方式加以說明：

1 若企業經營者對消費者之該項「不當使用」行為有加以標示說明，符合消保法第7條第2項、消保法第24條以下有關商品標示之相關規範，且商品通常使用對象有理解之可能。

例如兒童玩具之於幼童，不能期待其閱讀文字說明，應輔以圖示等適當說明。

2 此時若消費者未依企業經營者之標示而使用，企業經營者方得以不當使用作為商品服務責任之抗辯。

且企業經營者既已符合消保法第7條第2項之規範，自不得以該項要件為請求之基礎。

51

第二種情形

對於企業經營者未加以標示之狀況　**學說認為，應對消費者之「不當使用」行為再做區分：**

- **該項不當使用行為是否為企業經營者所能預見？**

若是企業經營者得預見之消費者不當使用行為，而消費者因該不當使用行為而受損害者

- 例如：消費者倚靠於浴室之洗手臺，卻發生洗手臺碎裂之意外。
- 企業經營者對該「不當使用」行為可預見時(foreseeable misuse)，應認為企業經營者不得以消費者「不當使用」為消費者請求商品服務責任之抗辯。

若消費者之「不當使用」行為已遠超過企業經營者所得預見之範圍

- 此時消費者之「不當使用」方得作為企業經營者之抗辯理由，法院得審酌雙方之理由，減輕企業經營者之賠償[1]。

1. 林世宗，消費者保護法之商品責任論，師大書苑，1996年8月，頁226。

52

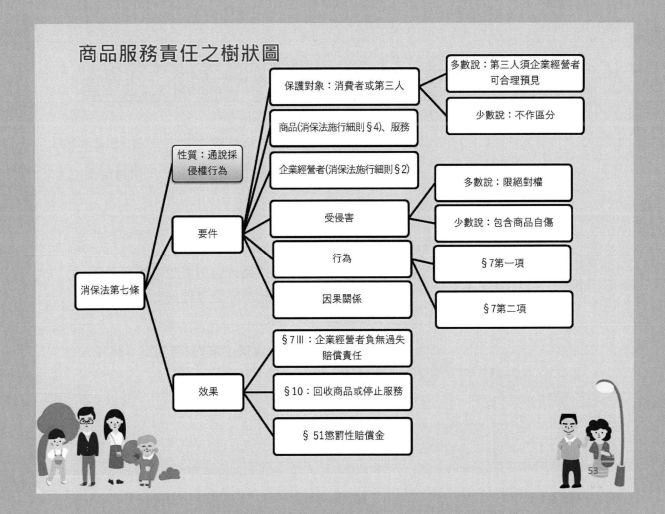

商品服務責任之樹狀圖

53

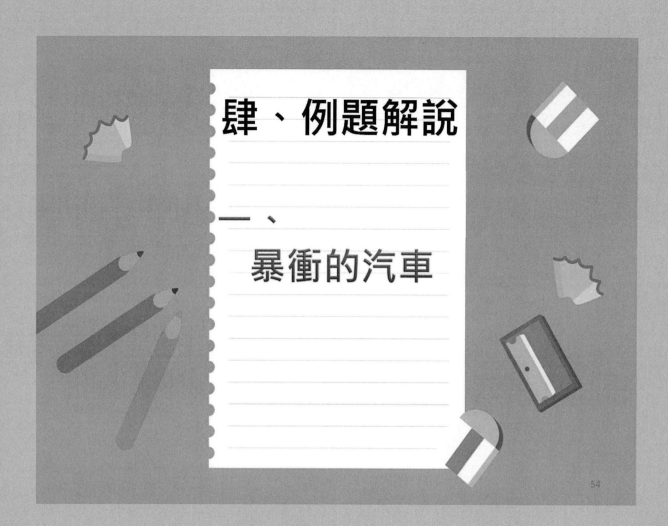

肆、例題解說

一、

暴衝的汽車

54

阿遠及阿花是否得依據消保法第7條請求？

- 消保法第7條容許消費關係以外之第三人作為請求權主體
  - 但有學說基於為避免第三人範圍過於廣大，而應限縮第三人概念於「企業經營者可預見之第三人」。

查本題事實

 ・當汽車暴衝之時，周邊之路人皆應屬於可能受到暴衝而受有損害之人，因此應為企業經營者所得預見。

 阿遠及阿花應符合消保法第7條所規定「第三人」之要件。

55

阿遠及阿花是否得依據消保法第7條請求？

- 駕駛可否作為商品服務責任請求對象？
    - 駕駛不屬於從事設計、生產、製造商品之企業經營者。

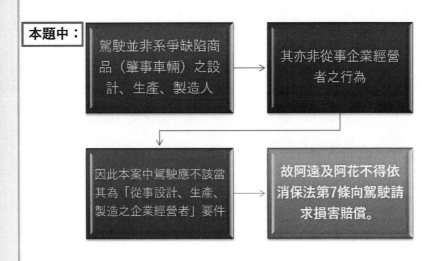

本題中：

駕駛並非系爭缺陷商品（肇事車輛）之設計、生產、製造人 → 其亦非從事企業經營者之行為

因此本案中駕駛應不該當其為「從事設計、生產、製造之企業經營者」要件 → 故阿遠及阿花不得依消保法第7條向駕駛請求損害賠償。

56

駕駛是否得向「流星汽車公司」請求商品服務責任？

1. 具有缺陷之部分為汽車之節氣閥，依據消保法施行細則第4條之規定，原料、零組件亦屬於商品，因此節氣閥之缺陷亦屬於商品之缺陷，而符合消保法第7條之客體（商品）。

2. 「流星汽車公司」作為國內汽車生產之設計、製造人，依一般常理推測，其應具有長期營業經營之目的，故其屬於企業經營者，應無違誤。

3. 駕駛作為使用汽車及其相關設備零件之人，不論其是否為購買汽車之交易相對人，因其係屬為自己而使用汽車之人，故其屬於消保法第2條第1款之消費者。

4. 考量現行科技水準，汽車不應有突然暴衝之危險，故本題中突然暴衝之汽車應不符合現實科技安全水準之要求；而此暴衝，與駕駛造成之傷害結果，應有因果關係。

故駕駛應得向「流星汽車公司」依據消保法第7條第1項請求損害賠償。

依消保法第7條，企業經營者應必須舉證自己之無過失；然而企業經營者即使證明無過失，仍須負賠償責任（有認為此為無過失責任）。

因此，「流星汽車公司」由零件之選購、組裝、生產、品管縱使皆已符合標準而無過失，但就其所造成之損害，仍須負責。

57

除了請求醫藥費支出之賠償以外，是否得主張汽車毀損之賠償？

損害之
發生
- 係因汽車（商品）自己之缺陷，而造成危險進而導致汽車自身之毀損
- 其屬於學說上所稱「純粹經濟上損失」中的「商品自傷」類型

商品自傷是否屬於商品製造人責任之賠償範圍？

- 實務見解（通說）認為商品責任之保護法益僅限於絕對權，而不及於相對權（包括商品自傷）；
- 少數說，有認為應納入商品自傷乃對所有權之侵害，應作為消保法第7條之保護客體。

阿遠及阿花是否得向「流星汽車公司」請求損害賠償？

- 阿遠及阿花雖然並非使用商品之消費者，但其應屬企業經營者可預見之第三人；

- 「流星汽車公司」所設計、生產、製造之零件具有缺陷，不符合當時科技或專業水準可合理期待之安全性，導致暴衝；

- 阿遠及阿花因受損害而支出的醫藥費，應得向汽車公司請求賠償。

肆、例題解說

二、緊急剎車的公車

60

阿遠得否依據消保法第7條第1項向客運公司請求？

關鍵在於公車緊急煞車是否符合當時科技或專業水準可合理期待之安全性。

因旅客運送並非以移轉一定物或權利為標的，性質上應屬服務；

阿遠自己作為交易之相對人以及服務的享受者，當然屬於消保法所規定之消費者；

客運公司以旅客運送為營業內容，應屬企業經營者提供服務，應無疑問。

◆依據消保法第7條第1項之服務提供人責任，必須以服務不符合當時科技或專業水準可合理期待之安全性為要件。

◆因此，本題所需討論者，為客運公司及公車司機未預先告知之緊急煞車，是否違反此項要件。

阿遠得否依據消保法第7條第1項向客運公司請求？

本文認為

路旁所突然竄出之動物，實在難以預見

司機看到有狗突然竄出時，迅速的踩下剎車，亦屬常理

實難想像其得以預先告知乘客必須坐在座位上，抓好扶手；
而踩下煞車而導致乘客失去重心，難以防止。

故司機在緊急情況踩下剎車，造成乘客之撞擊，仍符當時科技或專業水準可合理期待之安全性。

因此，阿遠不得依據消保法第7條第1項向客運公司請求賠償。

62

阿遠得否依據消保法第7條第2項向客運公司請求？

責任類型不同：

§7 I　　以商品或服務是否符合「當時科技可合理期待之安全水準」為要件

§7 II　　以其是否對具有危害消費者生命、身體、健康、財產可能時，於明顯處標示

1 本題之中，本路線公車既然行經市區，則市區道路狀況多變，
有時因基於種種理由，緊急剎車亦難以避免；

2 而緊急剎車因可能造成乘客失去重心，故客運公司應要求乘客勿任意變換座位，
並且抓穩扶手，以備不時之需。

63

阿遠得否依據消保法第7條第2項向客運公司請求？

雖然公車即將進站時，乘客提前離開座位之情事難以避免

- 惟客運公司亦應於醒目之處要求乘客勿任意離座，或抓穩把手
- 司機若發現乘客移動，亦應由車上麥克風提醒之

如此方符第7條第2項之警告義務。

本題之中，客運公司未有相關警告標語，警告乘客緊握扶手，並
勿輕易離開座位，應未盡消保法第7條第2項所要求之義務

故阿遠得要求客運公司賠償其醫藥費

並依據消保法第10條第2項，要求客運公司加註相關警告標語。

64

第二節：經銷商及進口商責任

壹、引導案例

- 一、設計不良的協力車
- 二、逆襲主人的蒟蒻

貳、經銷商之責任

參、進口商之責任

肆、例題解說

65

壹、引導案例

一、

設計不良的協力車

阿遠趁著暑假，與阿花一同至東部旅遊，其中一天的行程便是在台東關山騎腳踏車，享受東部美麗的好山好水。

來到關山後，選了附有免費停車場之「摔車腳踏車出租行」，將機車停妥後，與阿花租了一輛協力車便出發了。

68

腳踏車騎到一半，腳踏車煞車的連接線竟然與輪胎纏在一起，導致阿遠及阿花在一連串的下坡時，不慎摔倒...

69

老闆認為腳踏車皆是半年前向國內知名腳踏車製造商T購買，進貨時已仔細檢查、確認腳踏車的品質並保養...

好不容易回到出發時之腳踏車出租行，此時卻發現自己心愛的機車竟然被偷走，且出租行並未裝設監視設備...

對此，「摔車出租行」之老闆認為停車服務係免費提供，自然不負保管責任。

72

問題思考

1 對於腳踏車煞車線之設計不良，阿遠及阿花得向「摔車出租行」及腳踏車製造商T主張何種權利？

2 若腳踏車係「摔車出租行」購買自R進口商由外國進口之B製造廠製造者，請問阿遠及阿花得向何人主張權利？然若，腳踏車進口後，曾經過出租行老闆及員工改裝，有何不同？

3 對於機車之失竊，阿遠對「摔車出租行」是否得依據消保法請求？

壹、引導案例

二、

逆襲主人的蒟蒻

因阿遠近來嘲笑阿花體重過重，阿花因此在D大賣場購買一整桶由C進口商自美國進口之T牌蒟蒻椰果，想要藉由低熱量食物減肥。然而阿花食用時噎到，緊急送醫並支出檢查費用一千元。

送醫檢查之後並無大礙，但支出檢查費用一千元。

阿遠為避免女友再度噎到，勸阻女友停止減肥，並將剩餘之蒟蒻椰果全部丟進垃圾桶中。沒想到一向厭惡糟蹋食物之室友阿遙，竟然將剩餘蒟蒻帶回房間食用，食用時也噎到了，送醫檢查花費一千元。

但同樣於醫院支出檢查費一千元。

76

事後發現，C進口商於進口時，並未針對T牌蒟蒻椰果之英文說明文字「大顆椰果請小心慢用，並避免一次吞食全部」加註中文說明及注意，導致許多消費者不知其注意事項。

貼中文標示的話就又是一項成本，乾脆直接出貨好了！

77

問題思考

女友得向D大賣場、C進口商、T牌蒟蒻椰果製造商各主張
何種權利？

免費撿現成的阿遙是否得向D、C、T主張權利？

消費者保護團體或消保處針對市面上T牌蒟蒻椰果未加註中
文警告注意事項，可採取何種法律行動？

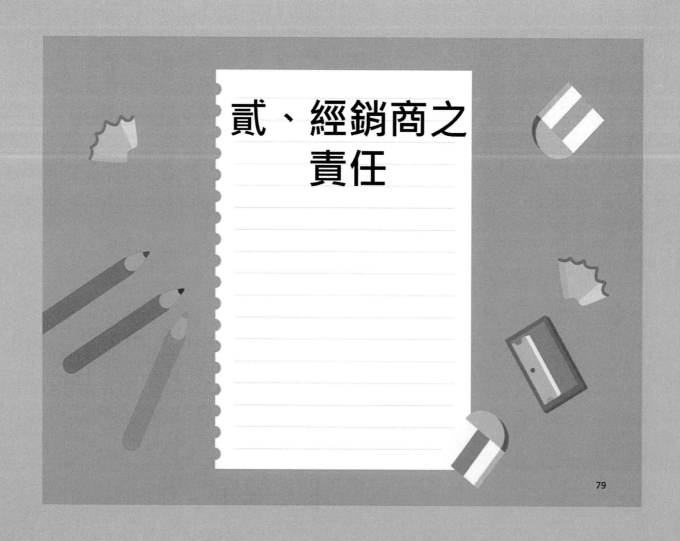

貳、經銷商之
責任

經銷商

☐ 經銷商所負之責任不同於第7條之責任負擔無過失責任，主要原因在於經銷商並非引進、製造風險之人。

☐ 經銷商得舉證對於損害之防免已盡相當注意而免責。

消保法第8條

- Ⅰ從事經銷之企業經營者，就商品或服務所生之損害，與設計、生產、製造商品或提供服務之企業經營者連帶負賠償責任。但其對於損害之防免已盡相當之注意，或縱加以相當之注意而仍不免發生損害者，不在此限。

- Ⅱ前項之企業經營者，改裝、分裝商品或變更服務內容者，視為第七條之企業經營者。

80

消保法第8條第一項

消保法第8條

- Ⅰ從事經銷之企業經營者，就商品或服務所生之損害，與設計、生產、製造商品或提供服務之企業經營者連帶負賠償責任。但其對於損害之防免已盡相當之注意，或縱加以相當之注意而仍不免發生損害者，不在此限。

1. 其仍以企業經營者與消費者間之消費關係為適用之必要前提。

2. 此處適用之賠償義務人必須是從事經銷之企業經營者，與第7條所規定者不同。

3. 本條但書規定應屬於推定過失之責任：當企業經營者能證明其已盡注意義務而無過失時，其得免除責任，而無法舉證已盡注意義務而無過失時，則與商品製造或提供服務之企業經營者負連帶責任。

4. 效果與第7條之商品製造或服務提供人不同。

所謂『經銷』？

經銷：　**多指將製造商或上游廠商之商品予以轉賣流入市面或下游廠商**

- 經銷商並不從事商品之設計、生產以及製造，對於商品風險之操控較商品製造者低；
- 且其對於商品之缺陷之可歸責性不可與商品製造人相提並論，因此**消保法並未課予經銷商如同第7條商品製造人或服務提供人一般的無過失責任。**

消保法第8條第1項固然對於商品或服務之經銷商課予較商品製造或服務提供人較低之責任。

惟消保法將經銷商的類型加以區分，並不是對所有的經銷商均課予同等之責任。

消保法第8條第二項

消保法第8條

- II前項之企業經營者，改裝、分裝商品或變更服務內容者，視為第七條之企業經營者。

即課予改裝、分裝商品或變更服務內容之企業經營者負擔消保法第7條商品製造或服務提供人之「無過失責任」。

其理由在於當經銷商從事改裝、分裝商品或變更服務內容時，其實已經居於類似第7條企業經營者之地位。

對於危險之發生擁有一定的掌控力，與第8條第1項所規範之經銷商不同。

何謂改裝、分裝商品或改變服務？

分裝商品或改變服務

· 消保會網站上之「疑難解答」中對其性質有所說明：

☐ 1.改裝商品：所謂改裝商品，指變更、減少或增加商品原設計、生產或製造之內容或包裝。〈細則第八條〉改裝後之商品，事實上已發生與原有商品本質不同的情形。

☐ 2.分裝商品：所謂分裝商品，指在不變更原商品之本質的前提下，將原大包裝之商品拆封後加以分裝而言。原則上並未變更其商品之本質。

☐ 3.變更服務內容：所謂變更服務內容，指就原已於市場提供之非直接以生產或製造商品，或移轉物權或智慧財產權為客體之勞務內容加以變更，依通常交易觀念得認為與原服務內容不同者而言。

改裝

· 消保法施行細則第8條：

◆ 本法第八條第二項所稱改裝，指變更、減少或增加商品原設計、生產或製造之內容或包裝。

https://cpc.ey.gov.tw/Page/4432D6D5FA6677B9/ca9352bc-e569-4b63-bc07-a69ffbc60c33

84

改裝、分裝商品或變更服務內容

若是經銷之企業經營者有上述之情事

· 其即屬消保法第8條第2項規定「改裝、分裝商品或變更服務內容」之企業經營者。

· 此時經銷業者被視為商品製造或服務提供之企業經營者[1]，負消保法第7條之無過失責任，並非第8條之推定過失責任。

值得注意者：

· 消保法第2條第2款對於企業經營者之分類，略謂「指以設計、生產、製造、輸入、經銷商品或提供服務為營業者。」

· 其中「設計、生產、製造、輸入、經銷」雖然似乎是針對商品規定，然而服務亦有輸入、經銷之可能，此觀消保法第8條及第9條對經銷商及進口商皆仍規範服務可知。

EX.
旅行社負責承包旅行團後，將該旅行團之行程規劃轉由其他旅行公司辦理，自己未針對旅遊之內容為任何之規劃，此即為經銷服務之例。

85

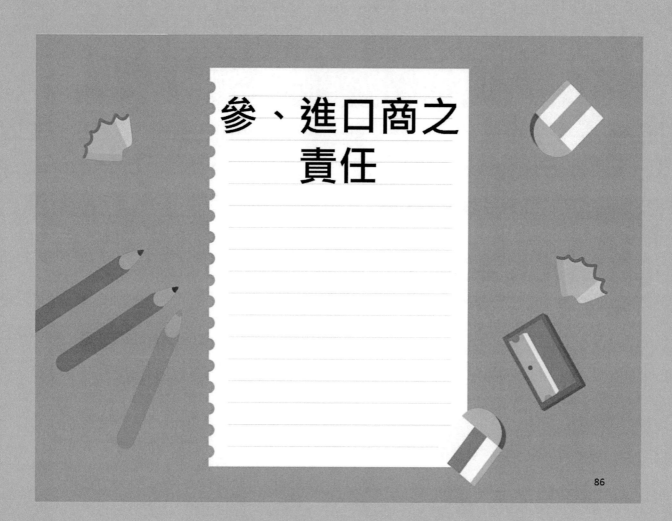

參、進口商之
責任

進口商之責任

消保法第9條　輸入商品或服務之企業經營者，視為該商品之設計、生產、
　　　　　　製造者或服務之提供者，負本法第七條之製造者責任。

　　　　　　輸入商品之企業經營者即指『進口商』。

　　　　　　消保法課予進口商如同商品製造人之責任。

理由
- 進口商將具有欠缺之商品引進國內因而造成侵害，使進口商負擔商品製造
  人之責任，得降低消費者求償之困難。
- 否則消費者必須經由跨國訴訟方能請求賠償，對消費者至為不利。

責任
- 與商品製造人負擔相同責任：消保法第7條之無過失責任。
- 因此進口商對於商品對消費者致生之損害縱無過失，亦需賠償。

商品責任簡易樹狀圖

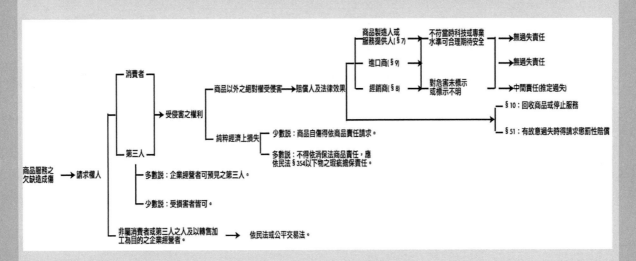

```
                                                          商品製造人或        不符當時科技或專業        無過失責任
                                                          服務提供人(§7)      水準可合理期待安全
                                     商品以外之絕對權受侵害 →  賠償人及法律效果
                                                          進口商(§9) →                        無過失責任

                    消費者                                  經銷商(§8)        對危害未標示          中間責任(推定過失)
                                                                           或標示不明
                                                                                          §10：回收商品或停止服務
                    受侵害之權利                                                            §51：有故意過失時得請求懲罰性賠償
商品服務之        請求權人                  純粹經濟上損失      少數說：商品自傷得依商品責任請求。
欠缺造成傷
                    第三人                                  多數說：不得依消保法商品責任，應
                                                          依民法§354以下物之瑕疵擔保責任。
                    多數說：企業經營者可預見之第三人。

                    少數說：受損害者皆可。

                    非屬消費者或第三人之人及以轉售加      依民法或公平交易法。
                    工為目的之企業經營者。
```

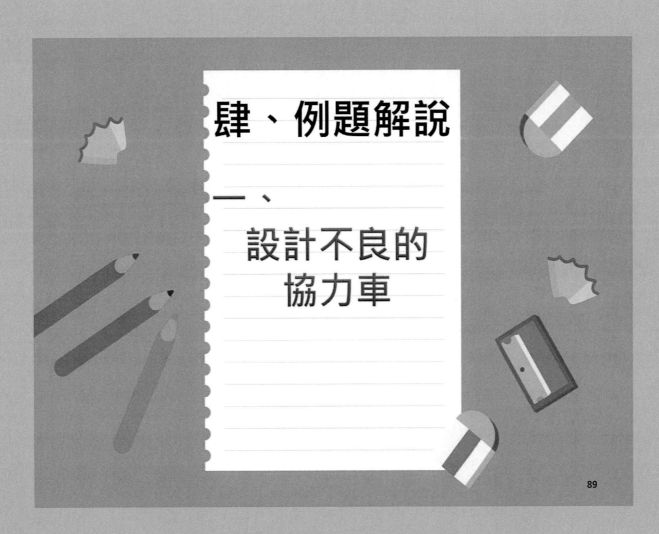

肆、例題解說

一、

設計不良的協力車

第一小題

阿遠及阿花承租腳踏車之使用

- 僅用於一般消費用途，並非作為加工及轉賣，係屬消費者。

T製造商對於協力車之煞車線設計

- 依現今科技或專業水準應確保煞車線不致與輪胎接觸而產生危險。
- 而T製造商疏於為此項危害之避免，與損害之發生有因果關係。
- 應可依消保法第7條第3項向T請求相關醫藥費。
- **另外，兩人得依消保法第10條規定，請求T腳踏車製造商全面回收同類型設計不良之協力車。**

90

第一小題

- 「摔車出租行」以出租為業，並未製造、改造、經銷腳踏車。

出租業者向商品製造人購買商品，是否應負消保法之商品責任？

- 學說認為應採肯定見解[1]：出租業者該當於消保法上之責任主體。

其應負何種責任？

- 有學者認為：出租業之責任，為平衡利益，依據其出租品之內容為區分
- 若係國產品之出租，則類推適用消保法第8條，負經銷商之推定過失責任；
- 若係舶來品之出租，則依消保法第9條負進口商之無過失責任[2]。

➤ 惟在思考上亦可將**商品出租**認為係**提供服務**之一種，則不論國產品或外國品皆應適用**消保法第7條之服務提供者**之責任。

1. 朱柏松，消費者保護法論，1998年，頁76。
2. 詹森林，消保法有關商品責任之規定在實務上之適用與評析，民事法理與判決研究(三)，2003年8月，頁227。

第一小題

依本題事實觀之，「摔車出租行」應負之責任：

| 著眼於出租行為非屬設計生產製造 | ・若係**國產品**之出租，則類推適用消保法第8條，負經銷商之推定過失責任，可能因其在選購腳踏車及保養上已盡相當注意義務避免損害發生而得免責；
・若係**舶來品**之出租，則依消保法第9條，負進口商之無過失責任。 |
| 若著眼於出租屬於服務 | ・此時出租行因其為提供服務之企業經營者，因此其必須對阿遠及阿花負**消保法第7條第1項之無過失責任**，此項責任與經銷商責任不同，企業經營者不得舉證免責。 |

第二小題

- 依消保法第9條之規定，進口商之企業經營者視為該產品之設計生產製造者，負第7條之製造者責任
  - 故R進口商應負無過失責任。

- 國外製造商B因設計欠缺而導致商品損害消費者，阿遠及阿花得依第7條第3項向B請求損害賠償，與R負連帶責任。

- 惟跨國訴訟至外國向製造商求償往往有其難度（不必然以消保法請求）。

- 由此更能顯示出消保法設計上將進口商負第7條之商品製造人之理由，降低跨國訴訟之難度，以保障消費者之權益。

第二小題

對於「摔車出租行」

若著眼於出租屬消保法上的服務，則「摔車出租行」應負第7條之責任，與B、R負連帶責任。

若著眼於出租行非屬製造商，而屬經銷商，則類推適用消保法第9條之進口商責任，課予商品製造人責任，同樣與B、R負連帶責任。

「摔車出租行」對於腳踏車曾為改裝

因其已對原有之設計、生產內容有增減以及改變，實質上成為對該商品成為具有控制風險能力之人。

◆消保法施行細則第8條：「本法第八條第二項所稱改裝，指變更、減少或增加商品原設計、生產或製造之內容或包裝。」

此時出租行成立消保法第8條第2項進行改裝之經銷商，而對消費者負擔第7條之責任，亦即縱無過失，亦需對消費者賠償。

第三小題

- 消保法施行細則第2條：
    - 「本法第二條第二款所稱營業，不以營利為目的者為限。」

「摔車出租行」雖係提供免費服務，但並不因此影響其為企業經營者之性質，仍屬企業經營者提供服務。

提供停車服務：依現今科技水準，應有對出入口有適當的監視設備及巡邏人員。

- 「摔車出租行」對此未提供現今專業可合理期待水準之監視設備避免發生車輛遭竊。

因果關係：

- 若有監視設備，往往得有效遏阻竊盜之發生
- 若無監視設備，往往無法防治竊盜發生
- 故監視設備之欠缺與車輛遭竊，應認為有因果關係，摔車出租行應依消保法第7條負損害賠償責任。

第三小題

民法第607條：飲食店、浴堂或其他相類場所之主人，對於客人所攜帶通常物品之毀損、喪失，負其責任。但有前條但書規定之情形時，不在此限。

對短期停留之商店，對客人通常攜帶之物品喪失，應負其責任。

對腳踏車出租業而言，往往是觀光客由外地駕駛交通工具前往，交通工具已屬通常物品，對此喪失，「摔車出租行」應負其責任。

依據民法第609條：「以揭示限制或免除前三條所定主人之責任者，其揭示無效。」故業者若以揭示等方法主張其為免費提供而免除責任者，其揭示無效。

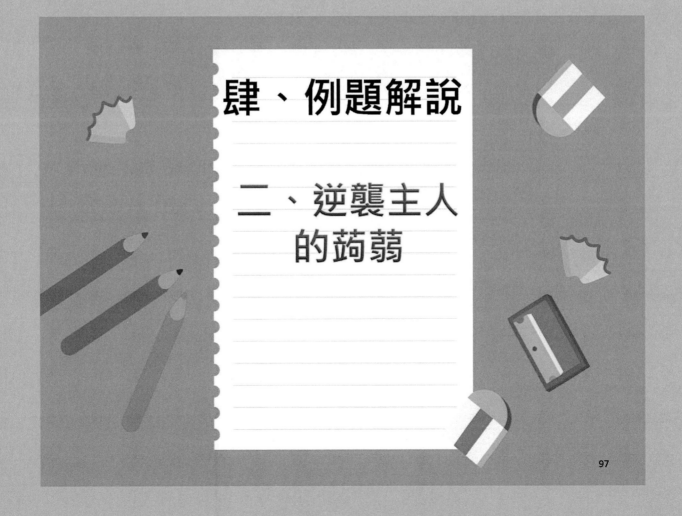

肆、例題解說

二、逆襲主人
的蒟蒻

怠於警告

消保法第7條：

• II、商品或服務具有危害消費者生命、身體、健康、財產之可能者，應於明顯處為警告標示及緊急處理危險之方法。

應規定商品應標明警告標示等提醒消費者，否則應負消保法第7條第3項之賠償責任。

所謂明顯處為警告之標示，其標示以使消費者可理解為必要，若以不明顯或外文之警告標示，對消費者並無理解其警告之可能性，不符合消保法第7條第2項之規定。

對於蒟蒻椰果之標示，衛生署於民國九十四年九月三十日公告「衛署食字第0940405150號函」公告「市售含蒟蒻成分果凍應加標警語標示」，其中規定：

(二)類似警語擇一標示：
1、請勿以強吸一口整粒吞食。 2、五歲以下幼兒請勿食用。
3、老人及兒童食用時，請大人陪伴以匙分段進食。
4、請細嚼慢嚥以免噎到。 5、嬉戲時請勿食用。 6、請咀嚼，勿整粒吞食。

企業經營者應加以遵守，以確保消費者之安全，若未依規定標示，應認為違反第7條第2項於明顯處為警告標示之義務。

98

第一小題

D大賣場
• 非屬商品之製造人，僅為銷售商品
• 應屬消保法第8條第1項之經銷商，對消費者之損害應與企業經營者負連帶責任
• 惟其可主張已盡避免防止之義務而免責。

進口商C
• 違反消保法第7條第2項之義務
• 為危險之防止，阿花得依消保法第9條使C負消保法第7條之商品製造人責任，對醫藥費之支出請求賠償。

製造商T
• 其於國外輸出時，未針對各國為不同語言之警告與說明
• 阿花得向T主張消保法第7條之商品製造人責任，與C負連帶責任，若D大賣場無法舉證免責時，亦應連帶負責。
• 根據消保法第10條第2項之情況，可要求C、D對同種類商品下架並重新標示。

99

第二小題

- 消保法上商品服務責任之請求權人：
  - 消費者（包含消費關係之當事人即使用商品之當事人）
  - 第三人（企業經營者所得預見可能受損害之人或所有因為商品而受損害之人）

換言之，雖非消費關係之一方，提供他人使用或經拾得者，企業經營者仍不因此免除商品服務責任，對於消費者之損害，仍應負責。

100

第三小題

1. 消費者保護團體得依據消保法第28條及第29條為商品之抽樣及檢驗。

2. 消保會得依據消保法第33條為調查。

根據相關函示，衛生署已根據消保法第38條要求相關企業經營者為必要之措施（標明警語內容）。

若企業經營者未遵守該規範而未為標示，得依據消保法第58條對企業經營者處新臺幣六萬元以上一百五十萬元以下罰鍰，並得連續處罰。

101

第三節：國考試題演練

題號	答案	題目	相關條文
1	A	依消費者保護法規定，下列有關企業經營者之敘述，何者錯誤？ (A)商品於流通進入市場，只要符合當時科技水準合理期待的安全性即可，不須就其主張之事實負舉證責任 (B)商品具有危害消費者財產之可能者，應於明顯處為警告標示 (C)服務具有危害消費者健康之可能者，應於明顯處標示緊急處理危險之方法 (D)違反應於明顯處為警告標示規定，但能證明其無過失者，法院得減輕其賠償責任 【107年度不動產經紀營業員資格取得測驗更新題庫】	§7 §7-1
2	A	依消費者保護法規定，從事經銷之企業經營者，就商品或服務所生之損害，下列敘述何者錯誤？ (A)與提供服務之企業經營者，負全部賠償責任 (B)與提供服務之企業經營者，連帶負賠償責任 (C)對於損害之防免，已盡相當之注意而仍不免發生損害者，不在此限 (D)對於損害之防免，縱加以相當之注意而仍不免發生損害者，不在此限 【107年度不動產經紀營業員資格取得測驗更新題庫】	§8
3	A	依消費者保護法規定，下列關於企業經營者提供商品之敘述，何者正確？ (A)對於有事實足認有危害消費者安全與健康之虞的商品，應即回收 (B)對於第三人的損害賠償責任，得預先約定免除 (C)對於消費者的損害賠償責任，得預先約定限制 (D)對於有危害消費者財產之虞的商品，僅負於明顯處為警告標示之義務 【107年度不動產經紀營業員資格取得測驗更新題庫】	§10 §10-1

題號	答案	題目	相關條文
4	C	依消費者保護法規定，下列有關企業經營者之敘述何者正確？ (A) 企業經營者對消費者或第三人之損害賠償責任，經與消費者個別磋商，得預先約定限制或免除 (B) 輸入商品或服務之企業經營者，視為從事經銷之企業經營者 (C) 從事經銷之企業經營者，就商品所生之損害，與商品製造者連帶負賠償責任。但對於損害之防免已盡相當之注意，或縱加以相當之注意而仍不免發生損害者，不在此限 (D) 從事設計、生產、製造商品或提供服務之企業經營者，違反消費者保護法規定致生損害於消費者，若企業經營者能證明其無過失者，法院得免除其賠償責任 【107年度不動產經紀營業員資格取得測驗更新題庫】	§7 §8 §9
5	B	甲慈善事業的慈善經營方式是：以一般價格購買商品後，將其便宜賣給貧困者。貧困者乙向甲便宜購買商品，如因而受有身體上的損害，請問乙主張甲就此應負商品責任，有無理由？ (A) 有理由，因為甲應負不完全給付的商品責任 (B) 有理由，因為甲反覆為此行為並以此為業 (C) 無理由，因為甲的行為並非以營利為目的 (C) 無理由，因為人身損害並非商品責任所規範 【103年普通考試】 104	§8

題號	答案	題目	相關條文
6	C	依消費者保護法規定，下列敘述何者正確？ (A) 企業經營者於商品或服務具有危害消費者生命、身體、健康、財產之可能者，未於明顯處為警告標示及緊急處理危險之方法者應負賠償責任。但企業經營者能證明其無過失者，法院得減輕或免除其賠償責任 (B) 商品或服務因其後有較佳之商品或服務，得被推定不符合當時科技或專業水準可合理期待之安全性 (C) 從事經銷之企業經營者，改裝、分裝商品或變更服務內容者，視為從事設計、生產、製造商品或提供服務之企業經營者 (D) 企業經營者對消費者或第三人之損害賠償責任，得預先約定限制但不得約定免除 【105年普通考試】	§7 §8 §9
7	C	甲於乙商店購得丙手機公司所生產之新型手機，甲交予其子丁使用，詎料丁於使用時竟發生手機電池燃燒，致丁受傷送醫。依消費者保護法規定，關於本案中企業經營者責任之敘述，下列何者錯誤？ (A) 丙公司係生產問題手機之企業經營者，應確保該手機符合當時科技或專業水準可合理期待之安全性，如有違反，應負損害賠償責任 (B) 該問題手機雖係甲所購買，但如丁因使用而身體受損害，丙公司仍應對丁負損害賠償責任 (C) 若丙公司能證明其於生產手機時無過失者，法院應免除其賠償責任 (D) 經銷手機之乙商店，就使用問題手機所生損害，與丙公司連帶負損害賠償責任。但乙商店得主張對損害之防免已盡相當之注意，或縱加以相當之注意而仍不免發生損害，以免除其與丙公司之連帶責任 【105年普通考試】 105	§7 §8 §9

題號	答案	題目	相關條文
8	C	依消費者保護法規定，關於企業經營者責任之敘述，下列何者錯誤？ (A) 企業經營者所提供之服務，若具有危害消費者健康之可能者，應為警告標示。違反且致生損害於消費者時應負連帶賠償責任 (B) 從事經銷之企業經營者，對商品或服務所生之損害防免已盡相當之注意，無須負連帶賠償責任 (C) 企業經營者之商品雖致生損害於消費者，若能證明其無過失者，則無須負連帶損害賠償責任 (D) 企業經營者對於商品符合可合理期待之安全性，負舉證責任 【106年普通考試】	§7 §8
9	B	依消費者保護法規定，為保護消費者的生命、身體、健康或財產權益，下列敘述，何者正確？ (A) 企業經營者能證明其無過失者，法院得免除其賠償責任 (B) 從事設計、生產、製造商品或提供服務之企業經營者，就其商品或服務致生損害於消費者或第三人時，應負連帶賠償責任 (C) 輸入商品服務之企業經營者為進口商，並不負商品製造者責任 (D) 從事經銷之企業經營者改裝商品或變更服務內容者，能證明其對損害之防免已盡相當之注意，即可不負責任 【103關務三等】	§7 §8 §9

106

題號	答案	題目	相關條文
10	A	甲於賣場中購買乙公司設計、丙公司生產、丁公司銷售之電視，並將該電視放置家中客廳；一日，甲的父母於甲的家中看電視時，電視突然發生爆炸，導致受傷。下列敘述，何者錯誤？ (A) 乙、丙、丁三家公司關於電視發生爆炸導致甲的父母受傷一事，如能證明三家公司均無任何過失時，在法律上即可完全不用負任何損害賠償責任 (B) 經專家鑑識後，發現電視之爆炸是因為乙設計不良，而丙的生產與丁的銷售均無任何過失；但依消費者保護法規定，丙、丁仍應負擔連帶責任 (C) 依消費者保護法規定，儘管甲的父母非屬購買電視的契約當事人，仍得主張消費者保護法之權利 (D) 僅甲得對丁公司主張由其負契約責任 【104警察四等】	§7 §8 §9
11	C	依消費者保護法規定，從事設計、生產、製造商品或提供服務之企業經營者應確保其提供之商品或服務無安全或衛生上之危險，亦即應確保該商品於其流通進入市場，或服務於其提供時，應符合下列那一項標準？ (A) 符合當時科技或專業水準可合理期待之美觀性 (B) 符合當時科技或專業水準可合理期待之容易性 (C) 符合當時科技或專業水準可合理期待之安全性 (D) 符合當時科技或專業水準可合理期待之便利性 【106轉任四等】	§7

題號	答案	題目	相關條文
12	B	依據消費者保護法規定，關於消費者健康與安全之保障，下列敘述何者錯誤？ (A) 商品具有危險性者，應於明顯處為警告標示及緊急處理危險之方法 (B) 從事改裝、分裝商品或變更服務內容之企業經營者，若對於損害之防免已盡相當之注意，或縱加以相當之注意而仍不免發生損害者，不須與設計、生產、製造商品或提供服務之企業經營者，負連帶賠償責任 (C) 商品或服務不得僅因其後有較佳之商品或服務，而被視為不符合商品流通進入市場或服務提供當時，科技或專業水準可合理期待之安全性 (D) 企業經營者所為必要之處理，若足以除去商品或服務對消費者安全與健康之危害，即不須回收該批商品或停止其服務 【105警特三等、108年普通考試】	§7
13	C	有關企業經營者就商品致生消費者損害之賠償責任，下列敘述何者錯誤？ (A) 從事商品設計、生產、製造之企業經營者，應確保商品符合當時科技或專業水準可合理期待之安全性，倘有違反致生損害於消費者，企業經營者縱無過失，亦應負責 (B) 從事商品經銷之企業經營者，對於商品所生之損害，與設計、生產、製造之企業經營者負連帶賠償責任，但倘能證明已盡相當之注意，得免責任 (C) 輸入商品之企業經營者，視為從事經銷之企業經營者，對於商品所生之損害負責 (D) 企業經營者因過失所致之損害，消費者得請求損害額 1 倍以下之懲罰性賠償金 【104民航三等】108	§7 §8 §9

題號	答案	題目	相關條文
14	C	依消費者保護法之規定，關於企業經營者應負義務及責任，下列敘述何者正確？ (A) 確保該商品或服務，高於當時科技或專業水準可合理期待之安全性 (B) 僅對消費者負損害賠償責任，對其他人之損害無須負責 (C) 於商品或服務有危害消費者健康之可能時，於明顯處為警告標示 (D) 於能證明其無過失時，不負賠償責任 【107司法三等】	§7
15	C	當有事實證明該流通進入市場之商品或服務，具有危害消費者安全與健康之虞時，為避免消費者權益遭受損害，企業經營者應回收或停止該有危險之商品或服務，以防免發生或擴大損害。依消費者保護法之規定，下列何者錯誤？ (A) 中央主管機關認為有必要時，得命有損害消費者生命、身體、健康或財產的企業經營者立即停止該商品之設計、生產、製造、加工、輸入、經銷或服務之提供，或採取其他必要措施 (B) 直轄市或縣（市）政府對於企業經營者提供之商品或服務，經調查認為確有損害消費者生命、身體、健康或財產，或確有損害之虞者，應命其限期改善、回收或銷燬 (C) 企業經營者於有事實足認其提供之商品或服務有危害消費者安全與健康之虞時，於明顯處為警告標示，得免除回收該批商品或停止其服務之責任 (D) 直轄市或縣（市）政府於企業經營者提供之商品或服務，對消費者已發生重大損害或有發生重大損害之虞，而情況危急時，應即在大眾傳播媒體公告企業經營者之名稱、地址、商品、服務或為其他必要之處置 【107年普通考試】	§10 §10-1 §36

-第四章-
定型化契約的法律規制

林瑞珠教授

大綱

2

第一節：定型化契約概論

壹、引導案例

- 規矩很多的電影院

貳、定型化契約基本觀念

- 一、定型化契約（條款）之意義
- 二、定型化契約（條款）之規制

參、例題解說

3

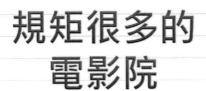

壹、引導案例

規矩很多的
電影院

4

阿遠在考完期中考後之下午，決定與阿花一同前往西門町觀賞電影，選擇了「規矩多電影院」欣賞現正當紅3D電影。

Yeah！
考完來看電影，
放鬆一下吧。

CINEMA

5

阿遠買了兩張全票之後，發現電影票後有數項注意事項：

禁帶外食

退換票須於
開演前二十分鐘

手機轉為震動

身高九十公分以上
觀眾須購票入場

6

即將進場時，影城工作人員發放3D眼鏡，並附上眼鏡使用需知，說明眼鏡使用方法，以及使用後歸還之規定，若將眼鏡遺失或毀損，須照價賠償每副三千元。

在配戴3D眼鏡時，
請勿大力拉扯眼鏡
或擠壓鏡片。

3D眼鏡無任何度數，
將3D眼鏡由上往下
配戴於近視眼鏡即可。

7

阿遠要進場觀看電影時，再次看見影廳前大大的標語寫著「禁帶外食」，而驗票進場時，電影院工作人員發現阿遠的包包龐大，懷疑有攜帶外食，故要求檢查...。

8

最後，工作人員發現阿遠藏在背包裡的洋芋片，因此要求阿遠將外食繳交保管。

9

影片開始時，除前段的廣告外，尚播放一連串的注意事項。觀賞完電影後，阿遠走出影廳，發現在出口處上方大大的寫著：「請隨手帶走垃圾，若留下垃圾，而查獲者，請支付清潔費三千元」阿遠心想還好自己有記得把垃圾帶出影廳。

我可千萬不能因小失大！否則就沒錢跟阿花約會了！

10

問題思考

1 上述案例中，存在哪幾個定型化契約條款？其效力分別為何？（禁帶外食及3D眼鏡賠償於次小題討論）

2 對3D眼鏡使用需知上規定若損壞或遺失眼鏡者，賠償每副三千元之規定是否有效？

3 若阿遠拿出法律人為權利奮鬥的本色，堅持攜帶外食進入影廳，請問是否有理由？

11

貳、定型化契約基本觀念

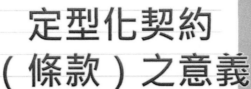

一、定型化契約（條款）之意義

12

定型化契約之規範

消保法第2條第7款	・定型化契約條款：指企業經營者為與多數消費者訂立同類契約之用，所提出預先擬定之契約條款。定型化契約條款不限書面，其以放映字幕、張貼、牌示、網際網路、或其他方法表示者，亦屬之。
	・又民國104年消費者保護法修正，過去定型化契約條款之定義，尚須以企業經營者為與「不特定」多數消費者訂立同種類契約之用為要件。新修法即以定型化契約並不以係供不特定多數消費者或特定多數消費者使用而有區別，爰參考德國民法第三百零五條之規定，刪除第七款「不特定」之文字。
消保法第2條第9款	・定型化契約：指企業經營者提出之定型化契約條款作為契約內容之全部或一部而訂立之契約。

定型化契約條款於生活中極為常見，例如：

於銀行申請開設活期存款帳戶	購票欣賞電影	書店或遊樂園等公共場所
銀行所提出預先擬定之約定內容表格	張貼在購票處的注意事項	公告注意事項等規定

禁外食
NO EATING

13

定型化契約與定型化契約條款

在各種交易及消費關係中，往往是**企業經營者**與**消費者**訂定契約而**互相負擔權利義務**

而大多數企業經營者係**同時**與眾多消費者為交易行為，企業經營者不可能一一與各個消費者為契約條款之磋商與締結

因此定型化契約條款應屬契約之下位概念。

• 其往往**預先擬定**相關契約條款以便與消費者訂立契約。

14

定型化契約條款之概念

因定型化契約條款係屬定型化契約下之概念：

| 定型化契約條款 | 首先須該當為一契約條款之要件 |

• 也就是其必須係規範當事人之權利義務關係

| 契約條款若需生效 | 民法第153條 |

• 當事人意思表示一致，契約方為成立
• 說明如右：

意思表示以法效意思為核心

• 對於各該字幕、張貼以及告示等，須以表意人有以其發生法律效果之意思，否則其並未有發生法律效果之意思，不發生法律行為。
　　　　　　　　　↓不具任何拘束力
• 例如：店門口張貼大大的「歡迎光臨」。

意思表示合致

• 消保法對企業經營者之表示方式設有限制。
• 消保法對消費者之意思表示方式未設限制。

15

消保小學堂：契約自由

民法之契約自由原則

當事人能自由選定與何人訂約

當事人能自由決定如何訂約

當事人能自由決定訂約內容為何

雙方當事人均應遵守互相訂定之條款，國家亦不得干涉。

惟隨著經濟的發展，企業經營者與消費者出現懸殊之締約地位差距：

企業經營者往往憑著強大之經濟實力，預先擬定對己有利之條款，

消費者若欲與該企業經營者締約，必須接受其所提出之條款，否則無法與企業經營者締約，消費者將蒙受不利及不便。

美國法上即稱該定型化契約使消費者處於Take it or leave it之地位上。

16

貳、定型化契約基本觀念

二、定型化契約（條款）之規制

定型化契約條款之疑慮

定型化契約條款可能使消費者蒙受的不利益有：

（一）在訂約前，消費者與企業經營者對契約條款為磋商，**消費者往往無法清楚得知契約條款之規定**；而契約條款由具有經濟實力之企業經營者擬定者，企業經營者有相關專業知識外，並具有僱請專業人員（律師或相關法務人員）擬定之契約之資力，相對於一般消費者，無法得知並確實了解即將要締約之內容。

（二）在訂約時，因締結之契約事先並未經雙方磋商，故消費者必須於訂約時，方能瀏覽、閱讀定型化契約條款之內容；此時消費者未能詳細閱讀契約內容外，因契約內容之條款繁多，有時因字體大小之關係，消費者經常無法就重要之條款一一閱讀，了解契約上之權利義務。

（三）訂立契約後，因消費者無法確實了解契約內容，或消費者係在無可選擇下方與企業經營者締約，而契約中有時會有企業經營者所提出之突襲條款，**造成消費者在未預料、不了解該條款下，被課予不相當之義務**。

定型化契約條款規範之必要

- 定型化契約使消費者因無從選擇而締約，進而被動接受對方條款；或因內容無法充分知悉，權利義務受到突襲。

當握有締約優勢地位之企業經營者專注追求一己之利益而不顧他方正當權益

（包括追求經濟效益、權利義務應符合契約之目的等，有學說稱為契約正義[1]）

企業經營者片面決定契約內容，消費者無法立於平等地位進行磋商、參與契約條款內容之決定

致使契約雙方之權利義務並非平等、相當、符合誠信原則

侵害締約自由中，決定契約內容之自由

故消保法有對定型化契約進行規制之必要

1. 詹森林，定型化契約條款效力之規範，民事法理與判決研究（四），2006年12月，頁137。

消保小學堂：民法第247條之1的適用範圍[1]

民法第247條之1

- 民法第247條之1並未對於契約「是否具消費關係」有所限制，亦即無論為消費性或非消費性定型化契約約款均有適用。

- 並且，基於民法債編施行法第17條：「修正之民法第二百四十七條之一之規定，於民法債編修正施行前訂定之契約，亦適用之。」民法第247條之1有溯及效力。

- 綜上所言，無論是否具有消費關係、契約訂立於何時，均有民法第247條之1的適用。

消保法第12條

- 非消費性定型化契約條款，無消保法之適用，此觀向來法院實務見解，認為「消費係直接使用商品或接受服務之行為，蓋消費雖無固定模式，惟消費係與生產為相對之二名詞，從而，生產即非消費，故消保法所稱之消費，係指不再用於生產之情形下所為之最終消費而言。」[2]可知，消保法之適用於具有消費關係者，始有適用餘地。

- 消費性定型化契約條款，於民國83年1月13日消費者保護法施行前者，基於法不溯及既往原則，亦無本法之適用。

1.詹森林，定型化契約條款效力之規範-最高法院90年臺上2011號、91年臺上2220號、92年臺上39號判決之商榷，律師雜誌，第293期，2004年2月，頁21-40。
2.引自最高法院91年度台上字第1001號判決。

20

消保法中保護消費者之規定

消保法第11條：

定型化契約條款本於平等互惠原則，且對契約條款有疑義時應為**有利於消費者之解釋**

- 理由在於擬定契約之一方往往會擬定對己有利之條款，其條款內容多為對企業經營者有利之內容。

- 相對而言，消費者往往為蒙受不利、被迫接受定型化契約之一方，因此為求雙方實質平等，對定型化契約條款之解釋應為有利消費者之一方。

消保法第11-1條，規定定型化契約之審閱期間

- 中央主管機關可以選定特定行業公告規定其定型化契約應記載或不得記載之事項，以公權力強制介入確保消費者之權益，違反主管機關公告之不得記載內容者，其條款內容無效。

消保法第二章第二節對定型化契約之管制，大多數為效力規定，僅規範雙方所訂定之定型化契約效力問題，並非請求權基礎，雙方須再就契約條款以及民法債編相關規定請求之。

21

參、例題解說

規矩很多的電影院

第一小題

消保法第2條第7款

• 定型化契約條款：指企業經營者為與多數消費者訂立同類契約之用，所提出預先擬定之契約條款。定型化契約條款不限書面，其以放映字幕、張貼、牌示、網際網路、或其他方法表示者，亦屬之。

消保法第2條第9款

• 定型化契約：指企業經營者提出之定型化契約條款作為契約內容之全部或一部而訂立之契約。

消保法第13條第1項

• Ⅰ、企業經營者應向消費者明示定型化契約條款之內容；明示其內容顯有困難者，應以顯著之方式，公告其內容，並經消費者同意者，該條款即為契約之內容。

定型化契約條款皆須向消費者明示，在明示顯有困難時，應以顯著之方法公告其內容。〈消保法§13〉

另外，就各該標語說明，還須考量其是否規範當事人法律上權利義務，方屬定型化契約條款。

第一小題

於排隊購票時之票價

- 其規定電影服務之價金，規範雙方當事人法律上權利義務，並符合定型化契約條款之要件，故屬於定型化契約條款。

電影票上之注意事項、3D眼鏡、影片播放前所播放之注意事項之說明

- 若是單就影廳設備之介紹以及3D眼鏡如何使用等，其並非規範當事人之權利義務，難謂其屬於契約條款，但若是有規範權利義務者，即屬定型化契約條款。

影廳上「禁帶外食」之標示、最後走出時所標示之清潔費規定

- 其規範消費者之行為義務，應屬於定型化契約條款。

24

第一小題

- **定型化契約條款應符合消保法相關規定**
  - ◆ 第11條 平等互惠、第11-1條 應使消費者有合理的審閱期間。
  - ◆ 第14條 未記載於定型化契約中而依正常情形顯非消費者所得預見者，該條款不構成契約之內容。
  - ◆ 第17條 行政機關公告規定之應記載及不得記載事項。

因此在票價之規定、退換票之時間限制、手機轉為震動等規定，均為一般欣賞電影常見，且符合雙方公平，保障雙方利益之條款。

惟在電影結束後規定將垃圾帶走，否則支付清潔費之規定，並非事前有所公告，記載於電影票等書面契約中，而是以消費者已欣賞完電影，離開影廳時所揭示之規定。

- 此時消費者對於垃圾是否帶走已無法挽回，且該清潔費三千元之規定，顯逾一般合理常情，違反消保法第11條平等互惠原則，以及消保法14條規定未經記載且顯非消費者所預見之定型化契約條款，不構成契約之內容。

25

第二小題

3D眼鏡損害賠償規定

係針對多數消費者預先擬定，規範法律上權利義務

屬定型化契約條款

若遺失或損壞賠償三千元

按市面上價格，3D眼鏡之成本約在兩千元以下

而當消費者遺失或損壞3D眼鏡，電影業者卻課予消費者賠償三千元之責任，遠超成本

違反平等互惠原則，依消保法第12條第2項第1款推定其顯失公平，而按同條第1項規定，該定型化契約條款無效

26

第三小題

● 電影院通常有自設之飲食部門販賣飲食，允許觀眾帶進電影院，相較於「消費者自行攜帶之飲食，則被拒絕於電影院之外」：

　□ 可能造成相同的食物，卻因是否為向電影院購買，而有不同結果，形成差別待遇，違反平等互惠之原則。

● 依消保法第17條規定，中央主管機關得選定特定行業，公告規定其定型化契約應記載及不得記載之事項，對於不得記載事項而記載者，其約定無效。

　□ 依據此條規定，新聞局公布電影業相關不得記載事項中即規定：

電影片映演業定型化契約不得記載禁止攜帶外食
行政院新聞局99年2月8日
新影三字第0990001533Z號公告
電影片映演業不得為禁止消費者攜帶食物進入映演場所食用之揭示、標示或口頭告知。但味道嗆辣、濃郁、高溫熱湯（飲）或食用時會發出聲響之食物，得於映演場所明顯處揭示或標示禁止攜入。

27

第三小題

1 • 因此，若電影業一概拒絕所有外食進入，其定型化契約條款應屬無效

2 • 準此，阿遠僅攜帶洋芋片（並非味道濃郁之食物），不應被拒絕於電影院外

3 • 規矩多電影院之規定應屬無效，故阿遠可以攜帶洋芋片進入電影院（在洋芋片不發生嚴重干擾他人之噪音之前提）

28

第二節：定型化契約之形式規制

壹、引導案例

• 掃興的燒烤店

貳、定型化契約規制之類型

參、定型化契約之形式規制

• 一、審閱期間之規範
• 二、文字形式之規範
• 三、明示契約條款之要求

肆、例題解說

29

壹、引導案例

掃興的燒烤店

阿遠、阿花以及一群同學們，為了慶祝期末考結束而到「烤焦燒烤店」用餐。在預約時，店員向阿遠說明「用餐時間限時二小時」之用餐規則。走到店門口，發現該店門口貼有海報寫著「學生大優惠，憑學生證，吃到飽只要399！」

現場入坐後，店員向眾人告知「因搬運火爐，故切勿隨意在走廊上走動」
以及「本店有提供啤酒喝到飽的服務！」

因搬運火爐，故切勿
隨意在走廊上走動！

本店有提供啤酒
喝到飽的服務！

32

大夥發現菜單上除了平常燒烤店會有的肉片、五花、安格斯黑牛、
草蝦以外，在下一頁竟然還有剛開放進口的日本和牛、明蝦等高級食材，
且未有任何需加價的說明，因此眾人毫不猶豫的不斷加點，大快朵頤。

33

除了大口吃肉以外，因為有啤酒免費暢飲的服務，大家也開始大口喝酒。
平常滴酒不沾的阿花，因為終於考完期末考，所以也和大家舉杯同樂。
誰知道阿花沒喝幾杯，就已經頭暈眼花，並且開始胡言亂語，但是依然逞強和
大家繼續暢飲。沒想到在酒精的催化之下，阿花竟然忍不住吐了出來，嘔吐物
灑的整個桌子都是，必須勞煩店員前來清理。

34

在離去前要結帳時，一行人卻被告知，只有四人享有「吃到飽399」的優惠，其餘
十餘人仍需支付一人599元的原價，總額近萬元...
店員解釋在店外海報下方寫有「一團以四人為上限」之說明，因此只能給予其中四
人優惠。阿遠與同學們急急忙忙走到門口，才發現在海報的最下方有一行不顯眼的
小字，且與海報背景顏色相似，極容易被忽略。

35

- ◆ 阿遠對此雖然不服氣，但縱使如此，對於近萬元的帳單仍有不解；
- ◆ 店員解釋，這是因為**菜單第二頁之食材並不在吃到飽之食材範圍之列**，**雖然菜單上沒有載明**，**但是各項較昂貴之食材在結帳櫃檯後方的牆上已列有價目表及說明**；
- ◆ 因此除了吃到飽的原價以外，對於第二頁之食材，價格必須另計。

- ◆ 最後，**還要加上阿花嘔吐後的清潔費伍佰元**，阿遠表示當初啤酒暢飲時並無被告知有此項條款...
- ◆ 此時店員只笑著說這是公司規定，其亦不知詳情為何。

- ◆ 阿遠對此十分不滿，認為一定要上網踢爆，但眼下面對這些帳單他們到底應該如何主張消保法上之權利呢？

問題思考

本題案例之中，燒烤店的各種規定，哪些屬於消保法上的定型化契約條款？

上述各定型化契約條款是否符合消保法之規定？若有違反，其違反消保法關於定型化契約之何種規範？其法律效果分別為何？

貳、定型化契約規範之類型

形式上規制 VS. 實質上規制

定型化契約對消費者所造成可能之危害已如前講所述

· 對於消保法如何控管定型化契約以防免其侵害消費者權益，除了主管機關公布具體之「應記載及不得記載事項」外，可依據規範之類型，區分為「形式上規制」以及「實質上規制」。

形式上規制

· 指定型化契約訂立前或訂立時，消費者是否有機會知悉並對契約條款內容為承諾，其關係到該定型化契約條款是否得以成立拘束雙方權利義務之內容依據。

· 形式上規制不涉及契約內容之判斷，只針對締約前或締約時之各種情狀，進而判斷消費者是否有機會充分知悉，並且對契約條款深思熟慮之後方決定是否接受。

實質上規制

· 亦即針對已經構成，而對雙方有拘束力之定型化契約條款是否在其內容上、適用上，將會產生對消費者不利之影響，也因為其必須根據實質內容之適用而為判斷，而與「形式上規制」不同。

形式規制之立法目的

消保法第2條第7款

- 定型化契約條款：**指企業經營者為與多數消費者訂立同類契約之用，所提出預先擬定之契約條款**。定型化契約條款不限書面，其以放映字幕、張貼、牌示、網際網路、或其他方法表示者，亦屬之。

前段規定「指企業經營者為與多數消費者訂立同類契約之用，所提出預先擬定之契約條款。」

- 其係由企業經營者預先深思熟慮而擬定，所以企業經營者必然事先知悉各條款對雙方當事人權利義務之配置，並有使其發生效力之意思。
- 然而，相對於企業經營者，消費者可能不知或無法知悉企業經營者所擬定之條款為何：
- 其無法如企業經營者深思熟慮考量是否願意對各條款為承諾之意思表示，但企業經營者卻以對方已默示同意等各種理由，以各項條款拘束消費者，造成消費者利益受損。

也就是說，消保法在定型化契約之「**形式上規制**」上，賦予消費者揭露相關資訊以及給予消費者有思考、決策機會之權利，使消費者得以自己之意志，決定是否願意受到契約條款所規制。 40

「形式上規制」之規定

§11-1
- Ⅰ、企業經營者與消費者訂立定型化契約前，應有三十日以內之合理期間，供消費者審閱全部條款內容。
- Ⅱ、企業經營者以定型化契約條款使消費者拋棄前項權利者，無效。
- Ⅲ、違反第一項規定者，其條款不構成契約之內容。但消費者得主張該條款仍構成契約之內容。
- Ⅳ、中央主管機關得選擇特定行業，參酌定型化契約條款之重要性、涉及事項之多寡及複雜程度等事項，公告定型化契約之審閱期間。

§13
- Ⅰ、企業經營者應向消費者明示定型化契約條款之內容；明示其內容顯有困難者，應以顯著之方式，公告其內容，並經消費者同意者，該條款即為契約之內容。
- Ⅱ、企業經營者應給與消費者定型化契約書。但依其契約之性質致給與顯有困難者，不在此限。
- Ⅲ、定型化契約書經消費者簽名或蓋章者，企業經營者應給與消費者該定型化契約書正本。

§14
- 定型化契約條款未經記載於定型化契約中而依正常情形顯非消費者所得預見者，該條款不構成契約之內容。

施行細則 §12
- 定型化契約條款因字體、印刷或其他情事，致難以注意其存在或辨識者，該條款不構成契約之內容。但消費者得主張該條款仍構成契約之內容。

41

違反「形式上規制」之效果

其規範審閱期間、文字以及記載方式，屬締約前各種情狀之規範，應屬於形式上規制。

原則上「不構成契約條款」，或是以消費者同意受其拘束之後，該條款內容方成為契約之一部。

◆ 簡而言之，此係契約條款是否成立之問題，而非契約條款成立後是否生效之問題。只有在確認消費者願接受其拘束之意思後，始發生效力。

◆ 反之，對於其他有關實質內容規制之條文，其違反之法律效果均規定通常為「無效」。

「形式上規制」與「實質上規制」之區分，除了有助於體系與流程之判斷以外，有關違反規定之法律效果，兩者於消保法上之類型及效力容有不同。

42

參、定型化契約之形式規制

一、

審閱期間之規範

定型化契約之審閱期間

◆ 定型化契約訂定時對消費者權益之保障，主要為消保法第11-1條關於審閱期間之規定。

消保法第 11-1條

- Ⅰ、企業經營者與消費者訂立定型化契約前，應有三十日以內之合理期間，供消費者審閱全部條款內容。
- Ⅱ、企業經營者以定型化契約條款使消費者拋棄前項權利者，無效。
- Ⅲ、違反第一項規定者，其條款不構成契約之內容。但消費者得主張該條款仍構成契約之內容。
- Ⅳ、中央主管機關得選擇特定行業，參酌定型化契約條款之重要性、涉及事項之多寡及複雜程度等事項，公告定型化契約之審閱期間。
- 第2項為104年修法新增，此修法理由係參考最高法院98年度台上字第168號民事判決之判決理由法理所新增。該判決針對定型化契約條款中，若設有消費者自願放棄契約審閱權之規定，認為該條款因顯失公平而無效。

◆ 第11條之1第1項揭示消費關係中，定型化契約條款應遵守之原則；私法上雙方訂定之契約本應講究契約自由即可，對於雙方同意之內容，基於尊重個人自由意志，法律並無干涉之必要。

1 惟如前所述，企業經營者多有利用定型化契約使消費者處於不利地位之情形，消費者在簽訂定型化契約時，其意思受到一定程度之限制，難謂基於自己之完全自由意志而與企業經營者訂定契約

2 因此，對於消費關係中，雙方所締結之定型化契約，即有介入調適雙方權利義務之必要

3 此係確保消費者被給予合理的時間，詳細閱讀契約之內容，了解契約所將創設之權利義務關係

44

提供審閱期間之目的

☐ 因消費者與企業經營者締約時，企業經營者經常利用冗長的文字並催促消費者儘快簽約，使得消費者無法詳細閱讀企業經營者所預先擬定之定型化契約條款，或使得消費者無法審慎考慮後再行締約，將剝奪消費者意思決定選擇之權，與消保法保護消費者之意旨不符。

消費者作為被動接受定型化契約之一方，對契約條款不熟悉。

為使消費者得有充分之時間閱讀契約內容，並避免消費者於企業經營者催促下，倉促締約之狀況，因此訂定本規範，以保護消費者。

需說明者，法條規定三十日以內期間，係授權主管機關得就各個類型企業之性質不同，而斟酌給予不同之審閱期間，並非所有行業之審閱期間均為三十日或均為相同。

45

實務動向：消費者可放棄審閱期間保護

臺灣高等法院民事判決101年度上易字第146號

（高院暨所屬法院具參考價值裁判）

消費者保護法第11條之1第1項明文規定企業經營者與消費者訂立定型化契約前，應有30日以內之合理期間，供消費者審閱全部條款內容，其立法目的，在維護消費者知的權利，確保其於訂立定型化契約前，有充分了解定型化契約條款之機會，但綜觀定型化契約簽訂當時之客觀情狀，足見消費者確已知悉定型化契約條款之內容，則消費者如為節省時間、爭取交易機會或其他因素，而自願放棄契約審閱權，自非法所不許。

46

參、定型化契約之形式規制

二、

文字形式之規範

異常條款之問題

消保法施行細則第12條

- 定型化契約條款因**字體**、**印刷**或**其他情事**，致難以注意其存在或辨識者，該條款不構成契約之內容。但消費者得主張該條款仍構成契約之內容。

首先 確保企業經營者不得以難以注意或辨認的字體誤導消費者。

- 例如實務上常見之全開特價海報，但於角落加註微小說明：
  - 限持有貴賓卡者,
  - 且特定時段消費方能享有此項折扣,
- 如此將使消費者無法預見定型化契約之突襲條款，造成不利。

48

參、定型化契約之形式規制

三、

明示契約條款之要求

明示或公告定型化契約條款之要求

消保法
第13條

Ⅰ、企業經營者應向消費者明示定型化契約條款之內容；**明示其內容顯有困難者**，應以顯著之方式，**公告**其內容，**並經消費者同意**者，該條款即為契約之內容。

104年修法理由：「定型化契約條款不論是否記載於定型化契約中，企業經營者均應向消費者明示或公告其內容，並經消費者同意，該條款始構成契約之內容，爰修正第一項。」過去舊法時代，若依法條文義，則必須先區分定型化契約條款是否記載於定型化契約中；若否，方有受規範須向消費者明示之必要。新法則不再區分是否記載於定型化契約中，而就定型化契約條款之全部，都必須向消費者加以明示。

消保法為確保消費者知悉、並對該條款有同意與否之決定空間，故為此項之規定。定型化契約條款並不限於書面形式之定型化契約中，揭示之公告、放映之說明皆屬定型化契約條款之一部。

50

違反明示要求之法律效果

違反消保法第13條規定，屬於違反形式規制，該定型化契約條款不構成契約之內容。

消保法第14條：定型化契約條款未經記載於定型化契約中而依正常情形顯非消費者所得預見者，該條款不構成契約之內容。

- 有鑑於業者有時以**突襲**之方式，事後方告知有公告定型化契約條款，造成消費者受到無法預期之不利益。

- 如燒烤店規定若消費者飲酒嘔吐穢物，酌收清潔費一千元，但卻於顧客開始飲酒，或嘔吐時方告知有此規定，即有違反本條意旨之虞。

51

美國案例Brower v. Gateway 2000, Inc.[1]

該案雖然於訂約時，被告並未提出完整之相關契約條款，惟被告於事後貨物寄到時，將該條款以**明顯字體放大並貼在貨物包裝之紙箱上，載明若不同意上述條款，得於三十日內退貨**云云。

該案紐澤西州最高法院認為締約雙方是否對等，**並不限於以締約時之狀態視之，得依其後是否有相關補救措施(Affirmative Action)為通盤考量。**

該案法院採納被告之論點認為若原告對該條款不滿意，則其可直接退貨，並未構成締約上不對等之情況。

如此衡酌締約前後之狀況，考量消費者是否對定型化契約條款可預見或可接受拘束之觀點，值得參考。

以上皆是確保消費者能夠明確了解並知悉形式上契約文字內容之規範，目的是使消費者有機會了解契約內容，至於契約內容雙方當事人是否符合平等互惠之公平原則，則由實質內容為判斷。

52

1. Brower v. Gateway 2000, Inc. 246 A.D.2d 246, 676 N.Y.S.2d 569 (1998).

肆、例題解說

掃興的燒烤店

第一小題

> **根據消保法第2條第7款規定**
> ・只要是店內的告示、說明等，以各種方法為表示者，只要有為拘束雙方行為之意思者，即屬定型化契約條款。

故燒烤店以**店員說明、海報標語、菜單標註、標示於櫃檯**等，皆符合消保法第2條第7款後段所規定之各種表示方法。

電話中說明有關用餐時間限制、店門口的學生優惠海報、店員告知啤酒喝到飽的服務、菜單上提供的食材、櫃檯後方的價目表以及店員告知清潔費相關事項，皆屬於消保法上所規範之定型化契約條款，而受消保法第11條以下之規制。

◆ 惟現場入坐時，店員告知「因搬運火爐，故切勿隨意在走廊上走動。」其並未有發生法律效果之意思，也未對雙方之權利義務造成影響。
◆ 應認其僅為事實行為之觀念通知，並非意思表示，不屬於定型化契約條款。

54

第二小題

◆ **在訂位時，店員告知用餐時間以兩小時為度**

✓ 其並非以書面之方式為定型化契約條款，因此也沒有字體大小之問題，而查現行飲食業者限制兩小時用餐時間已非罕見，亦為消費者可得預期，因此其應構成契約內容之一部。

◆ **店員告知提供啤酒之服務**

✓ 雖然屬非記載於定型化契約中，但亦為消費者可得預期，故其應構成契約條款之一部。

◆ **在店門口標示之學生優惠**

✓ 與上述之各項定型化契約條款相同，應構成契約內容之一部。

✓ 惟店員於事後主張海報上標有以四人為上限之字體，由事實觀之，其不但難以發現，且與背景顏色相近，難以辨識，依據消保法施行細則第12條之規定，此將使消費者於締約時無法有充分資訊加以考量，應違反消保法對定型化契約之形式上規制，其效力為「不構成契約條款之一部」，而非「無效」。

55

第二小題(續)

■ 店家主要標榜吃到飽的服務，但加點菜單第二頁之食材必須要加付費用，但並未於用餐前明示。

1 此並非明示於菜單上，而是只在結帳櫃檯處才標明相關價位，一般顧客不必然會看到此項定型化契約條款，故**並非記載定型化契約，企業經營者亦未在事前明示消費者此項條款**

2 **依**消保法第13條，未記載於定型化契約之定型化契約條款應由企業經營者明示其內容，此處企業經營者並未在事前明示其內容，違反消保法對於定型化契約形式上規制，應不構成契約條款之一部

3 退步言之，即使企業經營者事後明示告知，但因未經消費者同意，故仍有消保法第13條之適用，此項條款不構成契約內容之一部

第二小題(續)

因嘔吐而收取清潔費

1 其並未記載於定型化契約中，且未在喝酒前明示。

2 業者以突擊之方式，事後方告知有定型化契約條款，造成消費者受到無法預期之不利益。

3 此屬於消保法對定型化契約形式上規制之範圍，依消保法第14條之規定，此項條款不構成契約內容之一部。

第三節：定型化契約之實質規制

壹、引導案例

- 一、難以成行的蜜月
- 二、多災多難的信用卡

貳、定型化契約之實質規制

參、定型化契約之行政管制

肆、例題解說

壹、引導案例

一、

難以成行的蜜月

時間過得飛快，阿遠與阿花結婚了，正在規劃蜜月行程。小倆口有鑑於歐洲旅費太貴，且兩人從小嚮往北非的文明及景色，便決定前往非洲旅遊，一睹沙漠風采。

60

於是報名了由「走馬看花旅行社」規劃之「阿里不達國旅行團」，雙方並簽訂相關旅遊契約。

61

沒想到遇上恐怖組織浪潮襲擊北非，不少國家動盪不安。

在出發前一天，外交部將阿里不達國宣告為紅色警戒地帶。

問題思考

阿遠及阿花因外交部之公告以及瀏覽相關新聞資料後，認為不宜前往，故通知旅行社解除契約，而請求退還旅費。

走馬看花旅行社提出，旅遊契約中定型化契約條款，就解除契約事由不論因為何種事由而解約者，均依照旅客任意解除契約之規定，賠償相關金額

因阿遠係於出發前一日通知，故阿遠應賠償旅遊費用百分之七十

換句話說，阿遠只能拿回百分之三十之旅行費用

是否有理？

問題思考

若阿遠及阿花仍然決定前往，而旅行團亦無解散及延後之計畫，決定照原定計畫進行。

出發當日於機場時，旅行社要求團員同意事先備妥之切結書，要求團員簽名。

切結書上記載對旅行過程中造成之損害，旅行社不負賠償責任。

該切結書是否有效？

64

壹、引導案例

二、

多災多難的
信用卡

為方便網路購物，阿遠決定申辦一張信用卡，有利購物之餘，順便累計紅利點數；因此向「吸血鬼銀行」（以下簡稱銀行）申辦該銀行近來強力促銷之「好吸利信用卡」。

在經過銀行業務員簡單說明後，拿出了雙方的定型化契約，讓阿遠帶回家審閱。阿遠帶回家審閱時，看到整份契約書密密麻麻的文字，縱使是法律系畢業，也覺得枯燥乏味。阿遠僅就契約前後以及銀行有以特別字體標示者為快速閱讀後，即簽署同意書。

66

申辦時，阿遠覺得阿花從跟他在一起開始以來，陪他度過各種消保法上的消費糾紛，為體恤阿花，並讓阿花平常血拼方便，因此決定幫她申辦一張附卡。

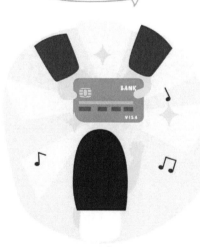

67

阿花在阿遠拿出契約書之後，毫不猶豫的簽下了姓名，數日之後，兩人取得信用卡，亦皆開卡並開始使用。阿遠立刻於網路上購買年度最夯「麻醉驚爆」影集全套，共新臺幣（下同）一千零九十九元，而在第一個月只有這筆消費使用信用卡。

68

在該月帳單繳費期限前，阿遠至ATM前欲將金額匯入帳戶，因當時為星期五晚上十點，阿遠急著回家收看電視劇，緊急之下未確認金額，僅匯出一千元整，剩餘九十九元沒有匯出。

69

幾日後，阿花接到通知有數百元之年利率百分之十六利息及相關違約金必須
繳納，經查證後方得知係因阿遠當時未將帳單金額一次結清之關係。而銀行
循環利息依定型化契約規定計算利息之本金以當時簽單金額一千零九十九元
計算，而非賒欠之九十九元，且依定型化契約規定附卡持有人與正卡持有人
負連帶責任，因此向阿花請求。

70

阿遠表示當初閱讀定型化契約未注意有附卡連帶負責條款，阿花認為其附卡
從未使用，銀行為何可向其主張欠款及循環利息？

先生，當初白紙黑字寫
得非常清楚，很抱歉，
本銀行實在愛莫能助。

當時閱讀契約條款中有
注意此項條款，但因疏
失未繳99元，卻以1,099
元為本金作為計算利息
之基礎，太不合理吧！

71

不久之後，阿花在前往市場途中，裝有信用卡之皮包遭竊，緊急向銀行辦理掛失手續。過兩小時後，銀行來電表示掛失手續已完成，但在掛失手續完成前，依紀錄顯示，該卡有完成一筆兩萬元簽單之紀錄。

那筆費用明明就不是我刷的啊！為什麼還要我買單？

您好，已處理好掛失相關事宜，但您尚須繳納一筆兩萬元的卡費…

72

問題思考

1

吸血鬼銀行依據定型化契約向附卡持有人（阿花）請求款項，請就定型化契約之文字書面以及實質權利義務內容分析是否有理？

2

對於利息之計算係以該月簽單總額為計算循環利息基礎，而非未付款項，是否有理？

3

對於卡片遭竊並盜刷，吸血鬼銀行表示依定型化契約約定：「辦理掛失手續完成前二十四小時，持卡人被冒用盜刷者，自負額以三千元為上限。」而認為阿花仍須負擔定型化契約約定之最高自負額三千元，但阿花認為其已在遭竊時立即通知銀行，根本不應該負擔任何費用，請問銀行此項定型化契約條款是否有理？

貳、定型化契約之實質規制

平等互惠原則

◆ 定型化契約實質內容之規範，係針對已成為條款之一部，雙方對其合意而成立之契約條款。

◆ 蓋契約條款成立後並非當然生效，其尚需符合若干法律上要件以及規制，方得有效並對雙方產生拘束。

消保法第12條

- Ⅰ、定型化契約中之**條款違反誠信原則，對消費者顯失公平者，無效**。

- Ⅱ、定型化契約中之條款有下列情形之一者，**推定**其顯失公平：

  - 一、違反平等互惠原則者。

  - 二、條款與其所排除不予適用之任意規定之立法意旨顯相矛盾者。

  - 三、契約之主要權利或義務，因受條款之限制，致契約之目的難以達成者。

● 規定消保法中對於定型化契約貫徹平等互惠原則之條文，違反者應屬無效。

● 判斷是否顯失公平，得依消保法施行細則第13條之規定，應斟酌契約之性質、締約目的、全部條款內容、交易習慣及其他情事而為綜合判斷。

違反平等互惠原則之情事

施行細則第14條更明確規定四款違反平等互惠之情事：

消保法施行細則第14條

- 定型化契約條款，有下列情事之一者，為違反平等互惠原則：
  - 一、當事人間之給付與對待給付顯不相當者。
  - 二、消費者應負擔非其所能控制之危險者。
  - 三、消費者違約時，應負擔顯不相當之賠償責任者。
  - 四、其他顯有不利於消費者之情形者。

民法第247-1條對定型化契約之效力亦有規範，同時為主張定型化契約條款顯失公平之法律依據。

誠信原則之遵循

實務上有見解認為 節錄最高法院90年台上字2011號判決：

- 所謂定型化契約之條款因違反誠信原則，顯失公平，而無效者，係以當事人之一方於訂約當時處於無從選擇締約對象或無拒絕締約餘地之情況，而簽訂顯然不利於己之約定為其要件[1]（最高法院103年度台抗571號裁定仍採相同見解）。

> 學說認為此見解未掌握對於定型化契約因違反誠信原則，顯失公平而無效之核心。

- 蓋定型化契約因顯失公平而無效**並非針對消費者締約前之地位、是否得選擇締約對象或磋商締約**，而是針對消費者訂定契約之後，該約定是否顯然**不利於己**，而為之管制；將締約前之地位與消費者是否得選擇之壟斷問題[2]不得與此混為一談。

1. 節錄自最高法院九十年台上字第二○一一號判決。資料來源：詹森林，定型化契約條款效力之規範，民事法理與判決研究(四)，2006年12月，頁128。
2. 類似見解詹森林，定型化契約條款效力之規範，民事法理與判決研究(四)，2006年12月，頁138。

近期實務採「締約後條款是否顯失公平」

最高法院104年度台上字第472號判決（最高法院具參考價值裁判）

- ……為防止預定契約之一方（預定人），挾其社經上優勢之地位與力量，利用其單方片面擬定契約之機先，在繁雜之契約內容中挾帶訂定以不合理之方式占取相對人利益之條款，使其獲得極大之利潤，造成契約自由之濫用及破壞交易之公平。於此情形，法院應於具體個案中加以審查與規制，妥適調整當事人間不合理之狀態，苟認該契約一般條款之約定，與法律基本原則或法律任意規定所生之主要權利義務過於偏離，而將其風險分配儘移歸相對人負擔，使預定人享有不合理之待遇，致得以免除或減輕責任，再與契約中其他一般條款綜合觀察，其雙方之權利義務有嚴重失衡之情形者，自可依民法第二百四十七條之一第一款之規定，認為該部分之約定係顯失公平而屬無效，初**與相對人是否為公司組織及具有磋商機會無必然之關係**。蓋任何法律之規定，均係立法者在綜合比較衡量當事人之利益狀態後，所預設之價值判斷，乃為維護契約正義與實現公平之體現。縱其為任意規定，亦僅許當事人雙方以其他正當之規範取代之，尚不容一方恣意片面加以排除。況相對人在訂約之過程中，往往為求爭取商機，或囿於本身法律專業素養之不足，對於內容複雜之一般條款，每難有磋商之餘地；**若僅因相對人為法人且具有磋商之機會，即認無民法第二百四十七條之一規定之適用，不啻弱化司法對附合契約控制規整之功能，亦有違憲法平等原則及對於契約自由之保障**（釋字第五七六號、第五八〇號解釋參照）。

雖本案非針對消費關係，但內容係就定型化契約是否顯失公平為討論，故有消保法之適用。故，定型化契約是否顯失公平，與締約前是否有磋商機會無關。

78

個別磋商條款之意義

消保法第2條
第8款

- 本法所用名詞定義如下
- 八、個別磋商條款：指契約當事人個別磋商而合意之契約條款。

定型化契約條款：	個別磋商條款：
・消費者被動接受，未事先參與訂定	・當事人訂定契約經由個別磋商

因此，個別磋商條款下，消費者之締約自由受侵害的可能性較低。

此時應回歸契約自由原則，以當事人個別磋商條款優先，而定型化契約條款與之相牴觸部分，定型化契約條款應屬無效（消保法第15條參照）。

問題：若此時對消費者而言，定型化契約條款較個別磋商條款較為有利者，則效力為何？

此處應認為本條之目的係因對消費者而言，定型化契約條款往往較個別磋商條款不利，而為此項規定	故若定型化契約條款較個別磋商條款對消費者較有利者，在未排除定型化契約條款適用下，本條規定應目的性限縮解釋，就相牴觸部分以定型化契約條款效力優先。

消保小學堂：違反消保法§12應為相對無效？絕對無效？[1]

傳統見解

- 我國法上關於法律行為效力瑕疵之分類，原則上是以瑕疵之輕重程度與違反法律所保護利益性質之不同（公益／私益）為區分判準。
- 現行法上，並未明確區分絕對無效與相對無效，實務上亦甚少使用。然陳忠五教授主張應有區別之實益。
- 傳統理解上，不論是絕對無效抑或相對無效，任一方當事人得對彼此主張法律行為無效，亦得向法院訴請確認無效。

陳忠五教授之主張

- 過去傳統社會結構單純，法律無效多半係基於影響公序良俗等理由，故採絕對無效並無不妥。
- 然而在當今社會結構的改變，對於私人間法律行為的管制也愈加頻繁，尤在經濟生活領域，為確保公平合理的交易秩序，國家介入的情形尤甚。
- 在上述情形，如「顯係以維護法律行為當事人一方之特殊的、個別的私人目的者」，則應採取「相對無效」之立法模式。僅賦予「為法規所保護之對象」向法院提起確認無效，亦使其享有主張條款有效之機會。

陳忠五教授認為：消保法第12條關於定型化契約之規定，法規最直接主要的目的**顯然是在保護消費者之個別利益**，即在**藉由對於私人之保護，間接達到「維護國民消費生活關係或勞動關係上之公共利益」**的目的，因而在性質上應解為「相對無效」。

1陳忠五，法律行為絕對無效與相對無效之區別，臺大法學論叢，第27卷第4期，1998年7月，頁157-258。

80

定型化契約條款無效時，契約其他部分之效力

消保法第16條

定型化契約中之定型化契約條款，全部或一部無效或不構成契約內容之一部者，除去該部分，契約亦可成立者，該契約之其他部分，仍為有效。但對當事人之一方顯失公平者，該契約全部無效。

保障雙方投入之磋商及締約成本

消保法第11條

Ⅰ、企業經營者在定型化契約中所用之條款，應本平等互惠之原則。

Ⅱ、定型化契約條款如有疑義時，應為有利於消費者之解釋。

◆對於定型化契約內容之疑義之解釋，應為對消費者有利之解釋。

◆此規定除達到消保法保護消費者之本旨外，亦貫徹「契約有疑義時為不利於擬定者之解釋」之法理*。

◆因定型化契約往往係由企業經營者擬定，為不利於企業經營者之解釋，即為上述法理之落實。

*劉宗榮，新保險法，九十六年一月，頁58。
雖係針對保險法中定型化契約解釋之修法建議，惟仍論及許多定型化契約解釋之原則。

81

參、定型化契約之行政管制

公權力介入

企業經營者對消費者之定型化契約已可藉由以上之規範，使得違反平等互惠原則之條款歸於無效。

但事後救濟所產生的爭訟負擔往往使經濟上處於弱勢地位的消費者望之卻步，且消費者向企業經營者主張顯失公平而無效時，企業經營者往往堅持契約之效力，甚至對消費者訴諸法律，增加消費者負擔之訴訟成本。

➡ 準此，消保法允許行政機關以公權力介入契約關係，而為一定之規範。

消保法第17條第1項規定：

- 「中央主管機關為預防消費糾紛，保護消費者權益，促進定型化契約之公平化，得選擇特定行業，擬定其定型化契約應記載或不得記載之事項，報請行政院核定後公告之。」

此項規定為企業經營者擬定定型化契約條款之最低底線，企業經營者應遵守之。

應記載與不得記載事項之規定

■法務部95年9月21日發布之法律字第0950035512號函釋

1. 其認為此公告之性質對不特定多數人對外產生法律效果，屬實質意義之法規命令[1]。

2. 惟法規命令因影響人民權利義務，依據法律保留原則，對人民權利義務造成影響者，必須以法律為之，也因此法規命令必須基於法律之授權，其對人民權利義務之限制方有正當性。

3. 為避免法規命令恣意對人民權益造成影響，其所為之規範必須符合授權明確性，亦即由具體規範或藉由解釋授權母法而得以知悉授權之目的、內容、範疇。

然而過去消保法第17條抑或是整體消保法觀之，對於應記載及不得記載事項之範圍實難界定，僅得由消保法之立法意旨推出其必須以保護消費者為目的，因此產生主管機關公布之定型化契約應記載及不得記載事項是否違反法規授權明確性之疑慮。

[1] 三、本件消費者保護法第17條第1項規定：「中央主管機關得選擇特定行業，公告規定其定型化契約應記載或不得記載之事項。」其目的係為導正不當之交易習慣及維護消費者之正當權益，係由中央主管機關依據上開規定授權公告特定行業之契約應記載或不得記載之事項，該特定行業之定型化契約如有違反者，其條款為無效。準此，該項公告係對多數不特定人民就一般事項所作抽象之對外發生效律效果，屬實質意義之法規命令，自應踐行行政程序法第4章法規命令之訂定、修正等程序規定。

授權明確性之修正

◆ 於民國104年通過之消保法部分條文第17條，對定型化契約應記載及不得記載事項之相關內容、範圍、界限訂有相關規定，使其符合授權明確性之規定。並且將過去應記載事項之效力，由消保法施行細則，移至消保法當中。

第十七條

Ⅰ、中央主管機關為預防消費糾紛，保護消費者權益，促進定型化契約之公平化，得選擇特定行業，擬定其定型化契約應記載或不得記載之事項，報請行政院核定後公告之。

Ⅱ、前項應記載事項，依契約之性質及目的，其內容得包括：
一、契約之重要權利 義務事項。
二、違反契約之法律效果。
三、預付型交易之履約擔保。
四、契約之解除權、終止權及其法律效果。
五、其他與契約履行有關之事項。

Ⅲ、第一項不得記載事項，依契約之性質及目的，其內容得包括：
一、企業經營者保留契約內容或期限之變更權或解釋權。
二、限制或免除企業經營者之義務或責任。
三、限制或剝奪消費者行使權利，加重消費者之義務或責任。
四、其他對消費者顯失公平事項。

Ⅳ、違反第一項公告之定型化契約，其定型化契約條款無效。該定型化契約之效力，依前條規定定之。

Ⅴ、中央主管機關公告應記載之事項，雖未記載於定型化契約，仍構成契約之內容。

Ⅵ、企業經營者使用定型化契約者，主管機關得隨時派員查核。

違反相關規定之法律效果

消保法第17條第六項
- VI、企業經營者使用定型化契約者，主管機關得隨時派員查核。

消保法第57條
- 企業經營者規避、妨礙或拒絕主管機關依第十七條第六項、第三十三條或第三十八條規定所為之調查者，處新臺幣三萬元以上三十萬元以下罰鍰，並得按次處罰。

依消保法第17條第6項之規定，主管機關得隨時派員查核，企業經營者若拒絕行政機關查核者，依消保法第57條之規定，得處三萬元以上三十萬元以下之罰鍰。

消保法第17條第四項
- IV、違反前項公告之定型化契約，其定型化契約條款無效。該定型化契約之效力，依前條規定定之。

消保法第17條第五項
- V、中央主管機關公告應記載之事項，雖未記載於定型化契約，仍構成契約之內容。

企業經營者對主管機關應記載事項未為記載者，消保法第17條第5項規定，此種狀況下，該條款仍構成契約之內容。而對於不得記載事項但企業經營者卻約定於定型化契約者，依消保法第17條第4項之規定，該定型化契約條款無效。

86

肆、例題解說

一、難以成行的蜜月

第一小題

消費者 阿遠 ←消保法 消費關係→ 走馬看花旅行社 企業經營者

阿遠與走馬看花旅行社分別為消費者及企業經營者,而期間就旅遊契約之相關爭議問題,應有消保法之適用,應無疑義。

雙方有爭議時,除須考量當時簽訂之定型化契約內容外,就其契約規範實質權利義務關係,亦應符合各項規範。

尤其是消保法中對於定型化契約之相關規定,以維護消費者之權益。

88

第一小題-契約之解除事由

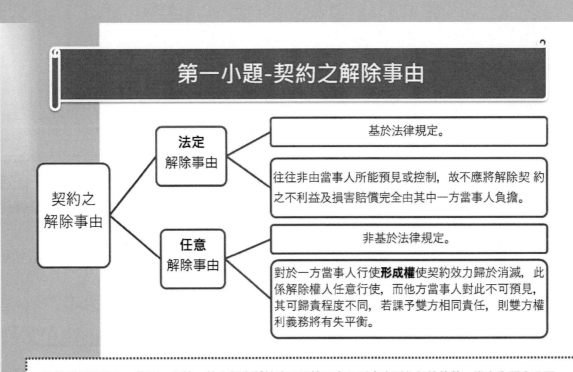

契約之解除事由
- **法定**解除事由
  - 基於法律規定。
  - 往往非由當事人所能預見或控制,故不應將解除契約之不利益及損害賠償完全由其中一方當事人負擔。
- **任意**解除事由
  - 非基於法律規定。
  - 對於一方當事人行使**形成權**使契約效力歸於消滅,此係解除權人任意行使,而他方當事人對此不可預見,其可歸責程度不同,若課予雙方相同責任,則雙方權利義務將有失平衡。

依據消保法第十二條第二項第一款之規定對於違反平等互惠原則之定型化契約條款,推定為顯失公平。

而消保法施行細則第十四條第二款規定,消費者負擔非其所能控制之危險者,同條第三款規定消費者違約時,應負顯不相當之賠償責任者,為違反平等互惠原則而有無效之可能。

89

第一小題-國外旅遊定型化契約應記載及不得記載事項

應記載事項之第十四點

- 明文規範法定原因解除契約，規定因不可抗力或不可歸責當事人之事由，致本契約無法全部或一部履行時，任何一方能解除契約，且不負損害賠償責任

  因此，除了該條款可能有顯失公平而無效以外，亦因違反應記載事項，而依據消費者保護法第17條第3項，該條款無效

本題中定型化契約條款，將不可抗力而無法全部或一部履行之風險，轉由消費者負擔，加重消費者之義務及賠償責任，應屬顯失公平而無效。

因阿里不達國發生恐怖攻擊之後，阿遠與旅行社簽訂旅遊契約之債之本旨已難以履行，且因不可歸責於雙方，故應適用民法債編相關給付不能之規定（民法第225條第1項、第266條）。

旅行社應就**所受利益現存之部分**負不當得利之返還責任（民法182條第2項）。

第二小題-切結書之效力為何？

◆ 首先，應探討其是否屬於定型化契約條款而有消保法第11條以下之適用。

消保法第2條第7款規定定型化契約條款係指企業經營者為與多數消費者所訂定之同類契約之用，所提出之預先擬定之條約條款。

本題中旅行社所提出之切結書係以事先備妥擬定，與多數團員訂定，應屬定型化契約條款，受相關規範之拘束。

旅行團出團前，多已繳交高額之旅費，除包含團費、伙食、住宿等費用外，其中一部分費用包含保險等意外事件發生時之賠償作為未來預備賠償之金額。

旅行社要求團員對於旅行之風險自行承擔，卻仍收取此項金額，有失公平。

於旅行過程中，旅客之行程皆由旅行社安排，旅客僅是被動接受旅行團所安排之行程，旅行團較旅客更能掌控風險。

第二小題-切結書之效力為何?

- 旅遊出團之目的,除了滿足戶外運動、觀光之因素外,旅行過程之安全亦為旅遊契約之債之本旨。

  旅行團本身當然包括保護旅客消費者在旅途過程中的人身安全,

  而旅行團要求旅客簽署此項切結書,形同要求旅客放棄此項債之本旨,對於旅行契約之目的已有矛盾。

- 若對於危險發生之機率非常高時,旅行社應直接拒絕出團,以消費者之生命安全為中心,而非僅以退還旅費之不便及損失,作為惡意而不顧後果(wanton)出團之理由。

  1 該定型化契約條款已違反消保法第12條第2項第1款平等互惠原則

  2 依消保法施行細則第14條第1、2款之事由,該切結書應屬無效

  3 若仍然出團,旅行社對旅客於旅途過程中所發生之意外,仍須依相關規定負責

肆、例題解說

二、

多災多難的
信用卡

第一小題

定型化契約之訂定，除要求權利義務之實質內涵符合平等互惠誠信原則外，對於簽訂時，形式之文字印刷，是否能使消費者確實了解權利義務亦為消保法保護消費者之目的。

1. 吸血鬼銀行縱使依消保法規定賦予消費者相當審閱期間，但其文字之印刷，**應使消費者得以注意其內容**。

2. 一般實務上，**關於重要之權利義務關係**，企業經營者於定型化契約中，**應以顯著之字體標示**，否則消費者得主張消保法施行細則第12條，認為該條款難以辨識而**不構成契約內容**。

3. 依消保法施行細則第14條第2款規定，分配或轉嫁風險之條款，如其內容導致消費者應負擔非其所能控制之危險者，該條款為違反平等互惠原則，依消保法第12條第2項第1款規定，應推定其顯失公平。

4. 定型化契約條款是否違反誠信原則，對消費者顯失公平，應參照消保法施行細則第13條規定，斟酌契約之性質、締約目的、全部條款內容、交易習慣及其他一切情事，綜合決定之。

第一小題

> 無效

◆學說見解：該條款導致附卡持卡人應負擔非其所得控制之高風險或連帶清償風險，故條款應為無效。[1]
意即，阿花得依消保法施行細則第14條第2款，主張附卡持有人負擔連帶債務之條款違反平等互惠原則，依消保法第12條推定其顯失公平而無效。

> 不構成契約內容

◆本題題目所示，**因契約書文字排版密密麻麻**，難以辨識，致使阿遠未注意有附卡持有人負擔連帶債務之規定，亦使阿花在簽名前未注意此項規定。
此時，阿花亦得依消保法施行細則第12條，主張該條款不構成契約內容。

[1] 詹森林，消費者保護法發展專題回顧：定型化契約之理論與實務發展，國立臺灣大學法學論叢，第43卷特刊，2014年11月，頁1379

第二小題

如本題題目所示，銀行信用卡循環利率往往約定於民法所規定之年利率百分之十六之上限，惟此係以所賒欠之金額為本金作為計算基礎，並非以借貸之數額為基礎。

以本金作為計算基礎，所計算出之利率，雖係以年利率百分之十六為計算，但此時已課予消費者額外之義務，在實質上週年利率已超過百分之十六。

雖民法第205條僅規定超過之部分無請求權，但此時若仍課予阿遠需負擔剩餘有請求權之部分，將違反訂約當時消費者之真意，並依消保法第12條第2項第1款之規定，違反平等互惠原則，明顯不利於消費者之情形，此時應屬無效。

參考金管會所新公布之「信用卡定型化契約應記載及不得記載事項中應記載事項」第四點規定：

• 四、（循環信用利息之計算）
持卡人應依第二點第五項約定繳款，持卡人就剩餘未付款項得延後付款，且得隨時清償原延後付款金額之全部或一部。已付款項應依序抵沖當期帳款中之費用、利息、前期剩餘未付款項、新增當期帳款之本金，並就抵沖後之帳款餘額，計付循環信用利息。

也就是說，應以未付款項為計算基礎，而不得以原來之全部本金為計算基礎。

第三小題

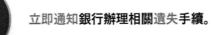

1 立即通知銀行辦理相關遺失手續。

阿花於信用卡遭竊後

2 對持卡人而言，固負擔妥善保存信用卡以及於遺失時立即通知銀行辦理相關手續之義務。

3 在阿花已善盡義務，並且於遺失時立即通知，卻仍須負擔相關自負額，若由風險分擔角度觀之，此時風險已完全由消費者轉嫁於銀行身上，銀行幾可完全可操控風險，亦即能夠即時通知信用卡中心使該卡失效。

4 在可主導風險之下，尚課予消費者要求負擔非其所能控制之風險者，已違反消保法施行細則第十四條，平等互惠之規定，依消保法第十二條第二項第一款之規定，推定顯失公平而無效。

第三小題

信用卡定型化契約應記載事項中第九點規定：

- 辦理掛失手續前持卡人被冒用之自負額以新臺幣＿＿元為上限。（各銀行得自行視本身狀況約定收取不超過新臺幣參仟元之金額，且應明定於契約中。）但有下列情形之一者，持卡人免負擔自負額：
- 一、持卡人於辦理信用卡掛失手續時起前二十四小時內被冒用者。

該應記載事項係規定於掛失手續前二十四小時被冒用免負擔自負額

- 而本題案例中，吸血鬼銀行係規定二十四小時內仍須負擔自負額，兩者不同。

依據消保法第17條第4項規定

- 本題吸血鬼銀行提出之信用卡遺失自負額負擔之定型化契約條款，違反公告之應記載事項，應屬無效，阿花不必負擔三千元自負額。

98

第四節：國考試題演練

99

題號	答案	題目	相關條文
1	D	依消費者保護法規定，下列有關定型化契約條款之敘述何者錯誤？ (A)企業經營者為與多數消費者訂立同類契約之用，所提出預先擬定之契約條款 (B)定型化契約條款不限於書面 (C)定型化契約條款得以放映字幕、張貼、牌示、網際網路或其他方法表示 (D)契約當事人個別磋商而合意之契約條款 【107年度不動產經紀營業員資格取得測驗更新題庫】	§2
2	B	定型化契約條款如有疑義時，應如何處理？ (A)應為有利於企業經營者之解釋 (B)應為有利於消費者之解釋 (C)有關不動產買賣契約，應為有利於企業經營者之解釋 (D)有關輸入商品或服務之契約，應為有利於企業經營者之解釋 【107年度不動產經紀營業員資格取得測驗更新題庫】	§11
3	D	企業經營者與消費者訂立定型化契約前，至多應有多久以內之合理期間，供消費者審閱全部條款內容？ (A)5 日內 (B)7 日內 (C)15 日內 (D)30 日內 【107年度不動產經紀營業員資格取得測驗更新題庫】	§11-1

題號	答案	題目	相關條文
4	B	依消費者保護法規定，下列關於定型化契約之敘述，何者錯誤？ (A)企業經營者在定型化契約中所用之條款，應本平等互惠之原則 (B)企業經營者以定型化契約條款使消費者拋棄審閱條款內容權利者，有效 (C)定型化契約條款違反法定審閱期間，其條款不構成契約之內容 (D)定型化契約條款違反法定審閱期間，消費者得主張該條款仍構成契約之內容 【107年度不動產經紀營業員資格取得測驗更新題庫】	§11 §11-1
5	B	依消費者保護法之規定，下列關於定型化契約之敘述，何者正確？ (A)簽訂定型化契約前，至少應有10 日以上的期間供消費者審閱契約 (B)定型化契約條款明定消費者拋棄審閱條款內容者，無效 (C)企業經營者可在定型化契約中約定免除賠償責任 (D)企業經營者可在定型化契約中約定限制賠償責任 【107年度不動產經紀營業員資格取得測驗更新題庫】	§10-1 §11-1
6	C	企業經營者與消費者訂立定型化契約前，如未能提供合理期間供消費者審閱全部條款內容時，下列何者正確？ (A)其條款無需經消費者之主張，仍構成契約之內容 (B)其條款不構成契約之內容，且消費者亦不得主張該條款構成契約之內容 (C)其條款不構成契約之內容，但消費者得主張該條款仍構成契約之內容 (D)其條款構成契約之內容，但消費者得主張該條款不構成契約之內容 【107年度不動產經紀營業員資格取得測驗更新題庫】	§11-1

題號	答案	題目	相關條文
7	B	依消費者保護法規定，定型化契約中之條款，下列何者非屬得推定其顯失公平之情形？ (A)條款與其所排除不予適用之任意規定之立法意旨顯相矛盾者 (B)條款之全部或一部無效者 (C)契約之主要權利或義務，因受條款之限制，致契約之目的難以達成者 (D)違反平等互惠原則者 【107年度不動產經紀營業員資格取得測驗更新題庫】	§12
8	A	定型化契約中之定型化契約條款牴觸個別磋商條款之約定時，下列何者正確？ (A)定型化契約條款中牴觸部分無效 (B)定型化契約條款全部無效 (C)個別磋商條款之約定牴觸部分無效 (D)個別磋商條款之約定全部無效 【107年度不動產經紀營業員資格取得測驗更新題庫】	§15
9	D	中央主管機關為預防消費糾紛，保護消費者權益，促進定型化契約之公平化，下列相關敘述何者錯誤？ (A)得選擇特定行業，擬訂其定型化契約應記載事項 (B)得選擇特定行業，擬訂其定型化契約不得記載事項 (C)擬訂定型化契約應記載事項，報請行政院核定後公告之 (D)擬訂其定型化契約不得記載事項，報請消保會核定後公告之 【107年度不動產經紀營業員資格取得測驗更新題庫】	§17

題號	答案	題目	相關條文
10	B	中央主管機關擬訂定型化契約應記載事項，依契約之性質及目的，其內容不包括下列何者？ (A)契約之重要權利義務事項 (B)免除企業經營者之義務或責任 (C)違反契約之法律效果 (D)預付型交易之履約擔保 【107年度不動產經紀營業員資格取得測驗更新題庫】	§17
11	C	中央主管機關擬訂定型化契約不得記載事項，依契約之性質及目的，其內容不包括下列何者？ (A)企業經營者保留契約內容或期限之變更權 (B)企業經營者保留契約內容或期限之解釋權 (C)契約之解除權、終止權及其法律效果 (D)限制企業經營者之義務或責任 【107年度不動產經紀營業員資格取得測驗更新題庫】	§17
12	B	為預防消費糾紛，保護消費者權益，中央主管機關得選擇特定行業，擬訂其定型化契約應記載或不得記載事項，報請行政院核定後公告，下列敘述何者錯誤？ (A)違反公告之定型化契約，其定型化契約條款無效 (B)公告不得記載之事項，經記載於定型化契約，仍構成契約之內容 (C)公告應記載之事項，雖未記載於定型化契約，仍構成契約之內容 (D)企業經營者使用定型化契約者，主管機關得隨時派員查核 【107年度不動產經紀營業員資格取得測驗更新題庫】	§17

題號	答案	題目	相關條文
13	C	依消費者保護法之規定，下列有關定型化契約條款之敘述，何者錯誤？ (A) 定型化契約中之定型化契約條款牴觸個別磋商條款之約定者，其牴觸部分無效 (B) 定型化契約中之條款違反誠信原則，對消費者顯失公平者，無效 (C) 定型化契約條款如有疑義時，應本平等互惠之原則解釋 (D) 定型化契約條款未經記載於定型化契約中而依正常情形顯非消費者所得預見者，該條款不構成契約之內容 【104年普通考試】	§11 §12 §14 §15
14	C	甲向乙建設公司購買預售屋，雙方以書面訂立買賣定型化契約，關於本契約可能產生法律爭議之敘述，下列何者錯誤？ (A) 若契約條款約定買方需繳回契約書，則該條款無效 (B) 若買賣雙方經個別磋商後約定契約審閱期間為20日，但契約定型化條款仍記載「買方享有5日之契約審閱期間」者，該條款牴觸個別磋商條款之部分為無效 (C) 若賣方乙公司於訂約時，突然口頭告知要求甲應同意：「如買方逾期繳交各期預售屋價金時，即視為違約，已繳交之價金不予退還」，甲未置可否仍簽下書面契約。由於契約訂立不限於書面要式，雖然乙之口頭內容未經記載於定型化契約中，但該口頭告知仍構成契約之條款而有效 (D) 若契約條款約定本案預售屋廣告僅供參考，則該條款無效 【105年普通考試】	§11 §13 §15 §16

題號	答案	題目	相關條文
15	D	關於定型化契約審閱期的敘述，下列何者正確？ (A) 定型化契約條款審閱期如有疑義時，應探求企業經營者之真意，不得拘泥於所用之文字 (B) 企業經營者與消費者訂立定型化契約前，應有10日以內之合理期間，供消費者審閱全部條款內容 (C) 企業經營者以定型化契約條款使消費者拋棄審閱權利者，雖非無效，但消費者得撤銷其意思表示 (D) 違反審閱期規定者，其條款不構成契約之內容。但消費者得主張該條款仍構成契約之內容 【105年普通考試】	§11 §11-1
16	A	企業經營者於下列違反消費者保護法之情形，何者所適用罰則所定之法定罰鍰額度為最高？ (A) 地方政府針對企業經營者提供之商品或服務，經調查認為確有損害消費者身體健康者，命其為限期回收或其他必要處置，而企業經營者拒不遵從者 (B) 企業經營者未依商品標示法等法令為商品或服務之標示 (C) 企業經營者對消費者保證商品或服務之品質時，未主動出具書面保證書 (D) 企業經營者使用定型化契約時，拒絕、規避或阻撓主管機關之派員查核 【105年普通考試】	§17 §56 §57 §58 §59

題號	答案	題目	相關條文
17	B	依消費者保護法規定，定型化契約條款於下列何種情形，可認為並非違反平等互惠原則？ (A) 當事人間之給付與對待給付顯不相當者 (B) 當事人一方之企業經營者，就系爭商品或服務之市場占有率規模超過50%者 (C) 消費者負擔非其所能控制之危險者 (D) 消費者違約時，應負擔顯不相當之賠償責任者 <div align="right">【105年普通考試】</div>	§14
18	D	下列何者不是消費者保護法第 12 條所規定推定定型化契約條款顯失公平之情形？ (A) 契約之主要權利或義務，因受條款之限制，致契約之目的難以達成者 (B) 條款與其所排除不予適用之任意規定之立法意旨顯相矛盾者 (C) 違反平等互惠原則者 (D) 違反誠信原則者 <div align="right">【106年普通考試】</div>	§12
19	D	下列何者非屬於內政部依消費者保護法之規定所訂定之定型化契約應記載不得記載事項類型？ (A) 預售屋買賣定型化契約應記載及不得記載事項 (B) 成屋買賣定型化契約應記載及不得記載事項 (C) 不動產委託銷售定型化契約應記載及不得記載事項 (D) 停車位租賃定型化契約應記載及不得記載事項 <div align="right">【106年普通考試】</div>	§17

題號	答案	題目	相關條文
20	C	依消費者保護法規定，關於定型化契約之審閱期間，下列敘述何者錯誤？ (A) 應有 30 日以內之合理審閱期間 (B) 企業經營者以定型化契約條款使消費者拋棄合理審閱期權利者，無效 (C) 違反合理審閱期規定者，該條款無效 (D) 中央主管機關得選擇特定行業，參酌定型化契約條款之重要性等事項，公告定型化契約之審閱期間 <div align="right">【106年普通考試】</div>	§11-1
21	B	定型化契約中之定型化契約條款牴觸個別磋商條款之約定者，其牴觸部分？ (A) 效力未定 (B) 無效 (C) 構成契約之內容 (D)不得撤銷 <div align="right">【106年普通考試】</div>	§15
22	B	依消費者保護法第 11 條第 2 項，就定型化契約條款若產生疑義時，應依何項原則加以解釋？ (A) 有利於設計製造者 (B) 有利於消費者 (C) 有利於生產或輸入者 (D)有利於商品經銷或服務提供者 <div align="right">【103原民五等】</div>	§11

23　B　關於定型化契約，依據消費者保護法的規定，下列敘述何者錯誤？　§ 11-1 § 13 § 17

(A) 消費者可以要求與企業簽訂由企業所擬定之定型化契約之前，有最多可達 30 日的閱覽契約時間

(B) 基於契約自由，只要消費者同意定型化契約的內容，企業可以任意規定定型化契約內的條款

(C) 消費者可以主張他與企業個別磋商所約定的條款，效力高於定型化契約內的條款

(D) 企業可以經由消費者同意，把雖未載入定型化契約內，但是已經明示給消費者得知之條款，當作契約內容的一部分

【103警察三等】

24　C　若企業經營者與消費者訂立定型化契約前，未提供消費者合理審閱期間時，其法律效力為何？　§ 11-1

(A) 定型化契約未提供消費者合理審閱期間時，其效力未定

(B) 雖定型化契約有效，但消費者得主張撤銷權

(C) 消費者仍得主張該定型化契約條款，構成契約之內容

(D) 企業經營者仍得主張該定型化契約條款，構成契約之內容

【103民航三等】

25　C　依消費者保護法規定，下列有關「應記載與不得記載之事項」之敘述，何者錯誤？　§ 17

(A) 中央主管機關得選擇特定行業，公告規定其定型化契約應記載或不得記載事項

(B) 定型化契約條款違反不得記載事項時，該定型化契約條款無效

(C) 雖為中央主管機關公告之應記載事項，若未經記載於定型化契約者，則不構成契約之內容

(D) 依據公告之定型化契約應記載或不得記載事項，所擬定之定型化契約條款，若企業經營者與消費者就該條款合法性發生爭議時，法院仍得加以審查

【104關務三等】

26　A　依消費者保護法規定，下列有關定型化契約條款之敘述，何者正確？　§ 12 § 15 § 17

(A) 定型化契約條款是否違反誠信原則，對消費者顯失公平，應斟酌契約之性質、締約目的、全部條款內容、交易習慣及其他情事判斷之

(B) 定型化契約條款因字體、印刷或其他情事，致難以注意其存在或辨識者，消費者不得主張該條款仍構成契約內容

(C) 相對於個別磋商條款，定型化契約條款具有優先之效力，前者牴觸後者，其牴觸部分無效

(D) 基於私法自治原則及契約自由原則，企業經營者與消費者間之定型化契約內容，主管機關不得干預其應記載或不記載之事項

【104司法三等】

156

圖解案例消費者保護法　實務案例增訂二版

27　A　下列有關消費者與企業經營者間定型化契約之敘述，何者錯誤？　　§ 11

(A) 定型化契約之內容，如有疑義時，應為平等互惠之解釋

(B) 定型化契約條款中，如違反誠信原則，對消費者顯失公平者，無效

(C) 消費者應有 30 日以內之合理審閱期

(D) 定型化契約條款牴觸個別磋商條款者，其牴觸部分無效　　【104司法四等】

28　A　倘企業經營者與消費者訂立定型化契約前，未給予消費者 30 日以內之合理期間，審閱全部條款內容，其法律效力為何？　　§ 11-1

(A) 定型化契約條款不構成契約之內容，但消費者得主張該條款仍構成契約之內容

(B) 定型化契約條款構成契約之內容

(C) 契約無效

(D) 契約效力未定　　【104地特三等】

29　A　自來水供水事業與用戶間成立以繼續供水及價金給付為內容之私法上雙務契約，自來水供水事業為因應與多數消費者訂立同類契約之用，預先擬定之契約條款。該契約條款之法律性質為何？　　§ 2

(A) 消費者保護法所稱之定型化契約條款

(B) 民法上之附款

(C) 民法上之要物條款

(D) 民法上之所有權保留條款　　【105地特三等】

30　A　下列有關消費者與企業經營者間定型化契約條款之敘述，何者錯誤？　　§ 13

(A) 定型化契約條款因字體、印刷或其他情事，致難以注意其存在或辨識者，該條款不構成契約之內容，無論消費者或企業經營者均不得主張該條款之有效性

(B) 契約約定消費者違約時，應負擔顯不相當之賠償責任者，應認係違反平等互惠原則之契約

(C) 未給予消費者合理審閱期間之定型化契約，其定型化契約條款不構成契約之內容

(D) 違反中央主管機關公告特定行業之定型化契約應記載與不得記載事項之定型化契約，其定型化契約條款無效

【106關務三等】

31　D　下列有關消費者保護法中定型化契約之敘述，何者錯誤？　　§ 13

(A) 定型化契約條款如有疑義時，應為有利於消費者之解釋

(B) 定型化契約中之條款違反誠信原則，對消費者顯失公平者，無效

(C) 為確保消費者有充分時間考慮締結契約與否，企業經營者與消費者訂立定型化契約前，應有 30 日以內之合理期間，供消費者審閱全部條款內容

(D) 定型化契約條款未經記載於定型化契約中者，企業經營者應向消費者明示其內容；明示其內容顯有困難者，應以顯著之方式，公告其內容，使消費者明知或可得而知，該條款即生效

【106薦任】

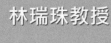

大綱

壹、引導案例

一、

要求很多的電腦公司

阿遠因為工作上需求,亟需購買筆記型電腦,於「香蕉電腦」之網站上,尋獲理想機種後,在載有商品圖片、規格、價格等說明的頁面按下「確認購買」鍵,並閱讀其定型化契約,其中有條款內容規定為「**若消費者對購買之商品不滿意,得於七日內將商品回復原狀後退還。**」

阿遠閱讀完畢後,在交易資訊頁面輸入買受人資料、收件人資料和信用卡付款資料,並按下「確認送出」,隨後即進入感謝購買頁面。

4

數日後,阿遠收到商品,並安裝因工作所需之作業系統及相關軟體;惟在使用三日後,發現對於電腦之相關使用,無法符合工作需要...阿遠因此以**書面**通知香蕉電腦欲解除契約。

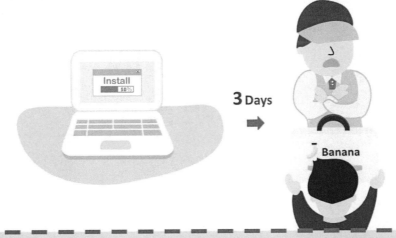

香蕉電腦雖然同意解除契約,但...在香蕉電腦員工到府取貨時,卻以阿遠未將硬碟內軟體清除,未符合定型化契約「**回復原狀後退還**」之要求,因此**拒絕解除契約**。

5

問題思考

1 阿遠於香蕉電腦網站上購買電腦，是否屬於消保法之通訊交易？

2 香蕉電腦是否得以題目所示之定型化契約條款，抗辯其已履行消保法第18條，所課予應告知消費者關於消保法第十九條第一項解除權之義務？

3 對於香蕉電腦抗辯電腦硬碟內軟體不符合「回復原狀後退還」而拒絕解除契約，是否有理由？

4 若於收到商品七日後，阿遠發現該電腦有嚴重之缺陷，因此欲向香蕉電腦主張解除契約返還價金，或另行更換新品；惟香蕉電腦則主張因已超過七天，因此僅能以維修方式處理，其瑕疵僅能依相關保固免費維修，而拒絕阿遠解約或更換新品。請問香蕉電腦的抗辯是否有理由？

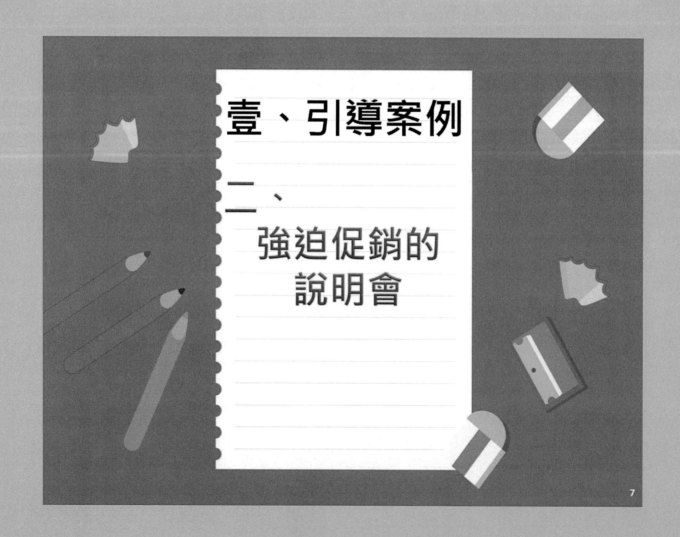

壹、引導案例

二、

強迫促銷的
說明會

阿遠與已結婚的妻子阿花趁著假日的午後，在街頭散步，突然一名年輕人
(「愛騙人公司」業務員)向他們走來，遞上名片後開始自我介紹...，該公司為化妝品
知名品牌，為促銷新開發之商品，在轉角處之大樓舉辦新品上市發表會。參加
者除可免費試用外，還贈送市價兩千元之精品旅行包，非常划算，阿遠及阿花
就在業務員半推半拉之下，前往大樓參加說明會。

送

8

說明會結束後，阿遠與阿花欲領取贈品，但「愛騙人公司」除要求阿遠填寫個人
資料外，業務員還在旁不斷鼓動阿花購買該公司產品...
在業務員之糾纏下，阿遠與阿花只好花了一萬元購買「皮膚保養療程」等洗面乳，
方回到家中。

贈品處

沒關係，那另一
項商品絕對能讓
你心動！

我現在不太需要
這一類的產品…

9

但看到家中的梳妝台，才發現已擁有類似乳液及洗面乳多罐，其「皮膚保養療程」根本無購買需要，阿遠因此想將「皮膚保養療程」退貨。

仔細想想，我們實在是太衝動了！

你說得對…但為什麼不早點想到呢？

10

數日後，阿遠接到「愛騙人公司」之電話，表示將於隔日造訪阿遠家中，了解對於之前發表會中對於新產品之感想…當阿遠表達其對於新產品認為不足之處時，業務員立刻拿出該公司其他商品，向阿遠強調該公司另一項價值三萬元之商品剛好可以補足此項缺點，同時請阿遠購買使用…

先生，但你真應該試試我們這項產品！

最讓人不滿的是，這些東西太貴了

11

問題思考

1

阿花於說明會後購買相關產品，是否屬消保法上之訪問交易？
阿遠是否得依消保法解除「皮膚保養療程」之交易契約？

2

業務員已事先來電，隔日方拜訪家中，
是否屬於消保法上之訪問交易？

12

貳、通訊交易與訪問交易
一、通訊交易之概念

13

特種交易之類型

消保法有明確命名並定義（消保法第2條參照）之交易類型

 • 通訊交易
 • 訪問交易 ⎬ 消保法第18條至第19條之2

⇨ • 分期付款買賣（消保法第21條）

◆ 另外，有學說將消保法第20條未經要約而為寄送之交易類型稱為「現物要約[1]」並成為特種交易下之另一獨立類型[2]。

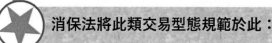 消保法將此類交易型態規範於此：

因消費者於此類交易中，極可能因**無法親自檢視商品或服務**、在他方之**催促下思慮欠周**、**強迫訂立**以及**定型化契約對之不利條款內容**而受到不利，因此特別規範之。

1. 王澤鑑，債之發生，2009年9月，頁176。
2. 馮震宇、姜志俊、謝穎青、姜炳俊合著，消費者保護法解讀，一版，1994年3月，頁138以下，稱此種類型為「無要約之寄送」；亦有學者將此類型歸類為郵購買賣下其中一類型，如范建得，消費者保護法基礎理論，1994年7月，頁208。

14

特種買賣 vs.特種交易

• 過去，消保法中本節的名稱為「特種買賣」，而產生是否僅適用於買賣契約、是否僅針對商品的買賣方有適用等疑慮，雖然過去修法時曾增訂第19條之1將服務交易準用至過去的郵購買賣或訪問買賣，但仍生相關疑慮。

• 在民國104年消保法修正時，便一舉將章節名稱由特種買賣改為特種交易，過去的郵購買賣改為通訊交易；訪問買賣改為訪問交易，將過去的問題解決。

15

通訊交易之定義

| 消保法第2條第10款： | 本法所用名詞定義如下：

- 十、通訊交易：指企業經營者以廣播、電視、電話、傳真、型錄、報紙、雜誌、網際網路、傳單或其他相類似之方法，使消費者於未能檢視商品或服務下而與企業經營者所訂立之契約。

因上開所列舉之各種交易方式，消費者所得之訊息（包括圖片）往往是經過企業經營者所篩選、美化，消費者並無法對商品之實際功用、類型有清楚的了解，消費者於要約或承諾時，**無法親自檢視商品或服務**，雙方並不當面交易，為保障消費者，而特別對其有所規範。

不得僅因其藉由廣播、電視、電話、傳真、型錄、報紙、雜誌、網際網路、傳單等方法，或僅因其以郵購寄送標的，即認為其屬通訊交易。

16

未經檢視之概念

- 例如消費者於報紙雜誌上得知商店正在特價販售商品，便親自前往該商店檢視並試用商品，惟雙方契約成立後，約定企業經營者必須以寄送方式，將商品送至消費者之住所；

- 因消費者已檢視並試用商品，不得因消費者由報章雜誌得知商品或服務訊息，或商品係以寄送方式交付，即認定其屬於通訊交易。

不論消費者是否向企業經營者為邀約（如要求企業經營者寄送相關廣告資料）**或**要約（如消費者閱讀傳單廣告後向企業經營者致電表達購買意願），**即消費者不論主動提出或被動接受消費資訊**，凡是在無法親自檢視商品或服務時，皆屬通訊交易。

若消費者於締約前曾檢視商品或服務，**縱在交易契約成立之後，同意企業經營者以郵寄或其他方法寄交商品或提供服務，則非屬通訊交易。**

17

郵購買賣 vs.通訊交易

- 針對通訊交易，**民國104年消保法修法時，將郵購買賣改為通訊交易。**

- 其修法理由謂，第十款所稱『郵購買賣』，按買賣之標的物依民法第三百四十五條規定為『財產權』，其範圍較為狹隘。依現行條文第十九條之一規定，郵購買賣相關規定於以郵購買賣所為之服務交易，亦準用之，故將服務併同納入定義規範。

- 另參考『歐盟消費者權利指令』（Directive 2011/83/EU）[1]第二條第七款及日本『特定商事交易法』第二條第二項等外國立法例，其類似我國『郵購買賣』概念之名詞定義中，均包括商品及服務，爰修正名詞及定義，並將『使消費者未能檢視商品』修正為『消費者於未能檢視商品或服務下』，形容其訂立契約之狀態。

1. 歐盟指令(Directive)是歐洲聯盟的一種成文法。和具有強制力的法規(Regulation)不同；指令要求歐盟成員國達成訂明的目標，指令內容僅在被成員國納入內國法後才生效力。

18

檢視商品或服務之機會

- 「**檢視商品或服務**」

  ➢ 依消保會（現已改為行政院消費者保護處）函釋[1]，必須以合理方式使消費者有機會於適當時間內得以檢視該等商品。

  ➢ 因此若標的之種類，依其大小或複雜程度與否，而未給予相對適當之時間，即不符「檢視商品或服務」而構成通訊交易。

- 新法修正包括商品及服務，因此過去商品是否以有體物為限之爭議已不存在。

- 現行條文下，包括必須檢視該「服務」。

1. 參照行政院消保會92年3月25日消保法字第0920000393號函

19

舊法準用之規定

修法前消保法第19條之1

- 前二條規定，於以郵購買賣或訪問買賣方式所為之服務交易，準用之。

◆ 修正前消保法有關郵購買賣及訪問買賣之規範，尚不包括以服務為交易客體之契約，故須援引第19條之1規定，僅能準用郵購買賣或訪問買賣之規則。

104年修法

- 現已全面修正為特種交易，通訊交易以及訪問交易包括商品以及服務。
- 無須再援用此準用條款，故消保法第19條之1也於修正時刪除。

20

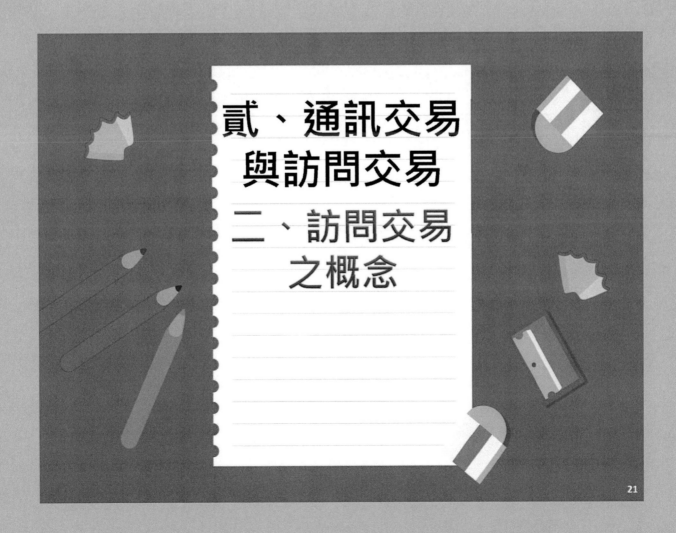

貳、通訊交易
與訪問交易
二、訪問交易
之概念

21

訪問交易之定義

消保法第2條第11款： 本法所用名詞定義如下：

- 十一、訪問交易：指企業經營者未經邀約而與消費者在其**住居所、工作場所、公共場所或其他場所**所訂立之契約。

對於企業經營者突然之造訪，在消費者毫無準備下，容易受到企業經營者言詞鼓動、催促或人情壓力，

未經審慎評估且無從比較，即購買該商品或服務，而蒙受不利益，因此特別立法保障消費者。

22

訪問買賣 vs.訪問交易

104年消保法部分條文修正，第2條第11款將「訪問買賣」改為「訪問交易」，亦即訪問交易已不僅以成立買賣契約者為限。

- 修正條文為「訪問交易：指企業經營者未經邀約而與消費者在其住居所、工作場所、公共場所或其他場所所訂立之契約。」

修正重點在於將涵蓋範圍擴大到買賣以外的契約，例如租賃或借貸；並且增加場所之範圍，包括工作場所與公共場所之推銷，均為實務上常見。

23

未經邀約之概念

由條文結構觀察

- 其所用「邀約」[1]與「要約」有明顯不同，並非僅指消費者作成意思表示，而是指消費者為邀請或類似之事實行為。

主要特徵

- 在於企業經營者突如其來的出現，造成消費者在**沒有心理準備的情況下與之締約**，亦即重點在於消費者未做出邀請等類似做好心理準備之情形，例如在在自己之住居所，而企業經營者突然造訪時。

其他場所之內涵？應是指平時企業經營者不會在未經邀約下無故出現、突然造訪之場所。

百貨公司、商品特賣會為企業經營者通常出現之場所，此時向消費者推銷產品，應不屬訪問交易。

---

1. 過去有學說更進一步將「邀約」分為數面相切入，並考量其「自願性」、時間、對象、商品類型等，為相關之判斷，詳參詹森林，消費者保護法上之郵購買賣及訪問買賣，民事法理與判決研究（三），2003年8月，頁114以下。

24

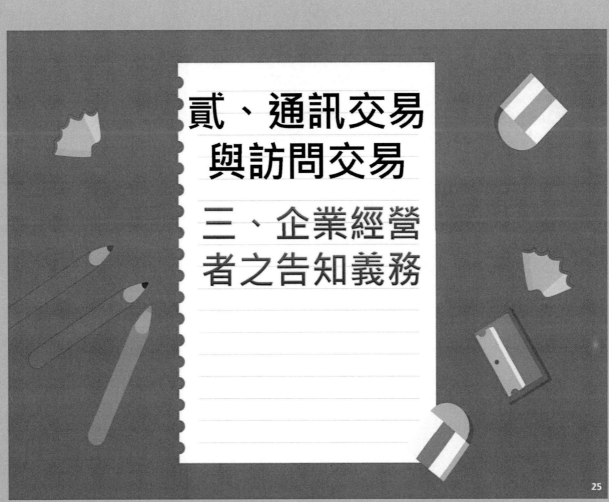

25

告知義務

消保法第十八條

- 企業經營者以通訊交易或訪問交易方式訂立契約時，應將下列資訊以清楚易懂之文句記載於書面，提供消費者：
- 一、企業經營者之名稱、代表人、事務所或營業所及電話或電子郵件等消費者得迅速有效聯絡之通訊資料。
- 二、商品或服務之內容、對價、付款期日及方式、交付期日及方式。
- 三、消費者依第十九條規定解除契約之行使期限及方式。
- 四、商品或服務依第十九條第二項規定排除第十九條第一項解除權之適用。
- 五、消費申訴之受理方式。
- 六、其他中央主管機關公告之事項。
- 經由網際網路所為之通訊交易，前項應提供之資訊應以可供消費者完整查閱、儲存之電子方式為之。

因通訊交易或訪問交易中，消費者往往容易注意廣告內容或來訪之業務員，
而難以注意廣告及業務員背後企業經營者之相關資料。

規定告知義務可使消費者知悉企業經營者相關之資料、未來於商品責任中的請求對象，
以及消保法第19條解除權之行使對象。

26

舊法之告知義務

修正前消保法施行細則第16條

- 企業經營者應於訂立郵購或訪問買賣契約時，告知消費者本法第十八條所定事項及第十九條第一項之解除權，並取得消費者聲明已受告知之證明文件。

- 過去消保法針對郵購買賣以及訪問買賣所要求告知義務規定較為簡陋，新法針對告知的方式以及內容，為進一步的規範。

- 其修法理由謂：「一、為避免消費者無法從通訊交易或訪問交易過程獲得充分之消費資訊，爰參考歐盟指令『消費者權利指令』(Directive 2011/83/EU)第六條至第八條及日本『特定商事交易法』 第四條及第十一條有關通訊交易及訪問交易相關規範修正之。二、企業經營者提供消費資訊之義務，應以書面為之，俾消費者得以留存運用，爰於修正條文第一項予以明定，第一款及第五款規範企業經營者提供相關資訊，方便消費者聯繫或日後產生消費爭議時進行申訴；第二款為現行條文有關『買賣條件』之要項；第三款自本法施行細則第十六條移列，並酌作文字修正；第四款就商品或服務因公告而無第十九條第一項解除權之適用時，規定應告知消費者；第六款授權中央主管機關斟酌特殊情況，作補充規範。」

27

以電子方式告知

消保法第18條第2項

- 經由網際網路所為之通訊交易，前項應提供之資訊應以可供消費者完整查閱、儲存之電子方式為之。

- 新法增訂該項之理由：「經由網際網路所為之通訊交易，具有大量及快速之特性，若無法以書面提供消費資訊，應以可供消費者完整查閱、儲存之電子方式為之，爰增訂第二項。」係針對通訊交易中使用**網際網路方式**的特別規定。

28

違反告知義務之法律效果

◆ **告知義務包含**企業經營者需告知消費者關於消保法第19條猶豫期間。

➢ **此應限縮解釋，企業經營者不僅應告知消費者得於七日內退換貨，亦須明確告知消保法第19條賦予消費者之其他權利。**

- **例如: 退換貨時無須說明理由、無須負擔任何費用或價款。**

至於過去企業經營者違反消保法施行細則第16條規定未告知消費者猶豫期間內契約解除權之效果，舊消保法未設規定，當時實務上有地方立法機關制定自治條例，規定於此情形解除權行使期間應予延長。

如過去臺北市消費者保護自治條例（民國90年8月1日制定）第9條第2項規定，對於違反告知義務時執行機關應命其限期改正，消費者之契約解除權行使期間並延長為30日。

29

違反告知義務之法律效果(續)

- **消保法第19條第3項**

  – 企業經營者於消費者收受商品或接受服務時，未依前條第一項第三款
    規定提供消費者解除契約相關資訊者，第一項七日期間自提供之次日
    起算。但自第一項七日期間起算，已逾四個月者，解除權消滅。

30

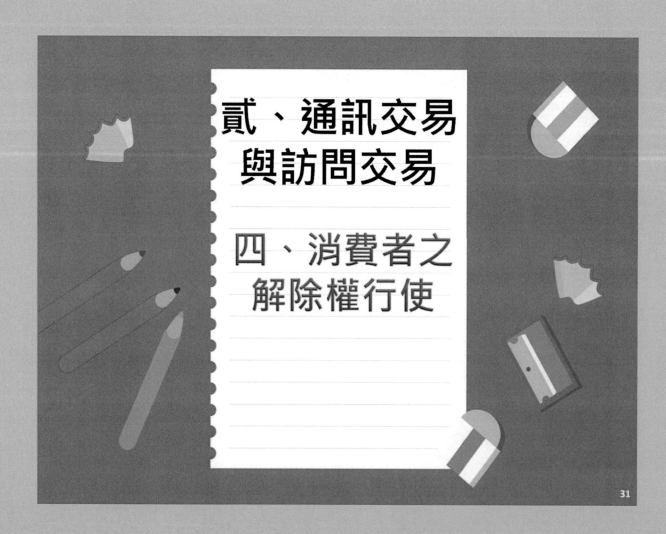

貳、通訊交易與訪問交易

四、消費者之解除權行使

31

猶豫期間

消保法第19條第1項：

- I、通訊交易或訪問交易之消費者，得於**收受商品或接受服務後七日內**，以退回商品或書面通知方式解除契約，無須說明理由及負擔任何費用或對價。但通訊交易有合理例外情事者，不在此限。

⬇

學說稱此七日為「猶豫期間」

- 以消費者一方之意思表示即可發生法律效果，屬形成權。
- 解除契約之標的，不論新舊法，皆不應限於商品，舊法依據消保法第19-1條，若企業經營者以**提供服務**者，仍有消保法第18條及第19條適用。新法已將特種買賣修改為特種交易，故自然包括商品以及服務。

七日之猶豫期間 **以收受商品或服務之翌日起算**

- 若末日為休息日，則以休息日之次日代替。而七日期間乃是最低限度之要求，若定型化契約規定較法定所須七日期間長者，自非法所不許。

猶豫期間與審閱期間之差異

最高法院103年度台上字第2038號判決

- 按企業經營者與消費者訂立定型化契約前，應有三十日以內之合理期間，供消費者審閱全部條款內容。違反前項規定者，其條款不構成契約之內容。但消費者得主張該條款仍構成契約之內容，消保法第十一條之一第一項、第二項分別定有明文。揆其立法意旨，乃為維護消費者知的權利，使其於訂立定型化契約前，有充分了解定型化契約條款之機會，且為確保消費者之契約審閱權，明定企業經營者未提供合理「審閱期間」之法律效果。此與消保法第十九條第一項、第十九條之一規定，係因消費者於郵購或訪問買賣或以該方式所為之服務交易時，常有無法詳細判斷或思考之情形，而購買不合意或不需要之商品、服務，為衡平消費者在購買前無法獲得足夠資料或時間加以選擇，乃將判斷時間延後，而提供消費者於訂約後詳細考慮而解除契約之「猶豫期間（冷卻期間）」，未盡相同。要之，<u>「審閱期間」主要在提供消費者訂約前之契約權益保障，與「猶豫期間」目的在提供消費者訂約後之契約權益保障，二者各有其規範目的、功能及法效，得以互補，然彼此間並無替代性</u>，自不能以消費者未於「猶豫期間」內行使解除權或撤銷權（民法第114條規定），即排除消保法第十一條之一第一項、第二項規定之適用。

解除權之行使(修正前)

修正前消保法第19條第1項

- 消費者行使此項解除權時，消保法第19條第1項規定**應以書面**為之。另外，有關書面之認定，亦有電子簽章法之適用，應予注意[1]。

修正前消保法施行細則第19條

- Ｉ、消費者退回商品或以書面通知解除契約者，其商品之交運或書面通知之發出，應於本法第十九條第一項所定之**七日**內為之。
- Ⅱ、本法第十九條之一規定之服務交易，準用前項之規定。

舊法解讀

- 換言之，消費者只要在七日內以書面之方式，為意思表示之發出即可之「發信主義」，並非適用民法第95條規定到達相對人之「達到主義」。
- 若因必要之檢查或不可歸責於消費者之事由，導致商品有毀損、滅失或變更者，仍有消保法第19條第1項解除權之適用（消保法施行細則第17條參照）。例如，消費者於網路上購買吹風機，為檢視紙盒內之商品，而將外包裝開拆，以便檢視其內之吹風機，則應屬檢查之必要，故仍得主張消保法第19條第1項之解除權。

---

1. 電子簽章法（民國九十年十一月十四日）第4條規定：經相對人同意者，得以電子文件為表示方法。依法令規定應以書面為之者，如其內容可完整呈現，並可於日後取出供查驗者，經相對人同意，得以電子文件為之。前二項規定得依法令或行政機關之公告，排除其適用或就其應用技術與程序另為規定。但就應用技術與程序所為之規定，應公平、合理，並不得為無正當理由之差別待遇。

解除權之行使(修正後)

消保法第19條第1項

- **通訊交易或訪問交易**之消費者，得於收受商品或接受服務後七日內，以退回商品或書面通知方式解除契約，無須說明理由及負擔任何費用或對價。但通訊交易有合理例外情事者，不在此限。

消保法第19-2條

- Ｉ、消費者依第十九條第一項或第三項規定，以書面通知解除契約者，除當事人另有個別磋商外，企業經營者應於收到通知之次日起十五日內，至原交付處所或約定處所取回商品。
  Ⅱ、企業經營者應於取回商品、收到消費者退回商品或解除服務契約通知之次日起十五日內，返還消費者已支付之對價。
  Ⅲ、契約經解除後，企業經營者與消費者間關於回復原狀之約定，對於消費者較民法第二百五十九條之規定不利者，無效。

過去消保法施行細則第20條曾規定：企業經營者應於通知到達之一個月內，至消費者之住所或營業所取回商品。新消保法施行細則為配合消保法之修正，已將第二十條刪除。

視為解除之情事

修正後消保法第19條第4項

- 「消費者於第一項及第三項所定期間內，已交運商品或發出書面者，**契約視為解除。**」

- 將修正前的消保法施行細則第19條第1項，新增至消保法第19條第4項。
- 104年修法將消保法施行細則第19條、第20條刪除。
  - 參考歐盟指令以及日本「特定商事交易法」
  - 「消費者於第一項及第三項所定期間內，已交運商品或發出書面者，契約視為解除。」
  - **將發信主義加以確立。**

36

解除權行使之限制

消保法第19條

- 第一項：通訊交易或訪問交易之消費者，得於收受商品或接受服務後七日內，以退回商品或書面通知方式解除契約，無須說明理由及負擔任何費用或對價。**但通訊交易有合理例外情事者，不在此限。**
- 第二項：**前項但書合理例外情事，由行政院定之。**

- 有關解除權是否有限制，104年修正前法無明文，只能以誠信原則加以解釋。
  - 以平衡企業經營者與消費者之權益，並授權行政院就其細節事項為規定。
  - 行政院消費者保護處研擬「通訊交易解除權合理例外情事適用準則」，於民國104年12月31日發布，並於105年1月1日開始施行。

37

增訂通訊交易解除權合理例外情事

- 增加**通訊交易**得訂定合理例外情事條款之規定

  （訪問交易無合理例外情事規定之適用）。

  - 立法理由為「第一項將『郵購或訪問買賣』修正為『通訊交易或訪問交易』；另配合服務契約納入通訊交易及訪問交易之交易類型，將『價款』修正為『對價』，並增列服務契約之解除權行使起點。現行條文『對所收受之商品不願買受時』係屬贅文，爰刪除之。增列第一項但書及第二項，通訊交易由行政院訂定合理例外情事不適用第一項規定，**以平衡企業經營者和消費者權益。**」

  - 再者，若有企業經營者於通訊交易或訪問交易時，違反第19條規定而為約定，同法第5項規定其約定應屬無效。

38

通訊交易解除權合理例外情事適用準則

- **本準則依消費者保護法（以下簡稱本法）第十九條第二項規定訂定之。**
- 本法第十九條第一項但書所稱合理例外情事，指通訊交易之商品或服務有下列情形之一，並經企業經營者告知消費者，將排除本法第十九條第一項解除權之適用：
  - **一、易於腐敗、保存期限較短或解約時即將逾期。**
  - **二、依消費者要求所為之客製化給付。**
  - **三、報紙、期刊或雜誌。**
  - **四、經消費者拆封之影音商品或電腦軟體。**
  - **五、非以有形媒介提供之數位內容或一經提供即為完成之線上服務，經消費者事先同意始提供。**
  - **六、已拆封之個人衛生用品。**
  - **七、國際航空客運服務。**
- 通訊交易，經主管機關依本法第十七條第一項公告其<u>定型化契約應記載及不得記載事項</u>者，適用該事項關於解除契約之規定。

39

通訊交易解除權合理例外情事之立法理由

- **第一款規定，易於腐敗、保存期限較短或解約時即將逾期**

  易於腐敗（例如：現做餐盒或蔬果等），保存期限較短或解約時即將逾期（例如：蛋糕或鮮奶等）之商品，因其本身容易快速變質腐壞，保存期限少於七日，或雖較七日稍長，惟解約時即將逾期，均<u>不適宜退還後再出售</u>。

- **第二款規定，依消費者要求所為之客製化給付**

  例如：依消費者提供相片印製之商品、依消費者指示刻製之印章或依消費者身材特別縫製之服裝等；<u>消費者依現有顏色或規格中加以指定或選擇者，非屬本款所稱之客製化給付</u>。

- **第三款規定，報紙、期刊或雜誌**

  此類出版品因具有<u>時效性</u>，時間經過後不易出售。

- **第四款規定，經消費者拆封之影音商品或電腦軟體**

  以有形媒介提供之影音商品或電腦軟體經拆封後，處於<u>可複製</u>之狀態，性質上不易返還。

- **第五款規定，非以有形媒介提供之數位內容或一經提供即為完成之線上服務，經消費者事先同意始提供**

  （例如：電子書等）或一經提供即為完成之線上服務（例如：線上掃毒、轉帳或匯兌等），此種類型契約如係經消費者事先同意而開始提供，因其完成下載或服務經即時提供後即已履行完畢，**性質上不易返還**，故規定為合理例外情事。

- **第六款規定，已拆封之個人衛生用品。**

  因<u>衛生考量</u>而密封之商品（例如：內衣、內褲或刮鬍刀等），商品如拆封檢查試穿（用）後再次出售，有影響衛生之虞。

- **第七款規定，國際航空客運服務**

  國際航空客運服務<u>為全球化產業，涉及聯營、共同班號等國際同業間之合作關係</u>；又國際航空客運服務之運價及使用限制依「民用航空法」第五十五條及「航空客貨運價管理辦法」相關規定，應報請主管機關備查，且應將機票使用限制充分告知旅客，爰將國際航空客運服務列為合理例外情事，其應適用主管機關備查等相關規定。

貳、通訊交易與訪問交易

五、通訊交易之實務案例

(一)通訊交易解除權合理例外情事之實務案例

判斷流程

Step 1: 企業經營者？　Step 2: 通訊交易？　Step 3: 合理例外情事？

賣方是否為企業經營者？ ─ 否／是

是否屬通訊交易或訪問交易？ ─ 均否／訪問交易／通訊交易

是否適用通訊交易解除權之合理例外情事？ ─ 適用／不適用

42

臺中地方法院106年度沙小字第491號民事判決

案例事實

民國106年6月12日，原告於露天拍賣網站向被告購買「飛利浦Saeco Intelia HD8751全自動義式咖啡機」（下稱系爭商品），兩造並約定系爭商品之買賣價金為新臺幣9,600元（下稱系爭買賣契約）。原告旋即於同日以匯款方式將前開9,600元交付被告，被告則於翌日（即13日）以宅配快遞方式將系爭商品寄送予原告收受，**惟原告收到系爭商品後，發現系爭商品缺少部分配件並有損壞情形，原告旋即於同年月16日將系爭商品寄回被告住處**，被告並於同年月19日收受原告寄回之系爭商品。原告認為，系爭買賣契約既已解除，被告即無法律上原因而受有9,600元之利益，原告向被告提起不當得利之訴訟。

43

原
告
主
張

原告主張其既已於收受系爭商品後七日內，以退回系爭商品方式向被告解除系爭買賣契約，依消費者保護法（下稱消保法）之規定，原告無須說明任何理由，自已發生解除系爭買賣契約之效力。則系爭買賣契約既原告依消保法規定合法解除，被告自屬無法律上原因而受有該9,600元之利益。為此，原告爰依民法不當得利之法律關係，提起本件訴訟，請求被告返還該9,600元。

被
告
抗
辯

被告抗辯系爭商品是被告使用過的咖啡機，被告在露天拍賣網站上有標明系爭商品係被告使用過的二手商品，並詳載系爭商品之狀況及張貼系爭商品之相關相片，原告向被告購買系爭商品後，是原告自行將系爭商品寄回給被告，系爭商品之卡榫斷裂是原告造成的，且被告並未簽收原告寄回之系爭商品，系爭商品目前仍在被告住處之管理室，本件原告解除系爭買賣契約，不符合消保法之規定。

爭點

1. 被告是否為消保法第7條之企業經營者？
2. 系爭買賣契約是否屬於消保法上通訊交易？
3. 若屬通訊交易，有無「通訊交易解除權合理例外情事」之適用？

44

法院見解

✓ 被告屬於企業經營者

消保法第2條條第2款所稱之營業，**不以營利為目的者為限**。此觀消保法施行細則第2條之規定即明。準此，凡以提供商品或服務為營業之人，不論該營業之人為公司、團體或個人，均為受消保法規範之企業經營者。且**被告從事網路賣場經營之期間已有三年且成交之商品已達上萬件**乙節，業據被告於本院審理時陳明在卷，依前所述，被告核屬消保法規定之企業經營者甚明。

✓ 系爭買賣契約屬於通訊交易

兩造在露天拍賣網站（即網際網路）買賣系爭商品及被告寄送交付系爭商品予原告之過程（即兩造成立系爭買賣契約之前，原告事前並未檢視實體之系爭商品）等情以觀，兩造間就系爭商品之系爭買賣契約，核屬消費者保護法規定通訊交易之消費關係。

✗ 無「通訊交易解除權合理例外情事」之適用

系爭商品乃為實體之咖啡機，本件自無消保法第19條第1項但書規定「通訊交易有合理例外情事」而不得解除契約之情事（參見「通訊交易解除權合理例外情事適用準則」）。

 兩造間之系爭買賣契約既為消保法規定之通訊交易，且原告於收受系爭商品後七日內即106年6月16日，**業已交運退回系爭商品方式向被告解除系爭買賣契約，本件復無消保法第19條第1項但書規定之不得解除契約情事**。從而，系爭買賣契約既經原告依消保法規定合法解除，**系爭買賣契約之效力已因解除契約而溯及消滅**，被告自屬無法律上原因而受有該9,600元之利益，原告據此依不當得利之法律關係，請求被告返還該9,600元，**為有理由**，應予准許。

原告勝訴

本件被告屬於企業經營者，且系爭買賣契約亦屬通訊交易，惟無「通訊交易解除權合理例外情事」之適用。

45

台北地方法院107年度北消小字第57號民事判決

案例事實

原告汪某於107年5月30日上網向**被告經營之486團購網**購買日本免電免治洗屁屁攜帶型洗淨器（下稱系爭攜帶型屁屁洗淨器）1個，於107年6月2日到貨，原告於 107年6 月 4 日打開商品檢查後，因不滿意出水力道太弱，立刻於同日向被告官網申請退貨，被告客服於107年6月5日來電拒絕退貨，原告於107年6月6日與被告客服主管申訴無效，107年6月7日向新北市政府法制局消費者保護中心提出申訴，未果。後原告向被告提起訴訟，請求返還價金520元。

46

原告主張

系爭攜帶型屁屁洗淨器**只是裝水的塑膠容器，應不屬於個人衛生用品，訂購頁面並無標示「商品定位為個人衛生用品」**，且不裝水測試無法知道有無破損或阻塞，裝過水的商品也不是無法回復原狀，**原告只是做必要之檢查**，並未使用，也將系爭攜帶型屁屁洗淨器風乾再行包裝，既完好如初，為何無法退貨，為此，爰依消費者保護法第19條第1項前段規定，起訴請求被告返還買賣價款520元等語。並聲明：被告應給付原告520元，及自起訴狀繕本送達被告翌日起至清償日止，按年息百分之5計算之利息。

被告抗辯

原告購買之系爭攜帶型屁屁洗淨器，依一般正常人之社會基本常識，一看即知係屬個人衛生用品，且系爭攜帶型屁屁洗淨器**訂購網頁內容明確記載「個人衛生用品除商品本身有瑕疵外，未拆封商品仍享有7天猶豫期之退貨權利。但已拆封即依據《通訊交易解除權合理例外情事適用準則》，本公司無法接受退換貨」**，是依消保法第19條第1項、通訊交易解除權合理例外情事適用準則第2條規定，原告之主張為無理由等語，做為抗辯。並聲明：原告之訴駁回。

爭點

1. 系爭買賣契約是否屬於消保法上通訊交易？
2. 若屬通訊交易，有無「通訊交易解除權合理例外情事」之適用？

47

法院見解

✓ **被告屬於企業經營者**

✓ **系爭買賣契約屬於通訊交易**

本件係原告上網向被告經營之486團購網（網際網路）購買系爭攜帶型屁屁洗淨器，且兩造成立系爭買賣契約之前，原告事前並未檢視實體之系爭攜帶型屁屁洗淨器等情以觀，兩造間就系爭商品之系爭買賣契約，核屬消費者保護法規定通訊交易之消費關係。

✓ **有「通訊交易解除權合理例外情事」之適用：**

本件被告已於系爭攜帶型屁屁洗淨器**訂購網頁上明確記載**：「個人衛生用品除商品本身有瑕疵外，未拆封商品仍享有7天猶豫期之退貨權利。但已拆封即依據《通訊交易解除權合理例外情事適用準則》，本公司無法接受退換貨」等內容。

而系爭攜帶型屁屁洗淨器之功能及使用方式，係個人外出如廁後手持清洗肛門之用，且系爭攜帶型屁屁洗淨器既為手持，而非固定式，**在操作過程中，不無有直接碰觸肛門或身體其他部位，甚至是排洩物之可能**，足認系爭攜帶型屁屁洗淨器屬個人衛生用品甚明。

屬通訊交易解除權合理例外情事適用準則第2條第6款規定之情形，為消保法第19條第1項但書所稱有合理例外之情事，依前開規定，原告主張其得依消保法第19條第1項前段規定向被告請求退費云云，難謂有據。

48

法院見解（續）

✗ **原告並未解除買賣契約**

按消保法第19條第1項及第3項所定期間內，**已交運商品或發出書面者，契約視為解除**，消保法第19條第4項復有明定。原告迄言詞辯論終結前，**仍未舉證證明其已退回系爭攜帶型屁屁洗淨器**，或已以書面將解除契約之意思表示送達被告，而僅係主張「107年6月4日於官網申請退貨」、「商家…不受理退貨」等語，此**與上述法定解除契約之方式不符**，自不生契約解除之效力。

綜上所述，原告依消保法第19條第1項前段規定，請求被告給付原告520元，及自起訴狀繕本送達被告翌日起至清償日止，按年息百分之5計算之利息，為無理由，應予駁回。

被告勝訴

原告於被告經營之486團購網購買系爭攜帶型屁屁洗淨器屬於通訊交易，屁屁洗淨機屬於個人衛生用品。

49

彰化地方法院員林簡易庭民事判決106年度員簡字第13號

案例事實

原告章某於105年7月8日於樂天網站向被告游某訂購國際牌DL-SJX11T（加長型）免治馬桶，並給付價金7,800元而成立買賣契約，原告於同年12日卻收受被告寄送之國際牌DL-F509BTWS之商品（下稱系爭商品），**系爭商品與原告所訂購之商品型號不符**，價格亦僅有5,600元。

原告於7日內向被告表示解除本件買賣契約，並將系爭商品退回被告，支出退貨運費150元；被告未退回貨款，致原告奔波而受有交通費用等其他損害。

據此，原告依契約解除之法律關係，請求被告返還貨款7,800元及其他相關費用。

50

原告主張	原告於105年7月8日於樂天網站向被告訂購國際牌DL-SJX11T（加長型）免治馬桶，並給付價金7,800元，被告卻寄送不同型號之系爭商品予原告。原告並於收受系爭商品後之**7日內向被告表示退貨並將系爭商品退給被告**。 原告依法得於7日內向被告解除契約，本無須負擔任何費用，惟本件原告因被告**未依法退還貨款，致原告奔波而受有交通費用等其他損害**（原告未具體表明相關費用為何），爰依契約解除之法律關係，請求被告返還貨款7,800元及其他相關費用，共計9,586元，並聲明：被告應給付原告9,586元。
被告抗辯	原告所訂購系爭商品屬於**個人衛生用品，不適用7日契約解除權之規定**；而本件被告於出貨時，已告知原告將替換其他更新型號之系爭商品給予原告，經原告同意；本件**系爭商品業經原告將包裝拆除，被告亦不知原告是否曾使用系爭商品**，致使被告無從將系爭商品退還廠商或出售予其他消費者，如准許原告退貨，對於被告損失過大，並聲明：原告之訴駁回。

爭點

1. 本件有無「通訊交易解除權合理例外情事」之適用？
2. 若無適用，則原告依消保法所得主張之回復原狀範圍為何？

51

法院見解

✓ 被告屬於企業經營者

✓ 系爭買賣契約屬於通訊交易

✗ 無「通訊交易解除權合理例外情事」之適用：

買賣契約是為解除	本件原告收受系爭商品後，已於7日內向被告表示解除契約並將商品退還被告等情，業經原告提出存證信函、退貨貨運單影本等件為證，是依消保法第19條第4項之規定，本件買賣契約視為解除。
非屬個人衛生用品	本件原告所購買之系爭商品為價值數千元之免治馬桶座，**屬衛浴空間之電器用品**，與通訊交易解除權合理例外情事適用準則第2條第6款之**個人衛生用品例示所稱內褲、刮鬍刀等衛生用品顯然有別**，是被告辯稱系爭商品屬個人衛生用品而不得解除契約等語，難認可採。
誠信原則之考量	1. 消保法第19條賦予消費者解除權之立法目的在於**平衡消費者於購買前無法獲得足夠資訊及未能檢視商品**，讓消費者有更充裕的時間思考整個交易的合理性，確保消費者權益的保障。被告作為從事網路購物之企業經營者，即應**考量並自行負擔消費者因退貨或檢視商品所可能造成之損失**。 2. 至於消費者是否破壞商品或是否使用商品而造成企業經營者嚴重損失，自得由企業經營者舉證證明消費者解除權之行使有違反誠信原則，而限制消費者解除權之行使。 3. 查本件原告所購買之系爭商品**屬電器用品須先將外包裝拆除後方得檢視商品**，是原告拆除系爭商品之包裝自屬合理之審閱商品方式。

52

法院見解(續)

✓ **原告得請求回復原狀之範圍：商品價金+退貨費用**

按契約解除時當事人雙方有回復原狀之義務，民法第259條定有明文。又依消保法第19條規定，**契約解除時消費者無須負擔任何費用**。

依上開條文之規定，被告自應將已受領之金錢7,800元返還予原告。另本件被告依消保法第19條規定本應負擔本件退貨之郵務費用，經原告預代為支付，並存有收據為證，因此**原告亦得請求被告返還其所代墊之退貨費用150元**。至原告所稱本件原告往返之交通費或其他費用，屬民法第259條回復原狀之範圍，與消保法第19條規定不符，難認有據。是本件原告得請求之金額為7,950元【計算式：7,800＋150＝7,950元】。

消保法第19條第1項已規定消費者得無須說明理由解除契約，並於同條第5項明定違反本條規定所為之約定均為無效。是本件**被告於出貨時，是否有告知原告將替換不同商品給原告，原告是否允諾，均不影響原告本件契約解除權之行使**。

綜上所述，原告得依消保法第19條之規定解除本件買賣契約。其基於契約解除之法律關係，請求被告給付原告7,950元，為有理由，應予准許；逾越此部分之請求，為無理由，應予駁回。

原告勝訴

免治馬桶非屬個人衛生用品。
原告得請求回復原狀之範圍僅含商品價金
及退貨運費，不包含交通費或其他費用。

桃園地方法院107年度桃小字第1257號民事判決

案例事實

原告徐某於民國105年5月26日於被告經營之奢華時尚國際購物中心網（下稱系爭網站）購買為現貨商品之CHANEL黑色羊皮銀鍊菱格紋斜背WOC長夾發財包（下稱系爭商品），消費金額為新臺幣71,540元，於105 年5 月29日到貨後，因**尺寸不符所需**，遂於105年5月31日向系爭網站之客服人員表示欲辦理退貨，經其同意後，原告即於105年6月2日將系爭商品寄回。

被告收受系爭商品後，僅退還原告43,254元，**尚有28,286元未返還**。為此，原告向被告提起返還價金之訴訟。

54

原告主張

因系爭商品尺寸不符原告所需，原告遂於105年5月31日向被告經營之奢華時尚國際購物中心網站之客服人員表示欲辦理退貨，經其同意後，原告即於105年6月2日將系爭商品寄回。詎被告收受系爭商品後，**僅退還原告43,254元，尚有28,286元未返還，屢經催討，均未獲置理**。為此，爰依消費者保護法第19條第1 項本文、第19條之2第2項、民法第179條、第259條等規定提起本件訴訟。並聲明：被告應給付原告新臺幣貳萬捌仟貳佰捌拾陸元，及自民國一０五年六月十八日起至清償日止，按週年利率百分之五計算之利息。

被告抗辯

原告係請被告代購國外價值70,000多元之香奈兒包包，在**網頁上已註明此為代購型商品，除非買錯或商品有瑕疵，否則不接受退換**。又原告訂購系爭商品後，**另行訂購LV品牌皮包**，惟原告收受系爭商品後，因尺寸太小想要更換，被告也特別通融讓原告以換貨方式處理兩件訂單，而將價值20,000多元之LV皮包寄給原告，一併退還系爭商品與LV皮包之價差40,000多元予原告，並非原告所稱之退貨等語，以資抗辯。並聲明：原告之訴駁回。

爭點

1. 本件為通訊交易，但有無「通訊交易解除權合理例外情事」之適用？
2. 原告依消保法請求被告返還價金有無理由？

法院見解

✓ 被告屬於企業經營者

✓ 系爭買賣契約屬於通訊交易

✗ 無「通訊交易解除權合理例外情事」之適用：

- 被告雖辯稱系爭商品為代購型商品，惟：
  1. 被告**未**提出原告下訂單後其始向國外訂購並運送抵臺之相關海外商品購買憑證。
  2. 觀原告於105年5月26日向被告訂購系爭商品後，隨即於同年月29日收受系爭商品，**系爭商品並非被告因原告訂購後始向國外廠商購買，難謂有何客製化情事。**

> 兩造間買賣賣契約**非屬**「依消費者要求所為之**客製化給付**」（不適用通訊交易解除權合理例外情事），因此原告依消保法第19條第1項之解除權未被排除適用。

✓ 原告請求被告返還價金有理由

原告於收受系爭商品7日內，既已將系爭商品寄回，雖被告辯稱原告寄回商品之行為是換貨而非退貨等情，**惟原告向被告先後訂購之2件商品分屬2筆不同訂單**，衡諸常情，**當係依據訂單而分別處理**，且原告亦提出對於2件商品均已向被告做退貨申請之相關對話內容，是被告以此為辯，自應提出相關證據以實其說，然被告直至本件言詞辯論終結前，全未提出確實舉證，堪認**原告係以退回商品方式解除契約，是本件通訊交易買賣契約已依法解除**，原告請求被告返還剩餘價金28,286元，應屬有據。

法院見解(續)

✓ 原告得請求返還之範圍：商品剩餘價金＋遲延利息

按給付有確定期限者，債務人自期限屆滿時起，負遲延責任；遲延之債務，以支付金錢為標的者，債權人得請求依法定利率計算之遲延利息。但約定利率較高者，仍從其約定利率；應付利息之債務，其利率未經約定，亦無法律可據者，週年利率為5%，民法第229條第1項、第233條第1項、第203條分別定有明文。復揆諸前揭企業經營者返還價金義務之規定，原告請求被告給付自105年6月18日（即退回系爭商品予被告收受之次日起15日之翌日）起至清償日止，**按週年利率5％計算之利息**，亦屬有據。

 綜上所述，原告**依消費者保護法第19條第1項前段、第19條之2第2項等規定，請求被告給付28,286元**，及自105年6月18日起至清償日止，按週年利率5％計算之利息，為有理由，應予准許。

原告勝訴

本件海外代購非屬「依消費者要求所為之客製化給付」。
原告得請求被告返還商品價金及遲延利息。

臺南地方法院107年度南小字第1092號民事判決 建議刪除

案例事實

- 原告於106年9月26日因受到大中華貓會臺灣分部聯絡人即被告之邀約，遂轉帳5,050元至被告所指定之玉山銀行帳戶後，委託被告替原告報名參加大中華貓會臺灣分部所舉辦之「大中華貓－報恩貓展」比賽CFA組，惟原告於106年10月24日，通知被告將不參加11月25日系爭貓展比賽，並詢問可否將上開報名費用延至下次比賽時再使用，並獲得被告同意。

- 後因下次貓展比賽時間無法確定，且原告欲替貓咪報名參加107年3月10日、11日之「TCC第13屆TICA國際名貓展覽」比賽大會，**原告遂於107年2月7日，通知被告要求退還系爭報名費用5,050元，遭被告拒絕請求。**

58

原告主張

- 原告雖先將參加系爭貓展之報名費匯款至被告個人之系爭帳戶，然於被告將系爭款項匯至承辦者帳號前，原告即向被告表示不參加，**故原告之報名程序並未完成，因此被告對原告的匯款費用構成不當得利**，是被告應將系爭報名費之利益返還予原告。
- 縱認為本案報名程序已完成，然因被告舉辦「大中華貓—報恩貓展」，乃係以提供服務為營業，**原告亦乃係以消費為目的，而接受服務者，兩者分屬消保法上之企業經營者及消費者**，是雙方間因就服務所發生之法律關係及爭議，**自有消保法之適用**。原告於107年2月7日，**通知被告要求退還匯款費用5,050元時，被告未曾提供服務予原告**，是依消保法第19條第1項前段及第19條之2第2項規定，被告自應返還原告已支付之對價即上開匯款金額5,050元。

被告抗辯

- 系爭貓展網路公告清楚載明，整個報名程序是由參展者進入由系爭貓迷會所設計中文google表單填寫參展人及貓咪資料後再至指定帳號匯款。前開報名表第3.項清楚載明「**報名完成以匯款時間為準，一經匯款則視同報名完成**」，故**原告於106年9月27日匯款成功，即已完成報名程序**，且由參賽手冊清楚列出原告貓咪參賽編號及基本資料乙情，顯示被告確實替原告完成報名程序。
- 縱原告援引消保法第19條七日解除權之規定，原告於107年2月7日要求退款，距離原告報名時間106年9月27日皆已**超過1個月**，顯不符該條文規定。原告依消保法規定請求被告返還已支付之對價即系爭匯款金額5,050元，亦無理由。

59

爭點

1. 本案中線上報名程序是否完成？
2. 倘線上報名程序完成，該服務契約有無「通訊交易解除權合理例外情事」之適用？

法院見解

✓ 被告屬於企業經營者
✓ 系爭服務契約屬於通訊交易
✓ 線上報名程序已完成

原告雖主張報名程序並未完成，惟既然系爭貓展之報名google表單中明載「3.**報名完成以匯款時間為準，一經匯款則視同報名完成。**」則原告於匯款當時已視同報名完成。又**被告未因之受有任何利益。**是故，原告主張被告不當得利，亦難憑採。

法院見解(續)

✓ 有「通訊交易解除權合理例外情事」之適用：

行政院依訂定之通訊交易解除權合理例外情事適用準則第2條第1款則規定：「本法第19條第1項但書所稱合理例外情事，指通訊交易之商品或服務有解約時即將逾期，並經企業經營者告知消費者，將排除本法第19條第1項解除權之適用。」

惟系爭貓展活動，若於原告接受服務[1]後7日內得解除契約，顯已逾期，是系爭通訊交易自屬消保法第19條第1項但書所稱之合理例外情事，且報名完成後即無法解除契約，亦經企業經營者公告在其活動規定上，是系爭通訊交易自得排除消保法第19條第1項解除權之適用，則原告主張依消保法第19條第1項前段規定解除契約並請求返還系爭報名費，亦無理由。

➡ 是故原告主張被告不當得利，亦難憑採。

 被告勝訴 本件線上報名活動因顯已逾期，屬於通訊交易解除權合理例外情事「易於腐敗、保存期限較短或解約時即將逾期」之服務。

註1 作者按，此一服務指參加系爭貓展比賽。

台北地方法院106年度北小字第3092號民事判決

案例事實

被告於民國106年4月28日利用蝦皮購物網路交易平臺，要求原告代購一支YSL品牌口紅（下稱系爭商品）。原告於106年5月2日赴免稅店購買，於同年月11日寄至被告指定全家超商門市，**被告於7日期限內未到場取貨致系爭商品被退回**，原告要求被告重新下單以便再次寄送，詎遭被告拒絕。

原告主張

被告於7日期限內未到場取貨致系爭商品被退回，為惡意棄單行為，**爰訴請被告賠償代購系爭商品損失**，並聲明：被告應給付原告1,350元及自106年4月18日起至清償日止，按週年利率5%計算之利息。

被告抗辯

被告瀏覽蝦皮購物網，看到原告張貼系爭商品照片，於下單訂購後才認為不合用，因此未去取貨，惟被告主張，依消費者保護法規定，郵購買賣的消費者享有購物後不用說明理由，不必負擔費用，一旦不想購買，在收到商品後七日內可退回商品的權益，況其當時未取得系爭商品，亦不需要通知原告取消交易等語資為抗辯。

爭點

1. 系爭契約是否屬於消保法上通訊交易？
2. 被告得否解除契約？

法院見解

✓ 被告屬於企業經營者

✗ 系爭買賣契約非屬於通訊交易

本件被告所訂購YSL品牌口紅，**可在全臺該品牌專櫃上檢視內容，非在締約前沒有檢視商品的機會**，被告委託原告在免稅店代購，僅因市價與免稅店有價差之所趨，兩造間交易型態與通訊交易「未能檢視商品」之規範不符，**自無適用消保法第19條第1項之解除權**。

> 因商品可於全台專櫃檢視而被認不符合通訊交易，
> 法院的判斷是否適當？

64

法院見解(續)

✗ 被告不可解除契約

- 按當事人互相表示意思一致者，無論其為明示或默示，契約即為成立。民法第153條第1項定有明文。根據兩造line對話內容，**足使原告確信兩造就代購系爭商品之標的物及價金已然達成合意**。

- 既契約已成立，兩造行使權利，履行義務，應依誠實及信用方法，民法第148條第2項定有明文。**查被告於契約成立後反悔未依約履行拿貨義務，任意解除契約，顯違反誠實信用之締約上責任**，就被告不願履行契約或拒不支付價金，原告自得依民法第226條主張損害賠償。

 綜上所述，原告依代購系爭商品契約及損害賠償法律關係，請求被告給付1,100元及自107年1月2日起至清償日止，按週年利率5％計算之利息，為有理由，應予准許，逾此部分，為無理由，應予駁回。

原告勝訴

本件系爭商品YSL品牌口紅代購
非屬事前未能檢視商品的通訊交易。

新北地方法院106年度小上字第52號民事判決

案例事實

原告於民國105年5月30日匯款新台幣4,631元，委託被告代購日本亞馬遜網站之藍光唱片2張，並於同年8月10日晚上取回商品，即發現**商品未加任何保護包材（防震、防潮等），亦未再行包妥緩衝措施，使商品在運送過程損壞，並於7日內向被告反應，惟遭被告拒絕協助。**

原審結果

一審[1]判決結果：

* 被告至多為消保法第9條進口商，應負同法第7條企業經營者之責任，而不用負消保法第10-1之責。
* 被告所代購之影音光碟包裝皆為原廠包裝，現今科技專業水準應為可合理期待之外包裝，並無安全性問題，故應無違反消保法第7條之規定。

→原告敗訴，不服原判，因而上訴。

註1 請參照板橋簡易庭105年板小字第2818號民事判決。

66

上訴人主張

1. 上訴人認本件被告以特約免除其對代購商品的瑕疵擔保責任，違反消保法第10條之一企業經營者不得預先約定限制或免除損害賠償責任之約定。

2. **「被告：代購商品不負任何瑕疵退換貨，風險要買家自行承擔」、「被告：運輸箱我這裡無法保證喔」**。就被告預先要求原告放棄主物給付風險，締約目的完全偏向「以不能之給付為契約標的者」。依照消保法第17條定型化契約不得記載之內容，此契約已嚴重違背第2、3、4款之法定規範。就客觀而言契約完全加重責任於消費者，嚴重顯失公平。

3. 被上訴人於露天拍賣網站販售代購商品中強調模型玩具紙盒「採硬紙盒包裝出貨+氣泡紙防撞，如有特殊包裝需求請先告知」，然與上訴人之交易依另訂代購規則表示「不負責任何商品瑕疵退換貨，風險要買家自行承擔。」 應有消保法第51條因企業經營者之「故意」所致之損害賠償之適用。

4. 主張被上訴人未盡消保法第18條第1項第4款解除權及商品合理例外情事之告知義務，且唱片訂購係依現有顏色或規格中加以指定或選擇者，非屬本款所稱之客製化給付。

爭點

1. **本件代購，有無「通訊交易解除權合理例外情事」所稱客製化給付之適用？**
2. **本件提供代購服務之被上訴人要求上訴人自行承擔商品風險，是否有顯失公平之情？**
3. **被上訴人是否因故意所致本件商品包裝之損害？**

67

法院見解

✓ 被上訴人屬於企業經營者

✓ 本件代購屬於通訊交易

✓ 本件代購商品有「通訊交易解除權合理例外情事」之適用：

- 本件**被上訴人係於接受上訴人委託後，始為上訴人為下單代購行為**（被上訴人係「提供服務」），而**非被上訴人逕將系爭代購唱片轉售上訴人**，兩造間契約關係自屬通訊交易解除權合理例情事適用準則第2條第2款所稱「依消費者要求所為之**客製化給付。**」

- 又被上訴人已於事前明確告知上訴人「代購商品不負責任何商品瑕疵退換貨，風險要請買家自行承擔」經上訴人肯認始下單，則兩造間關於「不得退貨」之特約，因符消保法第19條第1項但書規定，自屬有效。

 綜合上述，上訴人主張其得依消保法第19條第1項前段規定解除系爭契約，難謂有據。

✓ **本件被上訴人不適用消保法第51條之「故意」**

查不同代購**商品特質、代購管道**，業者為基於風險評估，各為不同代購條件之擬定，本合於一般社會經驗法則。本件兩造間締約前，**既已明確約定應適用被上訴人擬定之代購規則**，自不得以前開代購規則較被上訴人於露天拍賣網站販售其他代購商品之條件為嚴苛，即謂本件有何該當消保法第51條構成要件事由。此部分並經原審判決認定被上訴人並無故意，是無消保法第51條適用餘地。

68

法院見解(續)

✗ 未有違反定型化契約顯失公平之情況

- 消保法第10條之1規定「本節所定企業經營者對消費者或第三人之損害賠償責任，不得預先約定限制或免除。」**本條不得預先約定限制或免除者，既限於「本節」**，其範圍自僅指同法第7條至第10條所規定之與消費者之健康與安全保障相涉內容為限。

  1. 查本件上訴人主張其委託被上訴人代購日本唱片，具有**包裝盒凹損等瑕疵**一節，**未涉何危害上訴人安全與健康情事，自非屬消保法第10之1條規定不得預先約定限制或免除範圍。**

  2. 次按**民法關於出賣人物之瑕疵擔保責任，非不得依當事人之特約予以免除**，買受人即不得再依物之瑕疵擔保請求權而為減少價金之主張[1]。本件原判決認定上訴人主張兩造間關於系爭代購物品瑕疵擔保責任，已經當事人特約免除，自難認有違背消保法第10條之1規定。

- 定型化契約係指締約之一方之契約條款已預先擬定，他方僅能依該條款訂立契約。此種「單方利益條款」，應認違反衡平原則而無效，俾符平等互惠原則。而**所謂「按其情形顯失公平者」，係指依契約本質所生之主要權利義務，或按法律規定加以綜合判斷，有顯失公平之情形而言。**

- 參酌本件締約前被上訴人已就代購規則向上訴人詳為說明，上訴人曾與被上訴人進行**磋商，經被上訴人評估風險告知無法為個別變動後，經上訴人同意始為契約之締結**等情，應認兩造間關於代購商品賣方不負瑕疵退換貨，風險應由買家自行承擔之特約，並未該當消保法第12條顯失公平而宣告無效之構成要件。

上訴駁回

本件被上訴人之代購行為屬「通訊交易解除權合理例外情事」之客製化給付。

註1 參照最高法院83年度台上字第2372號裁判意旨。

69

桃園地方法院107年度桃小字第1257號民事判決

案例事實

原告陳某於107年1月27日參加由被告卓某有限公司舉辦之講座課程，旋於同日與被告簽訂購買腦力開發線上課程（系爭契約），約定價金55,000元，原告嗣於107年1月30日開通觀看權限，其後於107年2月18日寄發存證信函予被告要求解約，被告於同年月19日收受該存證信函。

70

原告係基於信任被告講師經歷（曾受邀至TED演講、環遊七大洲的故事被列入全國高中教科書、曾去警察大學教書）而購買係爭腦力開發線上課程。事後發現**被告之講師資歷誇大與事實不符**。且原告於線上觀程後認為**課程**對於大幅提升收入水平以及開發全腦等功能**並沒有直接關聯性**，故於107年2月5日以電話告知要與被告解約並請求退費，**被告之服務人員卻回以智慧財產權一經提供無法解約退費**，且要求原告再多看幾堂以利拖延7日退費期限。原告嗣於107年2月16日向行政院消費者保護會提出線上申訴，並在107年2月18日寄出存證信函要求解約。

原告主張

1. 原告認簽訂係爭契約當日屬於臨時推銷課程，應屬於**訪問交易**，可於7天內無條件解約，故原告解除契約應屬合法。

2. 係爭契約**違反平等互惠原則**，依消費者保護法第12條規定推定為顯失公平。另被告未依消費者保護法第11條之1給予**合法審閱契約時間**，原告受利益誘惑才於當日簽約，契約條款違反公平互惠原則，有疑義時應為有利於消費者的解釋。

3. 被告之講師自稱受腦力開發而有至今不實之成就，使消費者在**缺乏公開資訊且締約前欠缺詳細考慮機會，應給予原告撤銷系爭契約權利**。依消費者保護法第22條、民法第92條等規定，原告得撤銷因詐欺所為之意思表示等語。

被告抗辯

1. 系爭契約**非屬通訊、訪問交易**，無消費者保護法第19條7日無條件解除權之適用。**本件係原告主動於被告網頁登記報名參加被告所舉辦的課程講座**，並於講座結束後認為有助自身學習及發展而**自主選擇購買**，並非訪問交易。

2. 縱認系爭契約係屬於消費者保護法第19條之通訊、訪問交易，然系爭契約標的為，參酌**通訊交易解除權合理例外非以有形媒介提供之數位內容，一經提供即已完成線上服務情事適用準則**規定，本件屬消費者保護法第19條解除權合理例外情形，應**無**7日無條件解除權之適用。

3. 系爭契約標的屬於一經提供即完成線上服務，原告一但使用拆封產品並開通線上帳號後，被告**即已依契約本旨完成給付**。依據係爭契約規定，原告於開通登錄教材後於執意退款，不符合退費規則。

4. 係爭契約販售之腦力開發數位影音教材，須由學員針對內容勤加練習，非一蹴可幾，因此原告以課程不適合自己為由，要求被告退費，於法、於理皆不合。又講師本身資格並非本產品重點。因此原告主張課程內容與期待不符及講師資歷不實，故主張以民法第92條及消費者保護法第22條規定撤銷意思表示云云，並無理由。

爭點

1. 本件是否屬於消保法上的通訊交易、訪問交易？
2. 若本件合於通訊交易性質，但有無「通訊交易解除權合理例外情事」之適用？
3. 系爭契約關於退費之規定是否違反平等互惠原則，因顯失公平而無效？
4. 原告是否可依被告講師誇大經歷而違反不實廣告責任及受詐欺之規定而撤銷其意思表示？

法院見解

✓ **被告屬於企業經營者**

✓ **系爭買賣契約合於通訊交易之性質**

- 通訊、訪問交易之立法目的：

> 為避免消費者在無法詳細判斷或思考之情形下，因無法獲得足夠的資料或時間加以抉擇，致其購買不合意或不需要的商品，故採將判斷時間延後之**猶豫期間制**，即收受商品後7日之猶豫期間給予消費者考慮並解約之機會。

- 原告主張因在開通線上學習之前，**被告並未如一x般影音銷售提供試聽或試用資料，使原告無法對課程進行試閱**等事實足認本件原告在與被告簽訂系爭契約之前，確實**未能事先檢視**商品或服務，本院認系爭契約確實合於**消費者保護法第19條通訊交易之性質**，應有消費者保護法第19條得在接受商品或接受服務後7日內無條件解除契約規定之適用。

法院見解(續)

✗ **雖無通訊交易解除權合理例外情事之適用，但已超過7日之解約期限。**

- 通訊交易解除全合理例外情事適用準則立法目的：

就部分性質特殊之商品或服務，具體規範不適用消費者保護法第19條第1項本文規定之合理例外情事，以**平衡企業經營者及消費者間之權益**。另查，系爭適用準則第2條第4、5款規定之例外情形，乃在避免影音商品、電腦軟體或其他非以有形媒介提供之數位內容或一經提供即為完成之線上服務等**牽涉智慧財產權保障之商品或服務，遭不當盜用之情形，抑或考量其一次性之線上服務性質不易返還等特性**。

- 本案中，系爭契約所交易之標的**並非單純影音商品或非以有形媒介提供之數位內容**，而係提供消費者**於長達1年期間內隨時登入**線上影音學習專區學習進修以及線上討論諮詢專區進行提問，**並附加贈送4堂實體諮詢課程**，綜合審酌系爭契約之實質內容，**除影音商品外，性質上尚含有於特定期間內傳授一定知識、技藝、諮詢服務等內容**，核與系爭適用準則第2條第4、5款規定之要件並未完全相符，則被告辯稱本件屬系爭適用準則所定消費者保護法第19條解除權合理例外情形云云，自屬無據。

 原告在107年1月30日已開通登錄線上上課，而在107年2月5日**僅以電話向被告客服人員表示要解除契約，並未以退回商品或書面通知方式為之**，自不生合法解除契約之效力；原告雖在107年2月18日以存證信函為解除之意思表示，惟已超過上開7日之解約期限，亦不能認為合於依消費者保護法第19條第1項規定所為解除契約效力。從而，原告主張依消費者保護法第19條規定解除契約，**不生合法解除之效力。**

74

法院見解(續)

✓ **系爭契約規定違反平等互惠原則**

1. 查系爭契約中記載線上學習期限自107年1月30日起至108年1月30日長達一年，契約價金為55,000元之事實，惟確實未定有審閱期間相關約定。

2. 係爭契約第3條第5項規定「在未開通且未登入亦未參與實體諮詢之狀況下，**自消費當日起7日內可申請退費，然乙方(被告)得依法沒收買賣價金總額之20%作為損害賠償費用**。原告支付高達55,000元之價金，且原本學習期間長達1年之線上課程，於完全未開通使用之條件7日內申請退費仍需遭沒收20%比例之價金。係爭契約第3條第3項規定「一經開通即認定被告已完成本應服務長達一年之契約，原告不得請求返還任何款項」。

 以上系爭契約規定**確實有使原告負擔不相當之賠償責任，且顯然不利於原告確屬顯失公平而應認無效。**

查系爭契約中記載線上學習期限自107年1月30日起至108年1月30日長達一年，被告雖於系爭契約中約定契約價金不適用**短期補習設立及管理準則**[1]相關退費規定，惟系爭契約買賣標的係「腦力開發數位影音教材：超右腦意煉金術、右腦讀心術」，揆諸該契約標的之內容合於**補習及進修教育法第1條**為補充國民知及傳授實用技藝之立法目的；本院參以最高法院106年度台上字第2037號民事判決意旨所示，認本件系爭契約性質上應**類推適用補習及進修教育法及上開短期補習班設立及管理準則規定**。

 短期補習班設立及管理準則第24條第1項第2款規定「學生於實際開課日起，且未達全期或總課程時數之三分之一期間內提出退費申請者，應退還當期開班約定**繳納費用總額之二分之一**。」。原告的線上學習權限長達一年，其僅使用線上學習至107年2月16日不到契約約定之1/12，就原告開通但使用未達於總學習時數1/3部分，可請求被告退還繳納費用之1/2，即27,500元。

【計算式：$55,000 \times 1/2 = 27,500$元】

註1 短期補習班設立及管理準則第1條規定「本準則依補習及進修教育法第九條第一項第四款規定訂定之。」

75

法院見解(續)

✗ 原告無法依消保法第22條及民法第92條規定，撤銷其意思表示

- 縱被告講者於演講時有誇大情形（曾受邀至TED演講、被告環遊七大洲的故事被列入全國高中教科書、曾去警察大學教書），然除有相關證據在佐尚非無稽之談外，講師個人經歷，**非屬系爭買賣標的之範疇**，實難認原告當時係受詐欺而為錯誤意思表示。

- 況講師所演講內容亦未就課程內容具體為任何保證，原告復未舉證證明被告有何在其廣告上曾為明確保證之標示或有何施用詐術之行為而使原告陷於錯誤之情形。

原告勝訴

綜合以上所述，**本件原告主張解除契約或撤銷意思表示雖無理由，惟其於使用系爭契約提供之商品及服務期間未達系爭契約約定期間之1/3，自應適用短期補習班設立及管理準則第24條第1項第2款規定**，就原告已開通但使用未達於總學習時數1/3部分，由被告退還繳納費用之1/2即27,500元。故原告請求被告應退還繳納費用27,500元及自起訴狀繕本送達翌日起至清償日止，按年息5%計算之利息，為有理由。

76

(二)標錯價相關實務案例

判斷流程

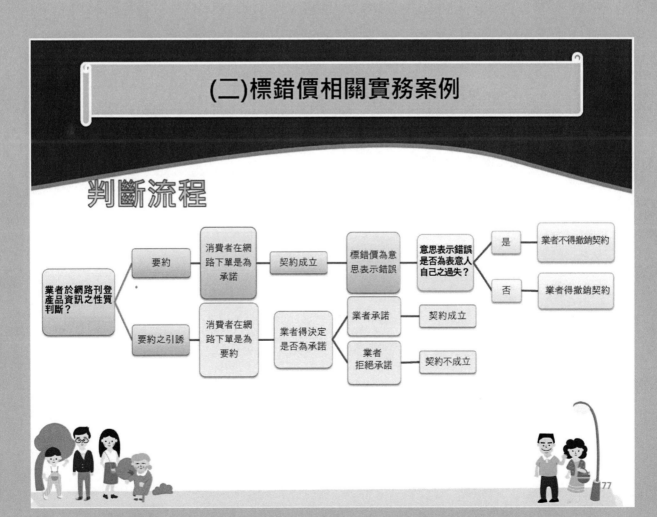

77

98年戴爾網站標錯價事件

標錯價事件緣由

- **第1次錯誤：**

- 民國98年6月25日戴爾在其網站上，原欲針對Vostro1520產品，提供新台幣7,000元折扣，然而因錯誤設定，當日晚間9點17分至隔日清晨6點56分間，其網站之所有產品均適用線上折扣7,000元，造成網站發生錯誤標價，導致在短短時間之內許多消費者大量湧入，訂購該網站上所展售之折扣商品。戴爾事後逕以其網站線上價格標示錯誤，訂單不被接受為由，拒絕給付該批線上訂購之商品，僅願意提供1,000至3,000元左右不等的折扣券補償。

- **第2次錯誤：**

- 民國98年7月5日，戴爾發生第二次標價錯誤事件。戴爾所販售之Dell Latitude E4300筆記型電腦，因配置價格發生上載之系統性錯誤，導致如於該網頁中，於顧客選擇自選配備，將處理器由基本款之金屬黑，改為豪華紅或帆船藍，且未選擇其他自選配備時，其線上特惠價將變成18,558元（原價63,420元），此一價格還遠低於基本款金屬黑之售價60,900元。再度在短時間內湧入約近一萬多筆，共近五萬台筆記型電腦的極大量訂單。戴爾仍以其網站線上價格標示錯誤為由，拒絕履行契約。

78

商品網路交易過程

消費者	戴爾
	將商品置於網站上
瀏覽網站頁面	系統自動回覆接收到訂單
選擇商品加入購物車	接收訂單
進入結帳流程	與金融業者確認商品款項*
選擇付款方式 （信用卡線上付款/電匯/支票/銀行匯票）	以 傳真/電子郵件/電話 確定接受並處理訂單
確認並提交訂單	商品出貨
已收取完整訂單相關資料通知	

*信用卡付款會先由發卡銀行取得授權，以保留您的購買資金。
但是在運送您訂購的產品之前，不會向信用卡收費。 79

臺北地方法院98年北消簡字第13號民事判決

關鍵爭點

被告於網路張貼商品之相關訊息係屬「要約」還是「要約之引誘」？

買賣契約是否成立？

法院見解

依民法153條第1項，契約因當事人意思表示一致而成立。於契約是否成立，即雙方意思表示是否合致之判斷，應綜合契約成立過程所顯示的事實，從客觀觀察者之角度，依誠信原則。斟酌交易習慣，合理認定之。又按民法154條第1項，契約之要約人，因要約而受拘束。但要約當時預先聲明不受拘束，或依其情形或事件之性質，可認當事人無受其拘束之意思者，不在此限。

依上述交易過程及**被告所設定之自動回覆內容等情形，足認被告雖於網頁標價出售實體商品，惟並無以之為要約而受其拘束之意思表示**，即於消費者透過被告網頁之指示操作後，被告仍就是否接受此訂單及產品之價格等契約成立之要件，有自由決定之權，則綜觀整體交易過程及首揭說明，堪認**被告於系爭網路張貼商品之相關訊息係屬要約之引誘**，原告依系爭網路商店所張貼之相關訊息下單訂購始為要約。

 且原告復未舉證證明其於前述要約後，被告曾對其為承諾之意思表示之事實，則原告主張兩造間買賣契約業已成立，洵屬無據，自不足採。

戴爾勝訴

網路張貼之訊息屬「要約之引誘」
買賣契約不成立

80

臺南地方法院98年訴字第1009號民事判決

關鍵爭點

1. 被告於網路張貼商品之相關訊息係屬「要約」或「要約之引誘」？
2. 被告定型化契約條款中規定「Dell接受客戶訂單後始為成立」，應如何解釋？
3. 被告得否以網站標價錯誤為由，主張撤銷買賣契約？

法院見解

1. 本件係屬**消費者保護法第2條第10款(104年修法前)所定之郵購買賣類型**，然該法就郵購買賣契約何時成立未予規定，依該法第1條第2項規定，應適用其他法律，而**消保法係民事法之特別法，故判斷郵購買賣契約何時成立，應回歸民法關於買賣契約之規定。**民法第345條規定：「稱買賣者，謂當事人約定一方移轉財產權於他方，他方支付價金之契約。當事人就標的物及其價金互相同意時，買賣契約即為成立。」

被告在其網站刊登之優惠促銷活動內容，將各項編訂型號、規格、名稱之電腦商品分別標示優惠之售價而刊登在其網站，**此刊登之內容**，就各該電腦商品而言，因已編訂其貨物型號、規格、名稱，則**就各該電腦商品已達確定或可得確定之程度，而其標示之售價亦已臻確定，依此實際情形判斷，本件被告在所屬網站所刊載相關買賣訊息之意思表示，自符合「要約」**，應受其要約之拘束…在原告等購買者**下單表示購買時，買賣契約即已成立。**

被告辯稱：「依被告線上商店之交易模式，如被告收到顧客訂單時，網頁系統會自動回覆【訂單已收到】之郵件，載明【本郵件僅表示Dell已收到您的訂單，但並不表示Dell已接受您的訂單。…】惟買賣契約在購買者網路下單時成立，則**被告上揭回覆內容僅係在契約成立後所自行發出之聲明**，尚不得援引民法第154條第1項，主張已有預先聲明不受拘束，而認契約尚未成立。

81

法院見解(續)

2. 消費者保護法第18條(104年修法前)：「企業經營者為郵購買賣或訪問買賣時，應將其買賣之條件、出賣人之姓名…告知買受之消費者。」被告辯稱：【原告等提交訂單過程所點選「同意」之銷售條款與條件規定，其中第2條關於「契約之成立」約定：「2.1契約於Dell接受客戶訂單後始為成立。客戶應保證其買受係僅為內部自用，而非基於再銷售之目的。」】所謂「接受客戶訂單」係何意指，究係指被告收到客戶訂單或被告承諾客戶訂單，實難以該用辭而確認真意？…此定型化之約定條款自應為有利於消費者之解釋，即苟購買者非基於再銷售之目的，於其提交訂單到達被告時，該郵購買賣契約即時成立。

3. 被告公司係國際間電腦產品之知名公司…偶有一次錯誤亦不離人情之常，…被告公司隨即又於98年7月5日發生第二次標價錯誤，非但有違常情，且與被告公司之商譽差距太大，實難以錯誤一語為交代。被告公司所為補救之道，均係以折價券贈送受影響之顧客，用以購買被告公司之單一產品…顯屬其銷售之伎倆，非真有誠意要補償受影響之顧客…綜上，足堪認定被告公司先後二次「標價錯誤」事件係出於被告公司之「故意」而為，依民法第86條之規定，其先後二次網站刊登之內容均為有效之要約。再參與各行各業間多有舉辦促銷活動…下殺至一成者，亦時有所聞，是以被告公司上揭網站刊登之電腦商品及售價…實難讓購買者有何懷疑，而被告復未能舉證證明原告等人有何明知被告為「真意保留」之情事，是以被告上揭網站刊登之買賣內容仍屬有效。

該網站先後二次刊載之內容，不論係出於被告公司之職員，抑或被告委託第三人所設計，均係被告之受僱人，被告公司應就其代理人之過失視同為自己之過失。然該錯誤既屬由表意人自己之過失所致，則依民法第88條第1項但書之規定，被告亦不得撤銷其意思表示。

戴爾敗訴

網路張貼之訊息屬「要約」
買賣契約成立
被告不得撤銷意思表示

臺北地方法院98年北消簡字第17號民事判決(一審)

關鍵爭點

原告於網路下單之行為係屬「要約」還是「承諾」？

⬇

買賣契約是否成立？

前述案件原告31人，本案原告僅有1人。

法院見解

被告於系爭定型化契約第2.1條中，約定「契約於Dell接受客戶訂單後始為成立」(下稱系爭約款)，原告固主張遍查系爭定型化契約條款，並無其他補充規定說明何種情況下被告有權不接受客戶訂單，依消費者保護法第11條，應為有利於消費者之解釋。

惟觀系爭約款之約定，即被告表示其享有締約的最終決定權之旨，並無解釋上之疑義，且此類約定，具有締約之一造當事人將視對方要約之內容，衡量自身有無履約之能力及風險，始決定是否為承諾之風險規避性質，於交易中甚為常見，…尚難認有消費者保護法施行細則第14條所定違反平等互惠原則之情事。是依系爭約款之表示，於客觀上即可認被告有不受其系爭網站上系爭商品之標示價格拘束之意思。

縱使原告提供系爭信用卡資訊，亦非即刻扣款，原告尚得以通知發卡銀行停止支付之方式避免實際之扣款損失，故原告即網路交易上之買方，並非於訂約當時即須擔支付價金之義務。

➡ 原告提出要約後，被告固以電子郵件為系爭通知(於6月25日11PM至6月26日7AM 期間，資訊中出現線上價格標示錯誤，現已經將價格更正。由於價格錯誤，於此期間下的訂單將不被接受)，惟除表明系爭通知非屬承諾，將另行以傳真、電子郵件或電話為承諾與否之答覆外，且亦明確表明不接受含原告要約在內之98年6月25日至98年6月26日之訂單，是以被告既已明示拒絕承諾之旨，兩造意思表示未能一致，系爭約自未成立，原告依契約之法律關係，請求被告給付系爭商品之主張，尚非有據，應予駁回。

戴爾勝訴(一審)

原告下單之行為屬「要約」
意思表示不一致，契約不成立

臺北地方法院99年消簡上字第1號民事判決(二審)

關鍵爭點

1. 被上訴人在網路公佈之優惠訊息係「要約」或「要約之引誘」？
2. 被上訴人如就系爭商品標價錯誤，得否撤銷其錯誤之意思表示？
3. 上訴人有無權利濫用？或違反誠信原則？系爭商品之買賣契約是否成立？

法院見解

1. 本件被上訴人刊登之限時優惠活動內容，已將各項商品（含系爭商品）附加照片，標明型號中英文名稱、原價、線上折扣、線上折後價等標示明確，**各項商品已達明確之程度，且其標示之售價亦已臻確定**，並非僅單純之價目表標示，是本件被上訴人在所屬網站刊登系爭商品買賣訊息之意思表示，自已<u>符合「要約」之要件</u>，應受其要約之拘束。

況買賣契約成立後，買受人始有給付買賣價金之義務，本件上訴人在下單後，除需輸入送貨資訊外，另需輸入付款方式為信用卡／轉帳卡線上付款、電匯、支票／銀行匯票等方式，…<u>足認被上訴人係基於買賣契約已成立之情況下，始指引購買者完成付款</u>。…其以信用卡線上刷卡方式付款者，亦處於被上訴人隨時可取得之情形下…被上訴人可恣意主張買賣契約成立與否，**顯失公平，亦與價金之給付或收受係在契約成立後之常理不符**。

<u>惟兩造之買賣契約既在上訴人（買受人）網路點選下單時成立</u>，則被上訴人上揭回覆內容僅係在契約成立日98年6月25日之後2日即98年6月27日所自行發出之聲明，尚不得依此而援引民法第154條第1項之規定主張被上訴人已有預先聲明不受拘束之意而認契約尚未成立。

至消保會草擬之「消費者保護法部分條文修正草案」第18條第3項：「企業經營者應提供消費者再次確認要約或更正要約錯誤之方式。」或「零售業網路交易定型化契約應記載及不得記載事項草案」第四點、第五點，<u>均係為保護消費者而提供消費者再次確認要約或更正要約錯誤之方式，該等草案主要目的非為保護企業經營者</u>，該等草案之內容並非認企業經營者標示賣價之行為均非要約，故被上訴人辯稱依上開草案，其就系爭商品之標價為要約之引誘，而非要約，亦非可採。

法院見解(續)

2. 「意思表示之內容有錯誤，或表意人若知其事情即不為意思表示者，表意人得將其意思表示撤銷之。但以其錯誤或不知情，非由表意人自己之過失者為限」民法88條第1項定有明文。是<u>主張意思表示錯誤而撤銷者，須以該錯誤「非由表意人自己之過失者為限。」</u>

是被上訴人就系爭商品標價自承係因其自己（或使用人）之錯誤所致，不論前開規定過失之認定係採「抽象輕過失」或「具體輕過失」，**被上訴人至少欠缺與處理自己事務一般的注意義務，顯然有過失**，依前開規定，被上訴人自不得撤銷其錯誤之意思表示。

按消費者保護法第18條規定：「企業經營者為郵購買賣或訪問買賣時，應將其買賣之條件、出賣人之姓名、名稱、負責人、事務所或住居所告知買受之消費者。」被上訴人另辯稱：上訴人等提交訂單過程所點選「同意」之銷售條款與條件規定，其中第2條關於「契約之成立」約定：「2.1契約於Dell接受客戶訂單後始為成立。客戶應保證其買受係僅為內部自用，而非基於再銷售之目的。」等語，可解釋為上揭網站係訂有買賣條件，其條件為：「客戶應保證其買受係僅為內部自用，而非基於再銷售之目的。」至於另所謂「接受客戶訂單」係何意指，究係指被告收到客戶訂單或被上訴人承諾客戶訂單，實難以該用辭而確認其真意？此定型化之約定條款自應為有利於消費者之解釋，**於本件情形，倘購買者非基於再銷售之目的，於其提交訂單到達被上訴人時，應認該買賣契約即時成立**。

3. 上訴人購買之系爭商品僅為二台螢幕…**對上訴人而言，履行系爭契約得到之折扣優惠共計14,000元**…，是被上訴人辯稱如認本件買賣契約成立，被上訴人之損失將達數億元以上，顯有誤會，故上訴人請求被上訴人履行系爭買賣契約，尚難認係以損害被上訴人為主要目的，上訴人並無權利濫用或違反誠信原則之情事。至**被上訴人因其網站商品標價錯誤如就訂購者之訂單全部履約是否將使被上訴人遭受數億元以上之損失，此與本件買賣契約之成立無涉，仍應視個別購買者之訂單具體情形而論**，且被上訴人並非一定選擇依購買者之訂單履行，況被上訴人亦可透過保險或對錯誤標價應負責之人請求負責，以被上訴人為國際知名企業而論，不應為免除其契約上責任即認購買者有權利濫用或違反誠信原則之情事。

戴爾敗訴
(廢棄原判決)

網路張貼之訊息屬「要約」
買賣契約成立
被告不得撤銷意思表示

98年戴爾網站標錯價事件──小結

重點法條整理

民法第86條：表意人無欲為其意思表示所拘束之意，而為意思表示者，其意思表示，不因之無效。但其情形為相對人所明知者，不在此限。

民法第88條第1項：意思表示之內容有錯誤，或表意人若知其事情即不為意思表示者，表意人得將其意思表示撤銷之。但以其錯誤或不知事情，非由表意人自己之過失者為限。

民法第154條第1項：契約之要約人，因要約而受拘束。但要約當時預先聲明不受拘束，或依其情形或事件之性質，可認當事人無受其拘束之意思者，不在此限。

民法第345條：稱買賣者，謂當事人約定一方移轉財產權於他方，他方支付價金之契約。當事人就標的物及其價金互相同意時，買賣契約即為成立。

消費者保護法第11條第2項：定型化契約條款如有疑義時，應為有利於消費者之解釋。

消費者保護法第18條（104年修法前）：企業經營者為郵購買賣或訪問買賣時，應將其買賣之條件、出賣人之姓名、名稱、負責人、事務所或住居所告知買受之消費者。

戴爾敗訴

網站優惠訊息(要約) → 消費者(承諾) → 契約成立 → 戴爾不得撤銷契約

戴爾勝訴

網站優惠訊息(要約之引誘) → 消費者(要約) → 戴爾回信拒絕要約 → 契約不成立

你/妳支持哪種判決？

86

HOLA標錯價 6.4兆史上最高

2009/9/28

事件起因

- HOLA家居購物網站標錯價，**1000元禮券錯標成0元**，10小時內湧進64億定單，金額高達6.4兆元,

消保官介入

- 民法第408條載明，**價格被標成零元時，屬於贈與行為，業者依法可在東西未交付前要求撤銷**。

- 消保官表示，消費者無限上綱要業者認賠，不符合誠信原則，將先約談HOLA說明，並要求將64億筆定單的人個資料全部封存，以免資料外流。

HOLA回應

- 將會賠償這兩千五百名下單網友，獲得一張面額1000元的禮券，以及購物八八折優惠卡，下單網友可以在接下來兩個月到HOLA台北、新竹、台中、高雄四家分店領取。

引自華視新聞(2009.09.28)，HOLA標錯價 6.4兆史上最高，https://news.cts.com.tw/cts/society/200909/200909280322739.html （最後訪問日期：2020.02.17）

網路標錯價案件須考量誠信原則

實務上亦會以誠信原則為考量，調整雙方利益，判決業者無須出貨。

新北地方法院板橋簡易庭簡易民事判決105年度板簡字第1653號

- 按權利之行使，不得違反公共利益，或以損害他人為主要目的；行使權利，履行義務，應依誠實及信用方法，民法第148條定有明文。…又<u>權利濫用禁止原則不僅源自誠實信用原則，且亦須受誠實信用原則之支配，在衡量權利人是否濫用其權利時，仍不能不顧及誠信原則之精神</u>，最高法院100年度台上字第463號判決要旨可資參照。查系爭商品原售價應為每瓶1,680元，與原告下標時之價格每瓶8元，價差達210倍，顯已非一般合理商業促銷，縱認係商家特別優惠活動，亦多會採取限量、限時或每人限購數量等方式為之，然觀諸原告下標時之網頁內容，並<u>無特別標示系爭商品為出清促銷或特價拍賣，復未限制購買數量，則一般正常、理性消費者對於系爭商品標價均可能產生懷疑</u>，如欲購買者，應當先以訊息或電子郵件聯絡賣家確認售價，以免衍生交易糾紛，何況原告之下單數量為101瓶，一般情形亦會先確認賣家是否有足夠庫存數量可供販售，否則貨量不足時，仍須等待到貨或是事後變更交易數量或退款，然原告均捨此不為，即逕自下標，顯已有利用被告標價錯誤之僥倖心態，況原告自陳另有合購人；當初伊是用手機下單，僅有顯示價格，伊完全不知道系爭商品的功能、時效等語，是<u>原告在不知系爭商品保存期限、實際功能的情形下，猶與他人一起大量訂購系爭商品，顯屬惡意以圖利自己，而有違誠實及信用方法，是原告請求被告依約履行，不符交易之公平正義，應屬權利濫用而不得主張其權利</u>，則原告訴請被告交付系爭商品101瓶，要屬無據。

88

零售業等網路交易定型化契約
應記載及不得記載事項

- **適用對象**
  - 適用於經濟部主管之零售業等，透過網路方式對消費者進行交易所訂立之定型化契約。不包括非企業經營者透過網路所進行之交易活動。
  - 適用本公告事項之網路交易活動，已適用其他「應記載及不得記載事項」者，於網路交易定型化契約之範圍，仍不排除本公告之適用。

- **100年生效，105年修正應記載事項第5點**
  - 經濟部99年6月21日經商字第09902412200號公告，並自100年1月1日生效。
  - 經濟部105年7月15日經商字第10502418810號公告修正應記載事項第5點，並自105年10月1日生效。

89

圖解案例消費者保護法　實務案例增訂二版

「零售業等網路交易定型化契約應記載事項」第五點

現行條文(105年10月1日生效)	修正前條文
五、確認機制及契約履行 　企業經營者應於消費者<u>訂立契約前</u>，提供商品之種類、數量、價格及其他重要事項之<u>確認機制</u>，並應於契約成立後，確實履行契約。	五、確認機制 　消費者依據企業經營者提供之**確認**商品數量及價格**機制**進行下單。 　企業經營者對下單內容，除於下單後二工作日內附正當理由為拒絕外，為接受下單。但消費者已付款者，視為契約成立。

> 確認機制
> 之性質？

- 為降低履約爭議之發生，並保障消費者權益，爰參考<u>歐盟消費者權利保護指令第八條第二項、英國二</u><u>○一三年消費契約法第十六條</u>、德國民法第三百十二條等內容，於本點前段規定企業經營者就消費者訂購流程，應提供商品之種類、數量及價格等之確認機制。

- 又考量現行網路購物實務運作推陳出新，企業經營者有主打短時間到貨，亦有提供預購或訂購等各類不同服務型態，為周全保護消費者與兼顧企業經營者營運策略，企業經營者就消費者所為之訂購，其確認機制除應遵循本事項要求之外，亦得依消費型態或經營上之需求，納入其他網路交易消費者保護之必要資訊，諸如告知嗣後查詢服務方式，或使消費者知悉預定出貨期程等相關重要事項。

- 企業經營者就其與消費者所訂立之契約，按民法之規定本應依契約內容履行。為使消費者瞭解此一原則，特於本點後段予以宣示。至於，**契約之成立及履行之各項法定要件與效力，以及履約之消費者保護事項，皆已於民法及消費者保護法規定，應回歸適用之，考量本應記載事項之性質，於此不另行規定。**

90

契約成立與否之問題

狀況一

企業經營者(要約) → 消費者(承諾) → 意思表示合致

狀況二

企業經營者(要約之引誘) → 消費者(要約) → 確認機制之性質？

- 承諾 → 契約成立
- 事實之確認通知 → 契約是否成立？ → 有疑義
  - 1.當事人真意
  - 2.證據之性質

修正後確認機制仍引發爭議

NIKE球鞋標錯價是否需出貨 ？

- 2019年4月，知名運動品牌Nike將原價4500元的訂製鞋款標成999元，引來網友瘋狂下單。有網友在批踢踢發文，表示看到Nike官網一雙要價4500的訂製鞋，竟只標價999元，引來許多網友下單，還有網友表示下單後已收到訂單信。對此Nike說「目前還在釐清狀況、討論後續回應。」

- **北市消保官何修蘭表示：**

- 網購業者在民眾下訂單後要提供確認機制，經確認後就要照單出貨，但確認機制有很大爭議。**Nike當初的訂購條款就有寫到標錯價、沒庫存等特殊狀況，這種狀況訂單就無法成立生效。**

- 業者可在約定條款列出標錯價、沒庫存等狀況，如果沒有嚴重影響消費者權利、違反誠實信用原則，**原則上是照業者的條款走，因為消費者在訂購時都有勾選同意。**她也提到，這次的案子比較特別，因為一般商家不會針對上述狀況保留確認權利。

- **有的購物網站並沒有確認機制，他們標榜只要顧客下訂就一定會出貨，**因為他們網站的系統強到庫存有多少、網站上才會有多少貨，而且也有標錯價的防呆機制。

有網友於批踢踢指出，原價4500元的Nike訂製鞋款竟被標成只要999元，不少網友為此瘋搶下單。（圖翻自PTT）

92

引自自由時報(2019.04.11)，https://news.ltn.com.tw/news/life/breakingnews/2755773 (最後訪問日期：2020.02.15)

確認機制之實務爭議 (法院見解摘錄)

臺北地方法院99年消簡上字第1號民事判決

- 至消保會草擬之「消費者保護法部分條文修正草案」第18條第3項：「企業經營者應提供消費者再次確認要約或更正要約錯誤之方式。」或「零售業網路交易定型化契約應記載及不得記載事項草案」第四點、第五點，<u>均係為保護消費者而提供消費者再次確認要約或更正要約錯誤之方式，該等草案主要目的非為保護企業經營者。</u>

你／妳支持
哪種見解？

高雄簡易庭 107 年雄簡字第 836 號民事判決

- 有關零售業等網路交易定型化契約應記載事項於105年7月15日修正前雖有規範：消費者依據企業經營者提供之確認商品數量及價格機制進行下單。企業經營者對下單內容，除於下單後二工作日內附正當理由為拒絕外，為接受下單。但消費者已付款者，視為契約成立。有以消費者已付款，視為契約成立之規範。惟於105年7月15日修正時已將消費者已付款視為契約成立之規定刪除，僅規定：企業經營者應於消費者訂立契約前，提供商品之種類、數量、價格及其他重要事項之確認機制，並應於契約成立後，確實履行契約。

- 故依修正後之上開記載事項，其僅責由企業經營者提供消費者相關確認機制，並應於契約「成立後」確實履行契約。**足認在現行之零售業等網路交易定型化契約應記載事項規範下，並無使消費者可透過搶先付款之機制，迫使企業經營者接受契約成立之餘地，而係經由「提供消費者事前確認商品之種類、數量、價格及其他重要事項等重要資訊之機制」暨<u>「賦予企業經營者收受訂單確認無誤而予以承諾」後，使買賣契約之兩造回歸契約之本旨，</u>**亦即交易之雙方對於彼此達成契約意思表示合致之內容無歧異，避免產生利用他造錯誤所生之強買或強賣糾紛。

93

確認機制之立法原意

- 歐盟消費者權利保護指令第8條第2項
  - 當企業經營者透過電子化方式與消費者訂定遠距契約，若消費者下單後須支付價金，則企業經營者應當設置確認機制，以確保消費者在下單時知曉其將承擔支付價金義務。倘若企業經營者沒有設置該確認機制，則該契約或訂單對消費者沒有拘束力。
- 英國2013年消費契約法
  - 當企業經營者與消費者訂定遠距契約時，在契約成立後之合理期間內，應當以紙本、信件等可長久儲存之媒介提供確認書給消費者，且應符合法規之揭露要求；若企業經營者在契約成立前已以紙本、信件等方式揭露全部資訊，則無需再提供確認書。

1. 自歐盟規範觀之，消費者點選下單時，契約即成立；
2. 若企業經營者未提供適當確認機制，則該契約對消費者無拘束力。
3. 企業經營者應當確保，消費者在下單時，清楚知曉該訂單包含要求消費者支付價金之義務；
4. 企業經營者應當以可長久儲存之媒介向消費者為資訊揭露。

94

參、現物要約

現物要約

消保法第20條

- Ⅰ、未經消費者要約而對之郵寄或投遞之商品，消費者不負保管義務。
- Ⅱ、前項物品之寄送人，經消費者定相當期限通知取回而逾期未取回或無法通知者，視為拋棄其寄投之商品。雖未經通知，但在寄送後逾一個月未經消費者表示承諾，而仍不取回其商品者，亦同。
- Ⅲ、消費者得請求償還因寄送物所受之損害，及處理寄送物所支出之必要費用。

常見之現物要約

- 出版社寄送雜誌，並載明：「若不欲訂閱，請寄回本社。」

1 利用消費者之疏忽未將商品寄回，而課予消費者定型化契約之責任。

2 「未經消費者要約，而對之郵寄或投遞之商品」即為消保法第20條第1項對此類交易型態之描述。

◆ **以郵寄或投遞商品為要約，待消費者為承諾之意思表示後始成立契約。**

在此期間消費者有機會在相對從容的環境下檢視商品，與前述通訊交易、訪問交易之交易模式並不相同。因此消保法第2條雖未對現物要約加以命名、定義，但仍應認為**現物要約係消保法上獨立之特種交易類型**。

消保小學堂：默示與沈默

默示	默示之意思表示乃係由表意人以特定行為或使人推知之方式「間接」將其效果意思表示於外。
沈默	沈默係指單純不作為，亦即當事人既未明示其意思，亦不能藉他項事實，推知其意思之情形。

民法上意思表示

明示　　默示

惟單純之沉默，並不代表其已為默示之意思表示。

單純之沉默而被認為默示之意思表示，往往必須先由雙方當事人事先約定。

而對於現物要約，既未有事先對於沉默效果之合意，消費者縱未將商品寄回，亦未為任何意思表示，契約亦不成立。

契約不成立

- 消費者對於企業經營者，當然不存在任何契約上的權利義務關係，故不負將商品寄回之義務，亦不受企業經營者片面提出之規定拘束，在此情形，企業經營者若欲取回商品，應自行為之。
- 其次，在企業經營者未取回商品前，消費者依消保法第20條第1項規定：「未經消費者要約而對之郵寄或投遞之商品，消費者不負保管義務。」消費者雖不負保管責任，但因保管該物而支出之有益費用，得依民法無因管理之規定，向企業經營者請求。

對寄送物之處理

契約不成立
- 為避免商品長期滯留於消費者手中，使法律關係懸而未定，消保法第20條第2項前段規定「經消費者定相當期限通知取回而逾期未取回或無法通知者」，或後段規定「雖未經通知，但在寄送後逾一個月未經消費者表示承諾，而仍不取回其商品者」，視為企業經營者拋棄其寄投之商品；此時，商品成為無主物，消費者得依民法第802條之規定，以所有之意思加以占有，取得其所有權。

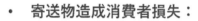

- **寄送物造成消費者損失：**

  - 依消保法第20條第3項前段之規定，得請求損害賠償。

  - 而對於寄回商品之消費者，依消保法第20條第3項後段規定，得請求處理寄送物所支出之必要費用。

肆、分期付款買賣

分期付款買賣

消保法第2條第12款：

- 本法所用名詞定義如下：
- 十二、分期付款：指買賣契約約定消費者支付頭期款，餘款分期支付，而企業經營者於收受頭期款時，交付標的物予消費者之交易型態[1]。

消保法第21條：

- Ⅰ、企業經營者與消費者分期付款買賣契約應以書面為之。
- Ⅱ、前項契約書應載明下列事項：
- 一、頭期款。
- 二、各期價款與其他附加費用合計之總價款與現金交易價格之差額。
- 三、利率。
- Ⅲ、企業經營者未依前項規定記載利率者，其利率按現金交易價格週年利率百分之五計算之。
- Ⅳ、企業經營者違反第二項第一款、第二款之規定者，消費者不負現金交易價格以外價款之給付義務。

---

1. 因此有學者認為購買預售屋使用分期付款，並非此處所稱之分期付款買賣，蓋消費者交付頭期款時，企業經營者並無同時交付標的物與消費者。參詹森林，消費者保護法上特種買賣之實務與立法問題，民事法理與判決研究（三），2003年8月，頁163。

違反書面要示之效果

➢ **法條明文規定應以『書面』並載明頭期款、各期價款與其他附加費用合計之總價款與現金交易價格之差額以及利率。**

消保法施行細則第21條

- 企業經營者應依契約當事人之人數，將本法第二十一條第一項之契約書作成一式數份，由當事人各持一份。有保證人者，並應交付一份於保證人。

而規定記載之三款為分期付款買賣中，與消費者所支付價金切身相關，因此特別規定，以維護消費者之權益。

違反消保法第21條第二項第一、二款規定者

- 依同條第四項規定，消費者不負現金交易價格以外價款之給付義務。

違反消保法第21條第二項第三款規定者（利率之規定）

- 依同條第三項規定，以週年利率百分之五計算。

對於本項之適用，企業經營者除應將利率記載於書面契約之外，尚應清楚印刷，使消費者得以注意利率規定之存在並辨識，否則企業經營者縱使於書面契約規範利率，該條款仍可能因違反消保法施行細則第12條而無效，此時對週年利率之計算，即依現金交易價格週年利率百分之五計算之。

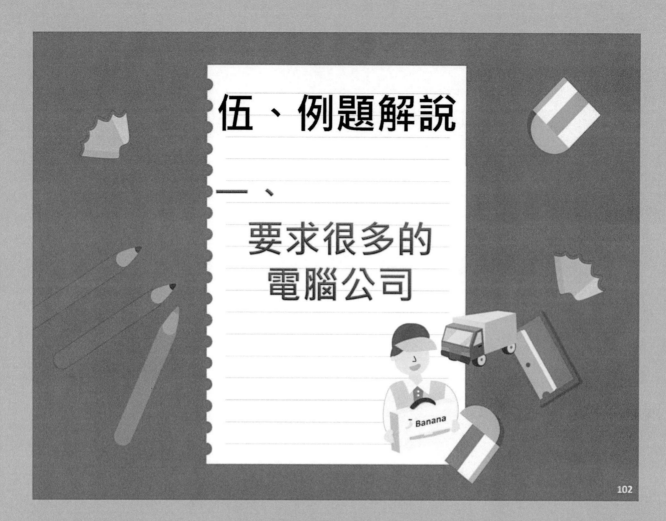

第一小題

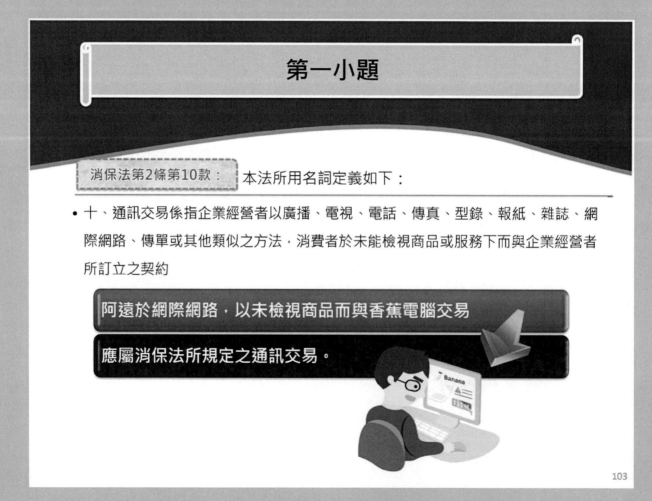

消保法第2條第10款： 本法所用名詞定義如下：

- 十、通訊交易係指企業經營者以廣播、電視、電話、傳真、型錄、報紙、雜誌、網際網路、傳單或其他類似之方法，消費者於未能檢視商品或服務下而與企業經營者所訂立之契約

阿遠於網際網路，以未檢視商品而與香蕉電腦交易

應屬消保法所規定之通訊交易。

第二小題

1 消保法第18條規定企業經營者之告知義務。

2 消保法第18條第1項第3款：企業經營者應於訂立通訊交易或訪問交易契約時，告知消費者本法第18條所定事項及第19條第1項之解除權，此 僅空泛告知七日內可解除已足。

- 企業經營者須告知消保法第19條第1項解除權及相關規定，不能僅空泛告知得於七日內退還。

- 因此應認香蕉電腦未履行消保法所課予之告知義務。

第三小題

1 消保法第19條關於解除權之規定。

2 消保法施行細則第17條：消費者因檢查之必要或因不可歸責於自己之事由，致其收受之商品有毀損、滅失或變更者，本法第19條第1項規定之解除權不消滅。

3 消保法第19-2條第3項：契約經解除後，企業經營者與消費者間關於回復原狀之約定，對於消費者較民法第二百五十九條之規定不利者，無效。

審酌阿遠安裝相關軟體，應認為係為檢查商品之所需，否則在未安裝軟體使用下，難以確知系爭電腦能否運行消費者所欲使用之軟體，其解除權不消滅。

本案並無通訊交易合理例外情事之適用，故阿遠依**消保法第19條第1項**發出書面時，**依同條第4項規定，契約視為解除**。契約之效力已因解除契約而溯及消滅，雙方負回復原狀之義務。

雖硬碟有安裝軟體，而安裝之軟體可經由相關程式輕易將內部資料刪除，並未造成香蕉電腦支出成本過鉅。依據消保法第19-2條第3項：**於契約解除後，對消費者課以高於民法第259條回復原狀之義務，是為無效**。觀民法259條，其回復原狀之標準較低，香蕉電腦以未刪除軟體為由認為不符合回復原狀要求，為無理由。

第四小題

1　消保法第19條第1項所規定者，係屬特別賦予消費者於通訊交易中特殊之權利，其並不影響原本民法上之相關權利。

2　故企業經營者不得以消保法第19條之規定，而排除民法第354條以下，關於物之瑕疵擔保相關規定。

3　若企業經營者僅以消保法對解除權已有七日期限之規定，而以定型化契約限縮民法物之瑕疵擔保之除斥期間，違反消保法第12條平等互惠原則，該條款應推定為無效。

故阿遠雖已逾消保法第19條第1項所規範之七日期間，仍得主張民法第354條以下各條之規定，主張出賣人應負標的物之瑕疵擔保責任。

就本題而言，在物有瑕疵，且除斥期間尚未消滅下，主張民法第359條解除契約或民法第364條另行更換無瑕疵之物。

106

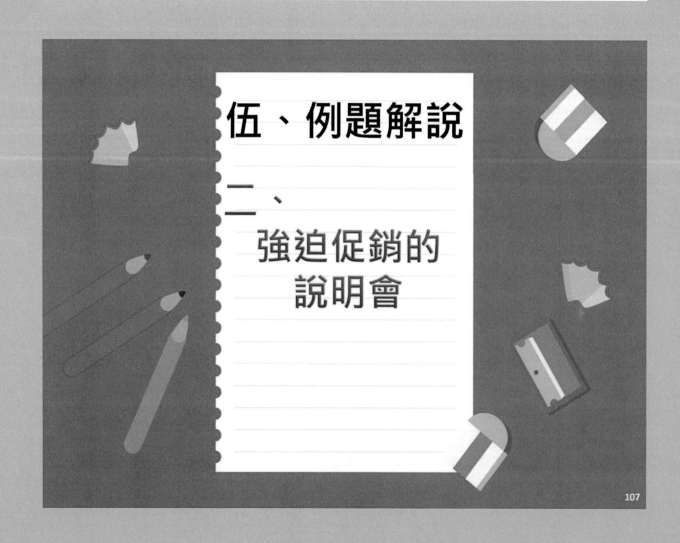

伍、例題解說

二、

強迫促銷的說明會

第一小題

| 消保法第2條第11款: | 本法所用名詞定義如下: |

- 十一、訪問交易，指企業經營者未經邀約而與消費者在其住居所、工作場所、公共場所或其他場所所訂立之契約。

> **著重於:**
>
> - 企業經營者在消費者未有心理準備下，進行磋商，可能未經深思熟慮即購買該商品或服務，進而造成損害。強調消費者未預期企業經營者出現之場所。

> **除了消費者自己之住居所外，消保法第2條第11款尚規定**「工作場所、公共場所或其他場所」
>
> - 故應認為前往企業經營者之營業處所，即非屬消保法所規範之訪問交易，因企業經營者可能出現，且消費者往往亦已有締約之準備。

108

第一小題

第一小題

◆ 阿遠與阿花於本無締約意願，而在街上受到「愛騙人公司」業務員以相關贈品之引誘下，方前去聆聽新品說明會，其本無締約之準備。

◆ 會後，阿遠及阿花受到業務員之糾纏而購買「愛騙人公司」之商品

    — 此時是否仍應基於其在企業經營者之處所締約，而否定其屬於訪問交易之效力?

◆ 學說[1]或實務對於企業經營者誘導，使消費者前往其處所締約者，稱為「誘導邀約」，又行政院消保會（現為行政院消保處）對此指出[2]:

    ➤ 「…訪問買賣除應檢視契約成立之處所、邀約之過程外，尚應斟酌契約成立時，**消費者有無同類商品之比較機會及是否無心理準備等因素決定之**。所詢問題，如係企業經營者未經台端邀約，即誘使台端前往其營業處所，並趁機推銷商品；契約成立之時，亦無同類商品可供比較，而台端在無心理準備下所生之交易行為，可認為有消費者保護法第十九條有關特種買賣規定之適用…」

---

1. 詹森林，消費者保護法上之郵購買賣及訪問買賣，民事法理與判決研究（三），2003年8月，頁114以下。
2. 行政院消保會中華民國91年5月10日消保法字第0910000504號函。

109

第一小題 - 誘導邀約

阿遠與阿花原本並無購買相關產品之準備，

且係經由企業經營者加以誘導才前往新品發表會場參觀；

此即屬以誘導之方式，使消費者前往企業經營者處所，屬於「誘導邀約」，

故不應單以於企業經營者處所締約，即排除訪問交易之適用。

阿遠及阿花經「誘導邀約」後，前往拍賣會場，並於會後購買「皮膚保養療程」

就本題之事實觀之，當時企業經營者不斷的鼓動以及催促，使消費者無法深思熟慮，係屬訪問交易。
依據消保法第19條第1項之規定，阿遠得於七日內以書面通知企業經營者解除契約。

110

第二小題

☐ **企業經營者於訪問前，已來電告知之情況，是否可認為阿遠已有足夠之時間考量，而不得主張消保法上訪問交易之相關權利？**

－ 應由個案不同之狀況分別判斷之。

☐ **依前述之判斷標準：**

阿遠對於業務員之來訪，實非自願，其係在不小心之狀況下，方透露隔日家中有人之訊息，使業務員有機會造訪推銷商品，故對於業務員之來訪，應非屬阿遠之邀約而來。

而業務員於電話內通知來訪之目的，係為詢問新品發表會上試用商品之心得，並非為推銷商品而來（至少表面上是如此）。

- 在詢問心得之過程中，突然向阿遠推銷其他商品，就算阿遠曾邀約業務員，但已非當初邀約之目的，應認為已在當初邀約之範圍外，使阿遠無法深思熟慮。

- 因此，若阿遠購買三萬元之其他商品，應屬消保法之訪問交易，而可適用前述相關規定。

111

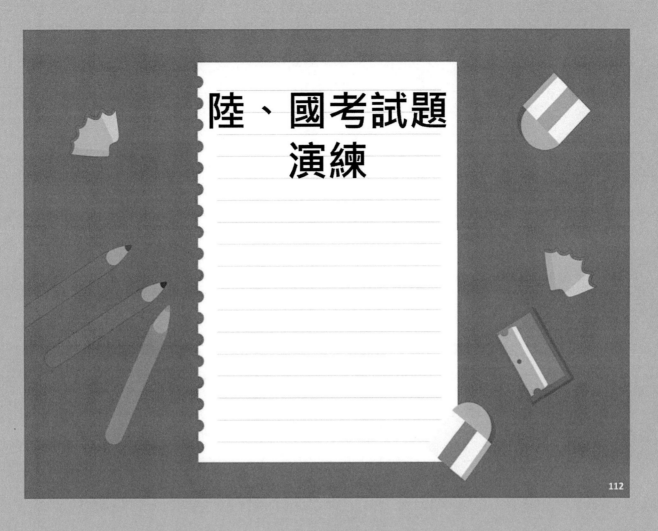

陸、國考試題演練

112

題號	答案	題目	相關條文
1	B	依消費者保護法規定，未經消費者要約而對之郵寄或投遞之商品，有關消費者之義務，下列敘述何者正確？ (A)負通知之義務 (B)不負保管之義務 (C)負寄回之義務 (D)負檢視之義務 【107年度不動產經紀營業員資格取得測驗更新題庫】	§20
2	B	依消費者保護法規定，未經消費者要約而對之郵寄或投遞之商品，下列相關敘述何者錯誤？ (A)消費者不負保管義務 (B)消費者應負表示承諾與否之義務 (C)消費者得請求償還因寄送物所受之損害 (D)消費者得請求處理寄送物所支出之必要費用 【107年度不動產經紀營業員資格取得測驗更新題庫】	§20
3	C	依消費者保護法規定，企業經營者與消費者分期付款買賣契約應以書面為之，下列何者非屬其契約書應載明事項？ (A)利率 (B)頭期款 (C)保障期間及其起算方法 (D)各期價款與其他附加費用合計之總價款與現金交易價格之差額 【107年度不動產經紀營業員資格取得測驗更新題庫】	§21

題號	答案	題目	相關條文
4	B	消費者向廠商分期付款購買機車，若在契約書中未約定利率，依消費者保護法規定，其利率按現金交易價格週年利率多少計算之？ (A) 3% (B) 5% (C) 7% (D) 10% 【107年度不動產經紀營業員資格取得測驗更新題庫】	§21
5	B	依消費者保護法規定，下列有關分期付款買賣契約書之敘述何者錯誤？ (A) 分期付款買賣契約應以書面為之 (B) 分期付款買賣之附加費用，應明確記載併入各期價款計算之利息數額 (C) 契約書未記載利率者，其利率按現金交易價格週年利率百分之五計算之 (D) 契約書未載明頭期款、各期價款與其他附加費用合計之總價款與現金交易之差額者，消費者不負現金交易價格以外價款之給付義務 【103年度不動產經紀營業員資格取得測驗更新題庫】	§21
6	A	依消費者保護法規定，企業經營者與消費者分期付款買賣契約的敘述，下列何者正確？ (A) 分期付款買賣契約，應以書面載明頭期款、各期價款與其他附加費用 (B) 分期付款買賣契約，未載明利率者，其利率按現金交易價格週年利率百分之六計算之 (C) 分期付款買賣契約，未載明相關應付款項者，消費者不負現金交易價格加計法定利息以外價款之給付義務 (D) 分期付款買賣契約，於消費者要求時，企業經營者應以書面載明消費者應付總價款與現金交易價格之差額 【105年度不動產經紀營業員資格取得測驗更新題庫】	§21

題號	答案	題目	相關條文
7	A	未經消費者要約而對之郵寄或投遞之商品，寄送人未經消費者通知取回，在寄送後逾多少時間未經消費者表示承諾，而仍不取回其商品者，視為拋棄其寄投之商品： (A) 逾1 個月 (B) 逾2 個月 (C) 逾3 個月 (D) 逾6 個月 【105年度不動產經紀營業員資格取得測驗更新題庫】	§20
8	C	依消費者保護法規定，關於特種交易之敘述何者正確？ (A) 通訊交易係指企業經營者未經邀約而與消費者在公共場所或其他場所等所定之契約 (B) 訪問交易之消費者，除有合理例外情事，得於收受商品後 7 日內，以退回商品或書面通知方式解除契約，無須說明理由 (C) 通訊交易違反消費者解約權所為之約定，其約定無效 (D) 企業經營者應於收到消費者退回商品通知之次日起 7 日內，返還消費者已支付之對價 【106年度不動產經紀營業員資格取得測驗更新題庫】	§19
9	A	依消費者保護法之規定，關於分期付款買賣契約，下列敘述何者錯誤？ (A) 得以書面為之 (B) 契約應載明頭期款 (C) 契約應載明各期價款 (D) 契約應載明利率 【107地特三等】	§21

題號	答案	題目	相關條文
10	C	依消費者保護法規定，下列何者非屬企業經營者以通訊交易方式訂立契約時，應將其資訊以清楚易懂之文句記載於書面，提供消費者之事項？ (A)企業經營者之名稱 (B)商品或服務之內容、對價 (C)產品責任險之金額 (D)付款期日及方式 【107年度不動產經紀營業員資格取得測驗更新題庫】	§18
11	A	依消費者保護法規定，訪問交易之消費者以下列何種方式解除契約時，無須說明理由及負擔任何費用或對價？ (A)書面通知 (B)網路通知 (C)電話通知 (D)託人通知 【107年度不動產經紀營業員資格取得測驗更新題庫】	§19
12	A	依消費者保護法規定，通訊交易之消費者，得於收受商品後於至多多久期間內解除契約？ (A) 7 日內 (B) 10 日內 (C) 15 日內 (D) 30 日內 【107年度不動產經紀營業員資格取得測驗更新題庫】 116	§19

題號	答案	題目	相關條文
13	A	依消費者保護法規定，消費者依規定，以書面通知解除契約者，企業經營者應於取回商品之次日起至多多久內，返還消費者已支付之對價？ (A) 15 日 (B) 20 日 (C) 30 日 (D) 90 日 【103鐵路員級】	§19-2
14	B	甲為網路二手書籍賣家，在其拍賣網頁上以文字聲明「採貨到付款者，如經拆封，一律不辦理退貨」，該聲明之法律效果為何？ (A) 該聲明有效，因二手書籍買賣已知交易物品內容，並非通訊交易 (B) 該聲明無效，因此為通訊交易，適用消費者保護法第 19 條規定 (C) 該聲明有效，因當事人特約應當首先尊重，無論是否為通訊交易 (D) 該聲明無效，因此為訪問交易，適用消費者保護法第 19 條規定 【107警特四等】	§19
15	A	某甲在網路上買了一個麵包機，於收受商品隔天卻想反悔不買，依據消費者保護法甲得作何主張？ (A) 解除契約並且無需負擔任何費用 (B) 解除契約但是必須負擔宅配費用 (C) 商品已送達，非有瑕疵不得退回 (D) 未經賣方之同意甲不得解除契約 【103鐵路員級】 117	§19

題號	答案	題目	相關條文
16	D	依消費者保護法規定，有關訪問交易之敘述，下列何者正確？ (A) 若消費者係自行前往營業處所，原則上仍是訪問交易 (B) 訪問交易之規範目的，在於企業經營者之突襲性來訪，有侵害消費者隱私權之虞 (C) 消費者因檢查之必要，致其收受之商品有毀損或滅失者，喪失其契約解除權 (D) 企業經營者為訪問交易，應將企業經營者之名稱、代表人、事務所或營業所及電話或電子郵件等消費者得迅速有效聯絡之通訊資料告知消費者 【106港務員級】	§18 施 §17
17	D	企業經營者於消費者收受商品時，未依規定提供消費者解除契約相關資訊者，自收受商品後7日期間起算，至少逾多久者，解除權消滅？ (A) 1個月 (B) 2個月 (C) 3個月 (D) 4個月 【107年度不動產經紀營業員資格取得測驗更新題庫】	§19
18	A	消費者依規定，以書面通知解除契約者，除當事人另有個別磋商外，企業經營者應於收到通知之次日起至少多久內，至原交付處所或約定處所取回商品？ (A) 15 日 (B) 20 日 (C) 30 日 (D) 40 日 【107年度不動產經紀營業員資格取得測驗更新題庫】	§19-2

-第六章-
消費資訊規範

林瑞珠教授

2

圖解案例消費者保護法 實務案例增訂二版

壹、消費資訊規範架構

消保法之規定

消保法
第二章
第四節

- 第22條（廣告之真實義務）
- 第22條之1（企業經營者廣告明示義務）
- 第23條（不實廣告之損害賠償）
- 第24條（標示說明義務）
- 第25條（品質保證書之提出及應記載事項）
- 第26條（商品之包裝）

此節規定企業經營者之廣告責任、媒體經營者之責任
以及標示、包裝等義務。

4

消保法之規定(續)

1 因**廣告**可說是自始即左右消費者是否有購買之意願，開啟消費者購買的動機，一直到最後購買之決定，但廣告也因其手法、訴求可能較為模糊，甚至在必要容許範圍內予以誇大之特性，使相關規範可能屬於最為難以判斷，**消費者遇到資訊不健全情況之可能性也是最高的**，因此給予消費者之保障也相對較高。

2 對於**商品之標示**，其並非如廣告存有不確定概念之模糊空間，其相關規範之標準多有明確規範；而標示上所顯示之成分等標示是否正確，固然可能對消費者影響重大，但廣告對消費者的消費決定更具有強而有力的影響。

3 有關**包裝**之規定，消保法第26條除規定商品應有必要之包裝以外，其但書規定不得誇張其內容或為過大之包裝，亦在保障消費者接收正確資訊；惟其對消費者之影響更低（僅在於包裝），因此給予之法律規制強度亦更低。

5

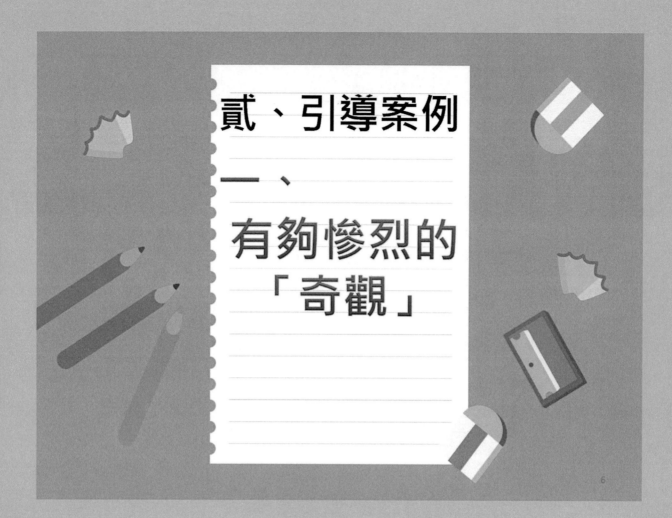

貳、引導案例

一、

有夠慘烈的「奇觀」

已到了成家年齡的阿遠，近來想要尋覓新房，
每日翻遍報紙及相關房屋出售廣告比價，但仍未尋獲理想的標的。

每日翻遍報紙及相關房屋出售廣告比價，但仍未尋獲理想的標的。

一日，阿遠在路上逛街，碰巧遇到「**內線房屋仲介公司**」之業務員搭訕，便進入仲介公司營業處所暫歇參觀。

在阿遠要放棄時，業務員發現阿遠為網紅知名律師，向其表示「其實我們公司目前還接受『世界奇觀建設公司』豪宅預售屋建案之銷售委託，但該公司為使此建案『世界奇觀』成為新的豪宅代名詞，再三要求我們只能對有身分地位之人為銷售，因此本項建案之相關訊息請勿告知他人。」

8

房仲展示的傳單上表示：現在向「內線房仲」購買一百二十坪豪宅，享有游泳池、健身房等豪華公設；此外，『**世界奇觀建設公司**』提供免費升級大理石地磚並贈送裝潢之優惠專案，欲購從速。

傳單下方並寫道：此為「內線房仲」對特定顧客說明之用，請勿外流」等語。

正當阿遠猶豫不決時，又在**四大報頭版看到刊載**『世界奇觀建設公司』對前述預售屋的相同宣傳廣告，更加心動，便到「內線房仲」簽約購買豪宅。

9

不料隨著建築物逐漸完成，阿遠準備入住時，才發現豪宅坪數僅九十坪，遠少於契約上所約定之一百二十坪，社區根本未設有游泳池、健身房等公設。最後，阿遠也發現建設公司內部宣傳給予之大理石地磚升級與贈送裝潢優惠也未予設置，仍只是一般的地磚。向建設公司相關人員提出抗議，其僅表示除坪數以外，契約上並無約定其他相關條款，一切以契約約定為準抗辯。

隨著建築物逐漸完成

10

問題思考

1 阿遠透過「內線房仲」所得知之大理石地磚升級優惠，是否得向「世界奇觀建設公司」以及「內線房仲」主張消保法上之廣告責任？

2 對於「世界奇觀建設公司」房屋坪數短少，阿遠得如何主張權利？

3 對於「世界奇觀建設公司」未提供房仲資料與報紙所載之相關公設，阿遠得否主張消保法上之廣告責任以及其他權利？

11

貳、引導案例

二、無髮無天的生髮水

12

阿遠近來發現自己掉髮嚴重，回家詢問已經沒頭髮的老爸才得知原來家族有禿頭的遺傳，為了避免以後變成地中海型禿頭，阿遠遂經由電視廣告中得知頗具知名度之「濃密秀髮公司」所生產「很會生」生髮水。

13

但因價格過高，阿遠怕阿花反對，但又害怕家族的遺傳降臨在自己的頭上，於是撥打了電視上的免付費電話，以信用卡訂購了「很會生」生髮水。

您好，這是您訂購的物品！

14

貨到後，阿遠瞞著阿花，每天遵照使用說明，按表操課。沒想到一週過後，不但沒有效果，自己掉髮的現象還日益嚴重。

來照照鏡子看效果如何吧

我被騙了！這根本沒效啊！

1week

15

事後經新聞報導方得知有其他消費者披露「很會生」生髮水之效果以及當初實驗時均顯示效果有限，且僅適用於特定體質狀況，然而於商品上標示並不清楚，根本難以達成有效之生髮效果。

16

問題思考

 根本難以造成生髮效果之生髮水，卻經由「濃密秀髮公司」之廣告吹噓誇大其效果，請問消費者得如何主張權利？

 就「很會生」生髮水標示不明、錯誤的情況，請問行政機關依法得採取何種措施？

17

參、廣告之法律性質

廣告之意義

消保法第22條 ⎰ ・企業經營者應確保廣告之真實，其對消費者所負之義務不得低於廣告之內容。

消保法施行細則第23條 ⎰ ・本法第二十二條及第二十三條所稱廣告，指利用電視、廣播、影片、幻燈片、報紙、雜誌、傳單、海報、招牌、牌坊、電腦、電話傳真、電子視訊、電子語音或其他方法，可使不✗特定多數人知悉其宣傳內容之傳播。

● 86年消保會函釋認為[1]：

・無論其傳播之媒介為何，只要能使不特定多數人得以知悉廣告之宣傳內容，即為廣告。

● 有學者認為：

・不必以多數人為限，若為一對一之行為，亦肯認其屬於廣告[2]。

● 105年修法後：

・過去施行細則有規定「不特定」文字，重點在於是否針對「不特定人」而為之。然而105年1月1日新施行之施行細則，將「不特定」之用語刪除，重新將重心置於「多數人」，故對於一對一之行為，仍應否定其廣告之性質。

1. 中華民國八十六年五月廿九日台八十六消保法字第〇〇六四八號。
2. 黃立，消保法有關廣告規定之適用，政大法學評論，第六十二期，1999年，頁169。

廣告之知悉對象

舊法規定

應在於是否僅欲提供訊息予該「特定人」知悉，而不欲使他人知之，並排除他人知悉之可能，如此方屬「使特定人知悉」，否定其為廣告

例如：在一會場或場合內，對參與者發送傳單，看似針對特定參與者發送，惟發送人若未特別強調「禁止外流」等要求時，應認為發送人並不排斥此訊息為他人所知，故仍認為其為廣告。

新法規定

然而，新修正之消費者保護法施行細則第23條將「不特定」用語刪除，並且在修正理由表示「本法有關廣告之規定條文為第二十二條至第二十三條，爰酌作文字修正。另企業經營者對於加入會員之特定多數人發送廣告，為實務常見之行銷模式，為避免解釋上之疑義，爰刪除『不特定』文字。」

因此，現行法下已不再以知悉的對象是否特定作為要件，只要使多數人知悉，即可認定具有廣告之性質。然而，此「多數」應如何認定，仍有待未來實務上之發展。

20

廣告之法律性質

廣告之性質

民法體系上，多數學者依據民法第154條第2項但書「但價目表之寄送，不視為要約」之規定，進而認為其屬於要約之引誘，而不屬於要約。

否則，若認為其屬要約，則消費者一經承諾，契約立即成立，除了可能因價目表之寄送已經一段時日，導致價目表可能有「日久價易」之情形，企業經營者可能必須承擔不利於己之契約價金。

另外，若多個消費者同時對企業經營者為承諾之意思表示，企業經營者可能必須負擔超過其所能負擔能力之契約數量，必須履行無法負擔之全部契約，而承擔債務不履行賠償之可能。

同時，企業經營者亦可藉由保留契約之最終決定權，而得以篩選契約相對人之信用、資力。

21

廣告之認定標準

然而此性質之認定標準並非絕對

- 例如在網路標錯價之情形：
- ①企業經營者透過網路作為媒介，網頁之內容、價格得隨時為相關為之修改；
- ②企業經營者得藉由電腦資料庫等設計，同時與庫存為連線，對締約數量為相關之控管；
- ③企業經營者已事先取得消費者之信用卡資訊或相關款項；
- 應認為企業經營者已不再有上述所列之風險，此時便應肯認廣告屬於要約，而非要約之引誘。

- 因此，廣告與要約應屬不同概念。雖然在許多時候，多數人所能知悉的廣告訊息屬於要約之引誘，但在符合上述特定要件時，應可肯認此時廣告具有要約之性質。
- 反之，對於要約之引誘，並不得直接反推其屬於廣告，仍須探究其是否為使多數人知悉為目的。

22

廣告之法律效力

如前所述，由民法視角觀之，廣告原則上屬於要約之引誘，只有在例外情形下方屬要約。

- 在此觀點下，消保法第22條第1項規定：「企業經營者應確保廣告之真實，其對消費者所負之義務不得低於廣告之內容。」究竟所指為何？是否改變廣告之性質，抑或有其他之效力？有待探討。

另有學說認為：

- ①有學者認為消保法本條之規定根本性改變廣告之性質，由要約之引誘改為「要約」[1]，如此方能使企業經營者確保廣告之拘束力，保障消費者。
- ②有學者不認為本條規定屬於「要約說」，而應仍屬「要約之引誘」，否則難以解釋消費者未見到廣告而逕行向企業經營者締約之情形[2]。且消保法第22條第1項僅規定企業經營者確保廣告真實以及其負擔義務之最低限度標準，應解釋為本條僅規定企業經營者以廣告作為契約之最低法定義務標準。
- ③另有學者認為應揚棄「廣告法律性質」之思考角度，而應從「實現消保法§22之規範功能出發，以調和企業經營者與消費者雙方利益」。故廣告是否成為契約內容之一部份，須視消費者是否顯然有能力認識廣告上「顯而易見的樂觀、巧妙、靈巧之宣傳方法」而屬「交易上可容許之吹噓」，以及廣告內容是否「具體明確」等因素綜合判斷。另對於「排除廣告效力條款」之運用亦應從嚴解釋，以保護沒有反制廣告內容之知識的消費者。[3]

1. 林益山，消費者保護法，五南，頁427。馮震宇等，消費者保護法解讀，月旦，頁152。
2. 林誠二，消費資訊規範，載於劉春堂編著「消費者保護法專案研究實錄」，頁90、頁102。
3. 陳忠五，不誠實廣告與夾層屋買賣契約—實務上相關判決之綜合評釋（下），台灣法學雜誌，第3期，1999年8月，頁73-75、頁78-79。

23

廣告之法律效力(續)

本文考量前述要約及要約引誘之區分，並參酌消保法第22條之文意

> 認為消保法第22條並未改變廣告之性質，消費者所為之廣告原則上仍屬「要約引誘」為妥。

◆ 蓋「要約說」無法解釋消費者未見到廣告而逕向企業經營者締約之情形，而消保法規範廣告責任之意旨其目的在於：

1 確保消費者於消費前足以獲得充分之資訊，並且使消費者不被不實之資訊所誘，而與企業經營者締約；確保消費者不被不當之資訊所誘，並非一概使得企業經營者之廣告成為要約，而須一概接受消費者為承諾所產生之風險；

2 況且，消費者所獲得之資訊是否受到充分之保障，與企業經營者是否有契約成立之最終決定權，衡量契約性質以及消費者之信用、資力應屬二事，不應以保障消費者資訊為理由，產生其他更大的風險。

3 因此，除非企業經營者所為之廣告具有前述網路標錯價等性質，否則仍應認為廣告之性質屬於要約之引誘；企業經營者是否濫用最終決定權而侵害消費者權益，應屬定型化契約相關保護之事項，與資訊不實對消費者所造成之侵害，容有不同。

24

肆、不實廣告之法律效果

企業經營者之真實義務

 有學說認為消保法第22條第1項可分為前後兩段

- 使企業經營者負擔「真實義務」以及「最低限度義務」，而認為其課予企業經營者更高之說明義務，並且除非消費者有明示聲明排除，否則廣告內容構成契約內容之一部[1]。

本文認為

- 固然以資訊揭露的觀點而言，課予企業經營者較高之義務，使消費者得撤銷該意思表示有其意義；惟欲使消費者向企業經營者主張意思表示瑕疵而撤銷契約有其實行上之困難，對消費者而言，直接要求依廣告內容為給付，應是當然之理；
- 且依消保法第22條之文意，本文認為其僅規定一種義務：企業經營者有以廣告內容作為保證其履約之最低限度義務，作為法定之契約內容。

1. 陳忠五，不誠實廣告與夾層屋買賣契約－實務上相關判決之綜合評釋（上），台灣本土法學，第二期；
   陳忠五，不誠實廣告與夾層屋買賣契約－實務上相關判決之綜合評釋（下），台灣本土法學，第三期。

26

104年修法

- 於104年消保法修法時，另將第22條新增第2項規定：「企業經營者之商品或服務廣告內容，<u>於契約成立後</u>，應確實履行。」

- 其立法理由謂：「參考最高法院一〇一年度台上字第二四六號判決理由『……依現行條文第二十二條規定，**企業經營者與消費者間所訂定之契約，雖無廣告內容記載，消費者如因信賴該廣告內容，而與企業經營者簽訂契約時，企業經營者所負之契約責任應及於該廣告內容。**……』，增訂第二項，使企業經營者所負之契約責任應及於廣告內容。

27

確實履行之責任

- 此法定契約內容並不使廣告由「要約之引誘」轉變為「要約」，企業經營者與消費者間仍得就契約條款內容進行磋商，雙方亦得考量契約之性質以及相對人之資力以決定是否與之締約。

- 然而，一旦雙方締結契約，除消費者與企業經營者就廣告之內容有其他約定，或契約條款較廣告內容更優於消費者外，應認為廣告之內容依本條之規定，構成契約條款之一部。

- 當企業經營者之商品或服務未達契約條款之規定，消費者得據以主張權利，企業經營者因此可能構成債務不履行或不完全給付。

對於消費者而言，較容易主張責任。

28

企業經營者應證明廣告之真實性

因廣告所造成之資訊錯誤，對消費者之影響最大

因此藉由賦予廣告責任如此之效力，直接使消費者之權利受到強而有力之保護。

相較之下，標示義務以及包裝義務對於消費決定之形成影響相對較小，則未賦予如此之效力。

◆ 對於消保法第22條之相關義務，依消保法施行細則第24條規定，主管機關認為企業經營者之廣告內容誇大不實，足以引人錯誤，有影響消費者權益之虞時，得通知企業經營者提出資料，證明該廣告之真實性。亦即貫徹消保法第5條規定之政府、企業經營者及消費者應致力充實消費資訊，使消費者採取正確之消費行為，維護消費者安全與權益。

29

從事信用交易資訊之揭露

消保法第22-1條
- 企業經營者對消費者從事與信用有關之交易時，應於廣告上明示應付所有總費用之年百分率。
- 前項所稱總費用之範圍及年百分率計算方式，由各目的事業主管機關定之。

◆ 另消保法第22條之1對於從事信用有關之交易，特別規定其廣告上應明示所有總費用之年百分率，無非是避免企業經營者以各種標示不明之方式，以高年利率使消費者為借貸、信用卡、現金卡等契約而受害。

30

不實廣告責任

消保法第22條第1項

企業經營者應確保廣告之真實，其對消費者所負之義務不得低於廣告之內容。

➤ 規定廣告責任

➤ 規定媒體經營者之責任

消保法第23條

Ⅰ、刊登或報導廣告之媒體經營者明知或可得而知廣告內容與事實不符者，就消費者因信賴該廣告所受之損害與企業經營者負連帶責任。

Ⅱ、前項損害賠償責任，不得預先約定限制或拋棄。

對媒體經營者或知實時，予課定責任。係針對經明得與其不所法責任。

31

伍、媒體經營者之責任

媒體經營者之定義

消保會 中華民國八十六年五月廿九日台八十六消保法字第○○六四八號認為：

- ⋯凡提供刊登廣告之媒介，無論該媒介之方式為何，只要能使不特定（按：現行法已刪除）多數人得以知悉該廣告之內容，並以之為經常業務者，均屬於本法第二十三條所稱「媒體經營者」之範圍。⋯

- ⋯ 本案網際網路服務提供者及廣告網站經營者，係利用電腦或其他方法等方式，作為提供刊登廣告之媒介，使不特定多數人得以知悉該廣告之內容，且係以之為經常業務者，似均應認係本法第二十三條規定之媒體經營者。惟其是否應與為廣告之企業經營者負連帶賠償責任問題，則須再就其是否符合本法第二十三條規定之要件以為判斷。⋯

雖然是舊法時之函釋，惟其認為媒體經營者以作為提供廣告之媒介，並以之為經常性業務為判斷標準，值得參考。

網路交易平台是否屬於媒體經營者[1]

消保會　**中華民國九十三年三月廿五日消保法字第0930000464號函示指出：**

- …又「**網際網路服務提供者及廣告網站經營者，係利用電腦或其他方法等方式，作為提供刊登廣告之媒介，使不特定**（按：現行法已刪除）**多數人得以知悉該廣告之內容，且係以之為經常業務者，似均認係本法第二十三條規定之媒體經營者**。惟其是否應與廣告之企業經營者負連帶賠償責任問題，則須再就其是否符合本法第二十三條之要件以為判斷」（本會八十六年五月二十九日消保法字第○○六八四號函參照）。所詢平台業者是否應與○○○旅行社負連帶責任，敬請參考前揭函釋內容辦理。

- 至於民宿業者或旅館業者是否與○○○旅行社負連帶責任，則應視具體事實據以判斷民宿業者與旅館業者是否已有提供服務，再考量適用本法第七條。…

---

1. 網路中媒體經營者之認定問題，因網路廣告之範圍極廣，與傳統報章雜誌之廣告方式不同且方式極為多元，包括搜尋引擎、新聞、資訊或共享軟體等各種通路及線路提供者之多樣性。詳細討論，可參照李姿慧，網路交易消費者保護問題研究，台北大學法律研究所碩士論文，2005年，頁109以下。

網路拍賣平台之責任

拍賣平台上，由賣家自行貼上之廣告，是否仍應由拍賣平台負擔媒體經營者之責任，本文認為無妨從寬納入。

蓋消保法有關媒體經營者之責任，係以媒體經營者明知或可得而知其廣告內容不實作為連帶賠償之要件，因此賣家在媒體經營者不知情之情況下，自行刊登不實之相關廣告，媒體經營者尚毋須負責

- 惟一旦媒體經營者明知或可得而知賣家所刊登之廣告不實，而仍容許其繼續刊登以欺瞞消費大眾時，始成立連帶責任要件。

- 如此可促使網路平台作為媒體經營者，善加管理其使用會員，一旦發現有不實之情形，立刻將廣告撤下，如此方可健全保障消費者之權益，同時對於平台拍賣業者亦不產生責任過重之情形。

明知或可得而知之認定

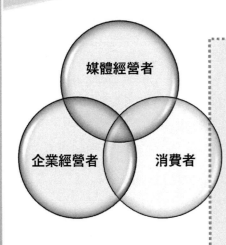

「明知或可得而知」？

- 本文認為消保法第22條課予企業經營者以廣告內容作為保證其履約之最低限度義務；

- 因此應解釋為媒體經營者<u>明知或可得而知</u>企業經營者對於該廣告之內容將拒絕履行（即事前知悉）、實際上履行有困難或無法履行之情形為限；

- 否則，在企業經營者在有能力履約時，媒體經營者將難以察覺企業經營者之廣告內容是否有不實之情形，而企業經營者得片面決定是否依廣告內容履約，代表其得同時決定是否使媒體經營者一同負擔連帶賠償責任。

36

個案探討

甲銀行推出信用卡超值航空專案

- 累積特定飛行里程後，得由經濟艙升級商務艙

由乙報社為相關廣告宣傳

若事後消費者發現甲銀行根本未提供此項服務給信用卡持卡人，而甲銀行拒絕依廣告內容履約時，消費者轉而向甲銀行主張不完全給付之相關責任。

然而，對於乙報社而言，信用卡航空專案升級服務，應非罕見，對於銀行信用卡公司而言亦非難以達成，若容許甲銀行任意就其有能力履約之內容拒絕履約，將無故造成乙報社必須與其一同負擔連帶賠償責任，對乙報社而言並不公平。

因此本文認為消保法第23條所規定媒體經營者責任，應目的性限縮僅在媒體經營者明知或可得而知企業經營者就廣告內容將不願履行（即事前已知悉）、難以履行或根本無法履行之情形為限，以平衡各方所負擔之責任。

37

陸、企業經營者之標示義務

標示義務

消保法第24條	商品標示法第7條第一項	商品標示法第8條第一項
・I、企業經營者應依商品標示法等法令為商品或服務之標示。	・商品標示所用文字，應以中文為主，得輔以英文或其他外文。	・進口商品在流通進入國內市場時，進口商應依本法規定加中文標示及說明書，其內容不得較原產地之標示及說明書簡略。

◆ 針對商品或服務之標示，其對消費決定之形成影響雖然較小，但標示之錯誤或不明對消費者權益造成之影響亦不容忽視，因此消保法仍應設有相關規定，以保護消費者，**惟其效力不若不實廣告之強烈**。

◆ 廣告需考量行銷以及群眾心理等因素，而以特殊手法加深消費者對其商品之印象，其種類千變萬化，難以有明確規範；而標示義務之特點在於其得設立明確之**標準，促使企業經營者遵守相關規定而為標示**。

◆ 其意旨與**消保法第24條第2項**相同

輸入之商品或服務，應附中文標示及說明書，其內容不得較原產地之標示及說明書簡略。

商品標示法第9條

- Ⅰ、商品於流通進入市場時，生產、製造或進口商應標示下列事項：
- 一、商品名稱。
- 二、生產、製造商名稱、電話、地址及商品原產地。屬進口商品者，並應標示進口商名稱、電話及地址。
- 三、商品內容：
  - （一）主要成分或材料。
  - （二）淨重、容量、數量或度量等；其淨重、容量或度量應標示法定度量衡單位，必要時，得加註其他單位。
- 四、國曆或西曆製造日期。但有時效性者，應加註有效日期或有效期間。
- 五、其他依中央主管機關規定，應行標示之事項。
- Ⅱ、商品經認定原產地為我國者，得標示台灣生產標章。
- Ⅲ、前項原產地之認定、標章之圖樣、推廣、獎勵及管理辦法，由中央主管機關定之。

◆ 若因商品標示不清，而致消費者受有損害時，則可能成立消保法第7條第2項之商品或服務責任，消費者得向企業經營者請求賠償。

◆ 若企業經營者就使用方法或警語未為標示或警告，致消費者不當使用該商品或服務而受有損害時，企業經營者即不得主張消費者係「不當使用」商品或服務，作為對免除或減輕消保法第7條產品責任之抗辯。

◆ 至於標示之位置，依據消保法施行細則第25條之規定，應標示於適當之位置，使消費者在交易前及使用前均得閱讀標示之內容。

40

保證書之記載

消保法第25條規範保證書之記載應以書面為之以及相關必要記載事項

- 係為確保企業經營者向消費者擔保其商品有相當品質時，為充分保障消費者之權益，並使擔保之範圍透明而設，並非以法律規定企業經營者主動提供品質保證之義務。

參照消費者保護委員會中華民國97年8月20日消保法字第0970007367號函示：

- …二、 按「企業經營者對消費者保證商品或服務之品質時，應主動出具書面保證書。
- 前項保證書應載明下列事項：1 商品或服務之名稱、種類、數量，其有製造號碼或批號者，其製造號碼或批號。2 保證之內容。3 保證期間及其起算方法。4 製造商之名稱、地址。5 由經銷商售出者，經銷商之名稱、地址。6 「交易日期」及「企業經營者未依本法第25 條規定出具書面保證書者，仍應就其保證之品質負責」，為消費者保護法第25條及同法施行細則第 26 條所明定。企業經營者對消費者就商品或服務之品質提供保證，為一獨立之擔保契約，業者應依其保證內容負擔保責任，法律並未對業者主動提供品質保證之期間有所規範。…

對於此類規定之違反，消保法第56條設有罰鍰規定「違反第二十四條、第二十五條或第二十六條規定之一者，經主管機關通知改正而逾期不改正者，處新臺幣二萬元以上二十萬元以下罰鍰。」

41

柒、企業經營者之包裝義務

商品之包裝

消保法第26條 { ┌ 企業經營者對於所提供之商品應按其性質及交易習慣，為防震、防潮、防塵或其他保存商品所必要之包裝，以確保商品之品質與消費者之安全。但不得誇張其內容或為過大之包裝。

前段規定：

· 非以保障消費者之消費資訊知情權為目的，僅是以保障消費者所購賣之商品有妥善之包裝保護為目的。

但書規定：

· 其不僅保障消費者所購買商品應有之包裝，尚有保障消費者不被包裝之大小，而對商品之內容物有所誤解，而產生資訊上之錯誤，此亦為保障消費者受有相關資訊之知情權。

· 例如大包裝之零食或百貨公司逢新年所販售之福袋，以過大之包裝，但其內容物多寡並未與包裝大小相符，使消費者對內容物之多寡產生錯覺。

違反相關義務之責任

消保法第56條 { ・ 違反第二十四條、第二十五條或第二十六條規定之一者，經主管機關通知改正而逾期不改正者，處新臺幣二萬元以上二十萬元以下罰鍰。

▲應不區分前段後段，一旦企業經營者有所違反，由主管機關課予罰鍰。

然而，違反本條規定造成消費者之生命、身體、健康、財產上損害之情形並不常見，消費者難以依據消保法第7條以下主張相關商品及服務責任。

縱使將本條解釋為保護他人之法律，而有民法第184條第2項之適用，並得對「利益」之損失加以主張，惟過大包裝造成消費者預期利益損害之證明並非易事，亦即消費者幾乎難以向企業經營者主張損害賠償。

因此消保法上關於包裝義務，係採對違反規定之企業經營者為課予罰鍰之取締規定，以行政罰之方式實現國家對消費者之保護義務。

44

捌、案例解析

一、

有夠慘烈的「奇觀」

45

第一小題

阿遠若欲主張消保法上第22條之廣告責任，必須以內線房仲所告知阿遠之相關訊息屬於廣告作為前提。

過去，消保法施行細則第23條以及消保會相關函釋之見解，廣告必須是「可使不特定多數人知悉其宣傳內容之傳播」。**但新法已刪除「不特定」之用語。**

此時，該「多數人」應如何認定，即有疑義。

◆ 有學者認為多數不特定人並非重點，若為一對一之宣傳，則不妨為廣告之行為

◆ 本文認為，現行法下重心已轉向多數人，即應具體判斷內線房仲是否將此類消息宣傳與多數人知悉，或是僅告知阿遠一人。不過，此處多數人之標準，仍有待未來實務依照具體情事為判斷。

第一小題

◆ 由本題題意觀之

➤ 「內線房仲」係經過洽談以及評估之後，認為阿遠具有一定之資力或社會地位，方告知相關宣傳訊息，

➤ 且宣傳資料最後並有「請勿外流」等標示，

➤ 顯見其不願使其他人知悉宣傳內容。

◆ 在過去條文下，房仲的訊息或許可以認為僅給特定人知悉，而沒有使不特定多數人知悉之意圖。

◆ 不過在現行法下，既然已經不以「不特定人」為要件，此時應具體判斷內線房仲到底將此項訊息告知多少人知悉，而為判斷。

第二小題

主要涉及實際房屋坪數與當初簽約過廣告產生落差之情形；買賣土地房屋坪數之多寡為我國國人所重視，在一般房屋買賣，皆會於契約上再次約定以及確認該物件之坪數，既然已約定之契約中，一般多以定型化契約以及物之瑕疵擔保責任作為相關討論重點。

題目事實中阿遠所欲購買者，係該特定之房屋，而非坪數；又標的若數量短少，足使標的物之價值、效用或品質有所欠缺者，仍可認為瑕疵[1]，而適用民法第354條以下之物之瑕疵擔保[2]。

節錄「預售屋買賣定型化契約應記載及不得記載事項」：	二、賣方對廣告之義務	・賣方應確保廣告內容之真實，本預售屋之廣告宣傳品及其所記載之建材設備表、房屋及停車位平面圖與位置示意圖，為契約之一部分。
	六、房屋面積誤差及其價款找補	・（一）房屋面積以地政機關登記完竣之面積為準，部分原可依法登記之面積，倘因簽約後法令改變，致無法辦理建物所有權第一次登記時，其面積應依公寓大廈管理條例第五十六條第三項之規定計算。 ・（二）依第三條計算之土地面積、主建物或本房屋登記總面積如有誤差，其不足部分賣方均應全部找補；其超過部分，買方只找補百分之二為限（至多找補不超過百分之二），且雙方同意面積誤差之找補，分別以土地、主建物、附屬建物、共有部分價款，除以各該面積所得之單價（應扣除車位價款及面積），無息於交屋時結算。 ・（三）主建物或本房屋登記總面積如有誤差，其不足部分超過百分之三者，買方得解除契約。

---

1. 最高法院七三年度台上字第一一七三號判例：所謂物之瑕疵係指存在於物之缺點而言。凡依通常交易觀念，或依當事人之決定，認為物應具備之價值、效用或品質而不具備者，即為物有瑕疵，且不以物質上應具備者為限。若出賣之特定物所含數量缺少，足使物之價值、效用或品質有欠缺者，亦屬之。
2. 如最高法院九十年台上九一五號判決

48

第二小題

應記載事項第六點中，已約定對於坪數有欠缺時，賣方應對買方全數找補。此項定型化契約應記載事項，依據消保法第17條，此應記載事項縱未於定型化契約中約定，仍構成契約之內容。

因此，既然已為契約之一部，阿遠自然得依據此應記載事項，向建商主張應找補之相關價款。惟本題之中，原契約所定坪數為一百二十坪，但實際坪數僅有九十坪，缺少百分之二十五，實已超過一般誤差之範圍，故應記載事項地六點之（三）亦規定，買方得解除契約；而在民法上，誤差過大以致於無法找補時，在建商已無法依債之本旨為履行情況下，應構成應已構成不完全給付，買方得依債務不履行之規定請求賠償。

◆ 因此在本題情況下，阿遠應得依據定型化契約應記載事項第六點（二）要求建商找補欠缺坪數之價金，或依第六點（三）主張誤差過大，而解除契約；或依民法不完全給付以及債務不履行等規定主張相關權利。

49

第三小題

消保法第22條第1項 {

- 企業經營者應確保廣告之真實，其對消費者所負之義務不得低於廣告之內容。

◆ 首先應討論阿遠是否得主張消保法上之廣告責任。

若「內線房仲」所提供之宣傳之內容已經使多數人知悉，應認為其屬於廣告，

阿遠應可主張相關廣告責任。例如：廣告上所刊載相關公設，而相關公設之廣告內容，依題旨所示，其內容曾刊載於四大報頭版，已有使多數人知悉之性質，此時應認為報紙上所刊載之宣傳屬於消保法第22條所規定之廣告。

此外，相關刊登廣告之報紙，亦即提供訊息之媒介，並以刊登廣告為經常業務者，屬於消保法上之媒體經營者。

50

第三小題

當公設等內容宣傳屬於廣告時

- 依據消保法第22條第1項規定：「企業經營者應確保廣告內容之真實，其對消費者所負之義務不得低於廣告之內容。」且本題中廣告內容所提出之公設具體明確，非為廣告效果所為之誇張、吹噓，應認為建設公司作為企業經營者，應對消費者負擔廣告內容之最低限度義務，作為法定契約內容。
- 相關業務人員雖抗辯廣告內容未定於契約，惟消保法已規定廣告內容作為契約內容之一部，即使未定明於契約中，亦屬契約條款之一部，阿遠得依廣告內容主張相關權利。

若建商已無法為相關公設配置之履行

- 本文認為，公設未依約定配置，除非消費者有聲明以公設作為買賣房屋之主要目的，否則應僅構成不完全給付，並且得向建商主張民法第354條以下關於物之瑕疵擔保之權利。

51

第三小題

- ①阿遠得向「世界奇觀建設公司」主張前述相關廣告責任。
- ②阿遠無法依消保法第23條，向四大報主張媒體經營者責任：
  - 公設之設置，乃是建商對建案的常見宣傳，且建商通常有能力建設社區公共設施，媒體經營者亦難以得知建商是否未設置公設，
  - 故本題中，設置公設對於建設公司乃是平常之事，應認為媒體經營者對於該廣告是否屬實，應不知悉或難以知悉。

◆ 在廣告責任案例中，消費者之舉證尤其重要，因此消費者於購屋時，建議保留相關廣告以及宣傳，以作為日後主張權利之證據。

◆ 此外，公平交易法第21條第1項及第2項規定：「事業不得在商品或廣告上，或以其他使公眾得知之方法，對於與商品相關而足以影響交易決定之事項，為虛偽不實或引人錯誤之表示或表徵。（第一項）前項所定與商品相關而足以影響交易決定之事項，包括商品之價格、數量、品質、內容、製造方法、製造日期、有效期限、使用方法、用途、原產地、製造者、製造地、加工者、加工地，及其他具有招徠效果之相關事項。（第二項）」對於違反公平交易法第21條之事業，公平交易委員會得依公平交易法第42條處以罰鍰或命其停止、改正或採取更正措施。

52

捌、案例解析

二、無髮無天的生髮水

53

「濃密秀髮公司」以「一週內馬上見效；半年內，許你一頭烏黑秀髮。」作為宣傳內容，按消保法施行細則第23條之規定，其利用電視之方式，使多數人知悉宣傳內容，應屬於廣告。

一般而言，廣告就其性質應屬於「要約之引誘」；另外，消保法第22條對廣告設有規定，課予企業經營者必須確保廣告之真實，其對消費者所負之義務不得低於廣告之內容。

有學者基於此，認為依據消保法之規定，廣告之內容應由「要約之引誘」而轉為「要約」，惟考量消保法之文意以及廣告責任所欲保障消費者受有之真實資訊，仍應認為消保法第22條並未改變廣告之性質，廣告仍屬「要約之引誘」，僅係課予企業經營者以廣告內容作為最低履約限度之法定責任。

且本題之中，企業經營者宣傳之廣告內容言明一週及半年之效果，看似並非誇大之行銷宣傳手段，同時，宣傳確切而具體之品質功能，其可能造成消費者接收錯誤資訊及產生誤解，造成消費者之損害。

54

依據消保法第22條第1項後段之規定，企業經營者不得負擔低於廣告之義務，廣告之內容因法定之關係，應認為已屬契約之一部分。

阿遠購買生髮水是因濃密秀髮公司強調產品有生髮之效果，然「很會生」生髮水其先前實驗已知難以有顯著效果，因此濃密秀髮公司構成不完全給付，阿遠得依據民法第227條向濃密秀髮公司主張給付不能或給付遲延之效果，並得請求濃密秀髮公司依據債之本旨提出補正。

若不能補正時，應認為係可歸責於「濃密秀髮公司」之事由，致給付不能，阿遠得依據民法第226條、第256條解除契約。亦得依據民法物之瑕疵擔保，請求賠償、解除契約等權利。

若阿遠有相關之損害，得以「濃密秀髮公司」違反消保法第22條為由，向其主張民法第184條損害賠償，若媒體經營者明知其為不實者，負連帶賠償責任。

第二小題

商品標示法第6條第1款

- 商品標示，不得有下列情事：一、虛偽不實或引人錯誤。

商品標示法第14條

- 流通進入市場之商品有第六條各款規定情事之一者，直轄市或縣（市）主管機關應通知生產、製造或進口商限期改正；屆期不改正者，處新臺幣三萬元以上三十萬元以下罰鍰，並得按次連續處罰至改正為止；其情節重大者，並得令其停止營業六個月以下或歇業。

化粧品衛生安全管理法第7條第1項

- 化粧品之外包裝或容器，應明顯標下列事項：一、品名。二、用途。三、用法及保存方法。四、淨重、容量或數量。五、全成分名稱，特定用途化粧品應另標示所含特定用途成分之含量。六、使用注意事項。七、製造或輸入業者之名稱、地址及電話號碼；輸入產品之原產地（國）。八、製造日期及有效期間，或製造日期及保存期限，或有效期間及保存期限。九、批號。十、其他經中央主管機關公告應標示事項。

化粧品衛生安全管理法第10條第1項、第2項

- 化粧品之標示、宣傳及廣告內容，不得有虛偽或誇大之情事。
- 化粧品不得為醫療效能之標示、宣傳或廣告。

化粧品衛生安全管理法第23條第1項第7款

- 化粧品業者有下列行為之一者，處新臺幣一萬元以上一百萬元以下罰鍰，並得按次處罰；情節重大者，並得處一個月以上一年以下停業處分或令其歇業、廢止其公司、商業、工廠之全部或部分登記事項，或撤銷或廢止該化粧品之登錄或許可證：七、違反第七條第一項、第二項、第三項或第五項規定或依第四項公告之事項。

化粧品衛生安全管理法第20條第1項

- 違反第十條第一項規定或依第四項所定準則有關宣傳或廣告之內容、方式之規定者，處新臺幣四萬元以上二十萬元以下罰鍰；違反同條第二項規定者，處新臺幣六十萬元以上五百萬元以下罰鍰；情節重大者，並得令其歇業及廢止其公司、商業、工廠之全部或部分登記事項。

56

第二小題

依公平交易法第21條第1項規定，「濃密秀髮公司」之廣告，造成虛偽不實或引人錯誤之表示或表徵。

公平交易委員會得依據公平交易法第42條處以罰鍰或命其停止、改正或採取更正措施。

至於消保法上之規範，消保法施行細則第24條規定對於廣告內容有誇大不實，足以引人錯誤，有影響消費者權益之虞時，得通知企業經營者提出資料，證明該廣告之真實性。

且消保法第24條要求企業經營者應遵守商品標示法等相關法規為商品或服務之標示；違反者，依消保法第56條，經主管機關通知改正而逾期不改正者，處新台幣二萬元以上二十萬元以下罰鍰。

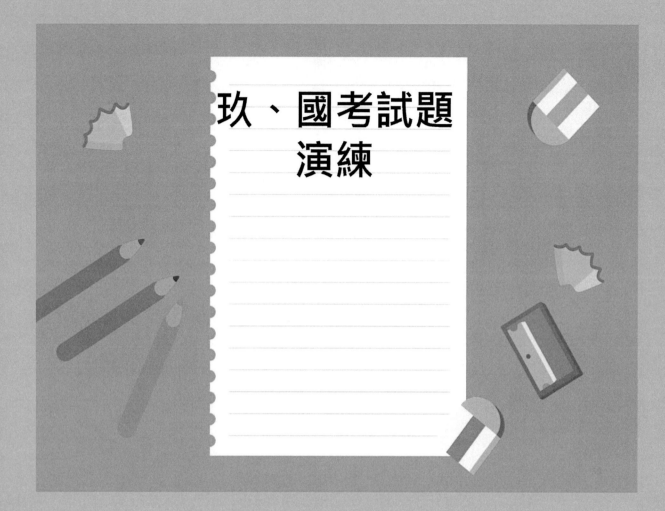

玖、國考試題
演練

題號	答案	題目	相關條文
1	D	依消費者保護法規定，下列有關消費資訊之規範，何者錯誤？ (A)企業經營者應確保廣告內容之真實 (B)企業經營者對消費者所負之義務，不得低於廣告之內容 (C)企業經營者之商品廣告內容，於契約成立後，應確實履行 (D)企業經營者之服務廣告內容，於契約成立後，僅供參考 <div align="right">【107年度不動產經紀營業員資格取得測驗更新題庫】</div>	§22
2	D	下列何者非屬政府為達成制定消費者保護法之目的，應實施之措施？ (A)維護商品或服務之品質與安全衛生 (B)防止商品或服務損害消費者之生命、身體、健康、財產或其他權益 (C)確保商品或服務之標示，符合法令規定 (D)促進事業商譽之維護及商品價格之保障 <div align="right">【107年度不動產經紀營業員資格取得測驗更新題庫】</div>	§3
3	C	依消費者保護法規定關於商品標示，下列敘述何者錯誤？ (A)企業經營者應依商品標示法等法令為商品之標示 (B)輸入之商品，應附中文標示及說明書 (C)輸入之商品，所附中文標示及說明書，其內容得就原產地之標示及說明，簡略摘要之 (D)輸入之商品或服務在原產地附有警告標示者，應附中文標示及說明書，其內容不得較原產地之標示及說明書簡略 <div align="right">【107年度不動產經紀營業員資格取得測驗更新題庫】</div>	§24

題號	答案	題目	相關條文
4	A	依消費者保護法規定，企業經營者所出具之書面保證書，下列何者非屬保證書應載明事項？ (A) 製造商之資本額 (B) 經銷商之名稱、地址 (C) 保證之內容 (D) 商品製造號碼或批號 　　　　　　　　　　【107年度不動產經紀營業員資格取得測驗更新題庫】	§25
5	D	依消費者保護法規定，下列有關企業經營者保證書之敘述，何者錯誤？ (A)對消費者保證商品之品質時，應主動出具書面保證書 (B)保證書應載明交易日期、保證之內容 (C)保證書應載明保證期間及其起算方法 (D)保證書應載明保證金額 　　　　　　　　　　【107年度不動產經紀營業員資格取得測驗更新題庫】	§25
6	D	依消費者保護法之規定，企業經營者對消費者保證商品或服務之品質所出具之保證書，應載明下列那一事項？ (A) 商品價格 (B) 使用方法 (C) 警告標示 (D) 交易日期 　　　　　　　　　　　　　　　　　　　　　　　　　　　　【104普考】	§25

題號	答案	題目	相關條文
7	A	輸入之商品或服務，須以何種方式為之？ (A)應附中文標示 (B)得附中文標示 (C)無須附中文標示 (D)應附中文及外文標示　　　　　　　　　　　　　　　　　　　　【106普考】	§24
8	C	依消費者保護法規定，企業經營者對消費者保證商品或服務品質所出具之書面保證書，應載明事項不包括下列何者？ (A)商品或服務之名稱 (B)保證之內容 (C)製造日期 (D)製造商之名稱、地址　　　　　　　　　　　　　　　　　　　【106普考】	§25
9	C	消費者保護法關於企業經營者對於廣告內容之規定，下列何者正確？ (A) 製作廣告之媒體經營者應確保廣告內容之真實，其對消費者所負之義務不得低於廣告之內容 (B) 企業經營者對消費者從事與分期付款買賣有關之交易時，應於廣告上明示應付所有總費用之年百分率 (C) 刊登或報導廣告之媒體經營者明知或可得而知廣告內容與事實不符者，就消費者因信賴該廣告所受之損害與企業經營者負連帶責任 (D) 企業經營者得預先約定限縮信賴該廣告之賠償責任範圍 　　　　　　　　　　　　　　　　　　　　　　　　　　　　【107普考】	§23

題號	答案	題目	相關條文
10	B	企業經營者向消費者保證商品或服務之品質時，應出具書面保證書。下列有關書面保證書之敘述，何者錯誤？ (A) 商品如有製造號碼或批號者，保證書應一併記載製造號碼或批號 (B) 出具保證書屬法定要式行為，若未出具保證書，則應認為該保證行為無效 (C) 縱使企業經營者未出具書面保證書，仍應就其保證之品質負責 (D) 如透過經銷商出售商品時，於保證書中應一併記載製造商及經銷商資料 <div align="right">【104薦任】</div>	§25施行細則 §26
11	D	依消費者保護法之規定，關於企業經營者對於產品之包裝，下列敘述何者正確？ (A) 得給予豪華誇張之包裝 (B) 包裝價格應予以最高額限制 (C) 應進行防偽包裝 (D) 應按商品性質為必要之包裝 <div align="right">【107司法四等】</div>	§26
12	B	企業經營者對消費者保證商品或服務之品質時，應主動出具書面保證書。下列何者非保證書應載明事項？ (A) 保證之內容 (B) 經銷商統編 (C) 製造商名稱 (D) 交易日期 <div align="right">【107民航三等】</div>	§25施行細則 §26

-第七章-
行政監督與消費爭議

林瑞珠教授

大綱

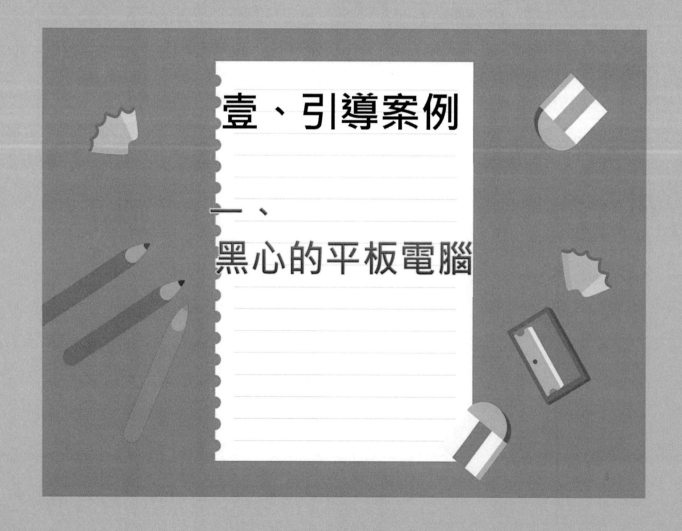

壹、引導案例

一、

黑心的平板電腦

趁著近來平板電腦的熱潮，山寨公司決定也推出自己研發的平板電腦，因價格便宜，引發消費大眾之搶購。

4

但卻陸續發生該公司所生產之平板電腦電磁波過強、螢幕閃爍以及有高危險爆炸之事件，對消費者之健康、視力以及生命有所危害...

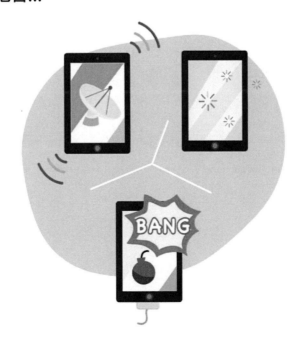

5

目前任職於北市府法規會法務專員的阿呆，受命處理相關事宜，但牽涉到廣大消費者權益，因此特別請教大學時的麻吉阿遠...

請問阿遠應如何建議阿呆依據消保法以公權力介入？

6

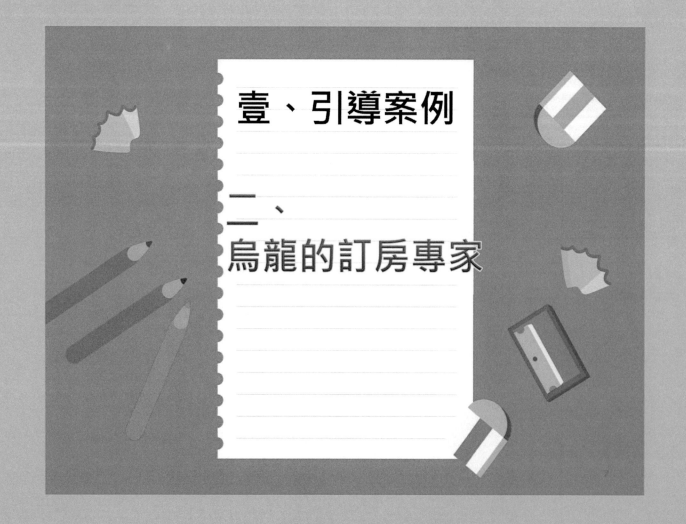

壹、引導案例

二、

烏龍的訂房專家

阿遠為了帶妻子小孩趁著假期外出爬山泡湯，最近勤於研究是否有便宜買到泡湯券的門路。

阿遠發現，專門提供服務代他人訂房之「訂房專家」網站提供半價（原價新臺幣六千元，折價後新臺幣三千元）的價格，阿遠認為價格便宜，因此壓下「▶ 我要購買 🖑」按鍵...

壓下 ▶我要購買 按鍵後，輸入相關信用卡資料，沒想到跳出視窗顯示「系統忙碌，請稍後再試」，阿遠只好等到晚上再試。到了晚上，阿遠輸入相關信用卡資料後，終於訂購成功。

10

到了旅遊之日，也順利帶全家出門旅遊，入住飯店。

11

到了月底，阿遠收到信用卡帳單，發現在扣款部分，「訂房專家」對飯店代訂房費用，扣了兩筆三千元之款項。阿遠發現情況不對，趕緊打電話向飯店詢問，飯店表示僅收到一筆款項，也提供該筆款項對價之服務，並無溢收價款之情形。

阿遠趕緊致電「訂房專家」，而「訂房專家」之服務人員僅回答不知道，並表示網站之扣款程序皆依規定辦理。阿遠發現「訂房專家」並無處理之誠意，只待時間一久，讓事情不了了之。

12

問題思考

1

除了提起訴訟外，阿遠得如何依法主張權利？

2

若進入調解程序，但因「訂房專家」皆不配合，從未出席調解程序，並拒絕為相關回應，請問調解委員會得如何處理？

13

貳、行政監督之規範

公權力介入

◆ 消費者之保護，若僅以產品責任、定型化契約規制等規定為之，仍有所不足：

➤ 多數消費者並不了解消保法之相關規定

➤ 由於經濟實力、訴訟程序冗長等原因，消費者難以藉由通常救濟程序獲得完善的保障

故需要行政機關介入並進行相關規制，使消費者得以做為參考：

・不定期檢驗

・公告相關消費資訊

◆ 消保法除了於第四章專章規範行政監督相關事項外，第17條賦予中央主管機關制訂定型化契約應記載或不得記載事項、派員查核等權限。

行政權力

消保法第四章規定之
行政權力主要有三種：

- 第33條之調查權
- 第36條之命令權
- 第37條之公告權

此三項行政權力之行使，
對企業經營者影響重大。

故消保法對於此三項行政行為均限制在：

- 對於消費者有損害生命、身體、健康或財產之虞，
- 由直轄市或縣（市）政府或中央目的事業主管機關執行之。（消保法第6條、第38條）

消保法第33條

Ⅰ、直轄市或縣（市）政府認為企業經營者提供之商品或服務有損害消費者生命、身體、健康或財產之虞者，應即進行調查。於調查完成後，得公開其經過及結果。

Ⅱ、前項人員為調查時，應出示有關證件，其調查得依下列方式進行：

- 一、向企業經營者或關係人查詢。二、通知企業經營者或關係人到場陳述意見。三、通知企業經營者提出資料證明該商品或服務對於消費者生命、身體、健康或財產無損害之虞。四、派員前往企業經營者之事務所、營業所或其他有關場所進行調查。五、必要時，得就地抽樣商品，加以檢驗。

16

行使調查權之正當法律程序

消保法§33Ⅰ

- 直轄市或縣（市）政府認為企業經營者提供之商品或服務有損害消費者生命、身體、健康或財產之虞者，應即進行調查。於調查完成後，得公開其經過及結果。

故直轄市或縣（市）政府或中央主管機關在對於：
①企業經營者提供之商品或服務有損害消費者（企業經營者對消費者之B to C關係）的前提下
②有損害消費者生命、身體、健康或財產之虞

相關單位「應」進行調查，法律明定開啟調查程序，行政機關就是否進行調查無裁量空間。

此為行政機關應主動進行之行政程序，企業經營者得依據消保法施行細則§31Ⅱ於公開調查經過及結果前，有陳述意見之機會，並應有提供申訴之管道。

如此俾符正當法律程序之要求，避免企業經營者受到不當之侵害。

若企業經營者規避、妨礙主管機關之法定調查權：

依據消保法第57條之規定，得處企業經營者新台幣三萬元以上三十萬元以下罰鍰，並得按次處罰。

17

行使調查權之法律效果

消保法第36條：

- 直轄市或縣（市）政府對於企業經營者提供之商品或服務，經第三十三條之調查，認為**確有損害**消費者生命、身體、健康或財產，或**確有損害之虞者**，應命其限期改善、回收或銷毀，**必要時**並得命企業經營者立即停止該商品之設計、生產、製造、加工、輸入、經銷或服務之提供，或採取其他必要措施。

確有損害或確有損害消費者生命、身體、健康或財產之虞時

- 「**應**」命其限期改善、回收或銷毀。

必要時，企業經營者應立即停止該商品之設計、生產等或採取其他必要措施

- 因對企業經營者影響甚鉅，**須於必要時方得為之，且須為最小侵害之手段。**

若企業經營者仍違反本條規定者：

- ■依據消保法第58條
  得處新臺幣六萬元以上一百五十萬元以下罰鍰，並得按次處罰。

18

對消費者有重大損害之處置

消保法第37條

- 直轄市或縣（市）政府於企業經營者提供之商品或服務，對消費者已發生重大損害或有發生重大損害之虞，而**情況危急**時，**除為前條之處置外**，應即在**大眾傳播媒體公告**企業經營者之名稱、地址、商品、服務、或為其他必要之處置。

將危急之情形公告大眾媒體

- **係為保障消費大眾之生命、身體、健康或財產免受重大侵害。**

雖影響企業經營者之商譽甚鉅

- 但其目的正當，已經消保法第33條之調查，並給予企業經營者陳述意見之機會；
- 保障之公益大於私益，非屬不合理干預企業經營者之權益。

主管機關
在有本條
情形時：

消保法第59條	除依消保法第36條處置外，並得對其處新臺幣十五萬元以上一百五十萬元以下之罰鍰。
消保法第60條	違反本法規定，生產商品或提供服務具有危害消費者生命、身體、健康之虞者，影響社會大眾經中央主管機關認定為情節重大，中央主管機關或行政院得立即命令其停止營業。

19

參、消保官及消保處之設置

消費者保護之相關設置

第39條
消保官之設置

- Ⅰ、行政院、直轄市、縣（市）政府應置消費者保護官若干名。
- Ⅱ、消費者保護官任用及職掌之辦法，由行政院定之。

第40條
行政院消費者
保護會之設置

- 行政院為監督與協調消費者保護事務，應定期邀集有關部會首長、全國性消費者保護團體代表、全國性企業經營者代表及學者、專家，提供本法相關事項之諮詢。

第41條
推動消保事務
辦理之事項

- Ⅰ、行政院為推動消費者保護事務，辦理下列事項：
- 一、消費者保護基本政策及措施之研擬及審議。
- 二、消費者保護計畫之研擬、修訂及執行成果檢討。
- 三、消費者保護方案之審議及其執行之推動、連繫與考核。
- 四、國內外消費者保護趨勢及其與經濟社會建設有關問題之研究。
- 五、消費者保護之教育宣導、消費資訊之蒐集及提供。
- 六、各部會局署關於消費者保護政策、措施及主管機關之協調事項。
- 七、監督消費者保護主管機關及指揮消費者保護官行使職權。
- Ⅱ、消費者保護之執行結果及有關資料，由行政院定期公告。

21

消保官之設置及職掌

執掌消費者保護權責之人員（消保官），依據消保法第39條規定設置。此外，消保法第四章並未提及消保官之職權。因此，消保官之職掌，依「消費者保護官任用及職掌辦法」第4條規定，有下列四種：

（一）受理申訴：

- 消費者保護官可以受理消費者與企業經營者因商品或服務發生消費爭議時，消費者向企業經營者、消費者保護團體、消費者服務中心或分中心申訴，惟並未獲得妥適處理而轉向消費者保護官所為之消費申訴。〈消保法第四十三條第三項〉

（二）辦理調解：

- 消費者保護官可以擔任消費爭議調解委員會主席，辦理有關消費爭議調解業務。〈消保法第四十五條第二項〉

（三）行使不作為訴訟權：

- 消費者保護官對於企業經營者重大違反消費者保護法有關保護消費者規定之行為，可以向法院訴請停止或禁止為該行為。〈消保法第五十三條第一項〉
- 其中所稱企業經營者重大違反消費者保護法有關保護消費者規定之行為，係指企業經營者違反消費者保護法有關保護消費者規定之行為，確有損害消費者生命、身體、健康或財產或確有損害之虞的情形而言。〈細則第四十條〉

（四）其他職權：

- 其他依消費者保護法及相關法規規定賦予消費者保護官之職權。

行政院消費者保護處之設置

組織改造

中央政府組織改造開始實施，將「行政院消費者保護委員會」（原消保會）之設置，移回行政院本部，現由「行政院消費者保護處」執掌原消保會之權責。

設置目的

消保處之設置，透過行政監督，防範消費爭議，並加強消費者之教育與宣導以保障消費者。

肆、消費爭議之處理

消費爭議之定義

消保法第2條第4款

・本法所用名詞定義如下：

・四、消費爭議：指消費者與企業經營者間因商品或服務所生之爭議。

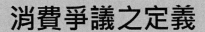

企業經營者及消費者因消費關係所產生之所有爭端。

例如對商品服務之欠缺或定型化契約所生之爭議，即屬此處之消費爭議。

若是企業經營者間（B to B）所生之爭議，即不屬此處之消費爭議

消費爭議之處理

消保法第42條

- Ⅰ、直轄市、縣(市)政府應設消費者服務中心，辦理消費者之諮詢服務、教育宣導、申訴等事項。
- Ⅱ、直轄市、縣(市)政府消費者服務中心得於轄區內設分中心。

消保法第43條

- Ⅰ、消費者與企業經營者因商品或服務發生消費爭議時，消費者得向企業經營者、消費者保護團體或消費者服務中心或其分中心申訴。
- Ⅱ、企業經營者對於消費者之申訴，應於申訴之日起十五日內妥適處理之。
- Ⅲ、消費者依第一項申訴，未獲妥適處理時，得向直轄市、縣 (市) 政府消費者保護官申訴。

◆ 第43條第1項規定消費者得向企業經營者、消費者保護團體以及消費者服務中心申訴，消費者服務中心依據消保法第42條之規定，由各直轄市、縣（市）政府設置，並接受消費者之諮詢、教育宣導以及申訴。

　　◆ 此處之申訴主體限於消費者，因為消費者多為消費關係下較為弱勢之一方。

　　◆ 若是企業經營者與消費者間之糾紛中，企業經營者欲向消費者主張相關權利，則不得依本條提出申訴，而應依民事訴訟法之規定提起訴訟。

26

消費爭議之申訴

第43條第1項之對象 包括企業經營者、消費者保護團體以及消費者服務中心

・**消保官介入：消費者依第1項申訴未獲妥適處理時，方得向消保官申訴。**

　藉由當事人自行磋商解決紛爭，尊重私法自治下的當事人意思自主。

　以爭訟經濟之觀點，使消費者與企業經營者之協調前置於消費者向消保官申訴前，希望減少案件數目，帶有公益之考量。

計算方式

第2項該十五日之計算，依據消保法施行細則第36條之規定，
以企業經營者接獲申訴之日起算。

27

消費申訴與調解

當消保官之介入，未能解決紛爭時？

消保法第44條

- 消費者依前條申訴未能獲得妥適處理時，得向直轄市或縣(市)消費爭議調解委員會申請調解。

當事人是否得跳過調解程序，直接進行訴訟？

民事訴訟法第403條第1項

- 下列事件，除有第四百零六條第一項各款所定情形之一者外，於起訴前，應經法院調解：
  - 十一、其他因財產權發生爭執，其標的之金額或價額在新臺幣五十萬元以下者。

◆ 在此範圍內，消費者不得未經調解程序而逕行提起訴訟。
◆ 在此範圍外，調解並非提起訴訟之先行程序。

28

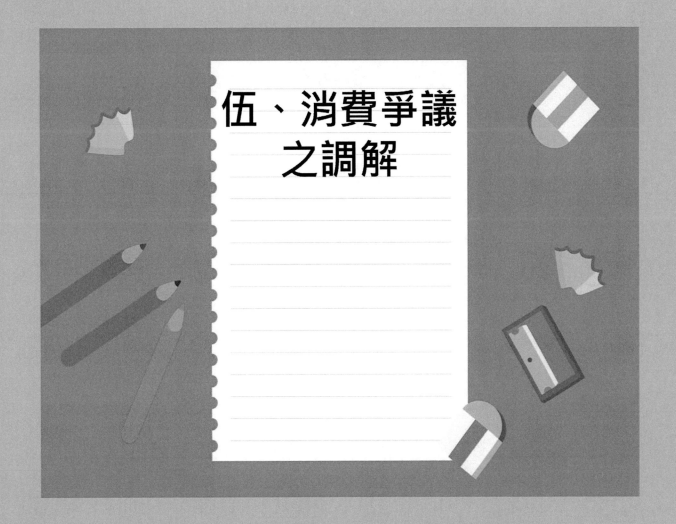

伍、消費爭議 之調解

消費爭議調解程序

調解程序之目的

係於訴訟之外解決法律爭議的制度之一。

以爭議當事人間為解決爭議之具體內容成立合意，而非如仲裁將該項內容交由第三人為判斷[1]。

具有維持當事人間和諧及感情上生活關係之優點。

1. 邱聯恭講述，許士宦整理，口述民事訴訟法講義（一）二〇〇九年筆記版，頁67。

30

消費爭議調解之規定

消保法第45條 ｛ • 規定消費爭議調解委員會之編制

消保法第45-1條
第1項 ｛ • 規定調解程序之處所，並規定程序不公開

消保法第45-1條
第2項 ｛ • 規定調解之相關人員對於調解事件之內容除已公開事項外應保守秘密，係為保護雙方名譽及當事人間之和諧

消保法第45-2條
第1項 ｛ • 當事人不能合意，但已甚接近者，調解委員得斟酌一切情形，依職權提出調解方案，送達當事人並記載第45-3條規定效果

消保法第45-3條 ｛ • 雙方當事人得於送達後十日之不變期間內提出異議，若未提出異議，視為調解方案成立

調解方案事關當事人權益重大，故第45-2條第2項規定應經參與調解委員過半數之同意，方得為之。

31

小額消費爭議之規定

消保法第45條之4以下規定小額消費爭議之案件

中華民國92年5月26日院臺聞字第 0920020214 號令：

「依消費者保護法第四十五條之四第四項訂定小額消費爭議之額度為新台幣十萬元。」

小額消費爭議為求**紛爭快速解決**，故**消保法第45條之4**規定當事人一方無正當理由，不於調解期日到場者，調解委員得審酌一切情形，依一方當事人之請求或依職權提出解決方案，並送達於雙方當事人。

當事人亦得於送達後十日內提出**異議**等部分與前述之調解規定相同。

惟消保法第45條之5規定，雖當事人對該調解方案提出異議，但經調解委員另定調解期日仍無正當理由不到場者，視為依該調解方案**成立調解**。

32

消費爭議調解之成立

消保法第46條

Ⅰ、調解成立者應作成調解書。

Ⅱ、前項調解書之作成及效力，準用鄉鎮市調解條例第二十五條至第二十九條之規定。

依鄉鎮市調解條例§25作成調解書，並記載調解相關事項。

依鄉鎮市調解條例§26規定應於調解成立之日起十日內將調解書及卷證送請移付或管轄法院審核。

法院應儘速予以核定，依鄉鎮市調解條例§27條，調解書核定後與民事確定判決有同一之效力。

33

陸、案例解析

一、黑心的平板電腦

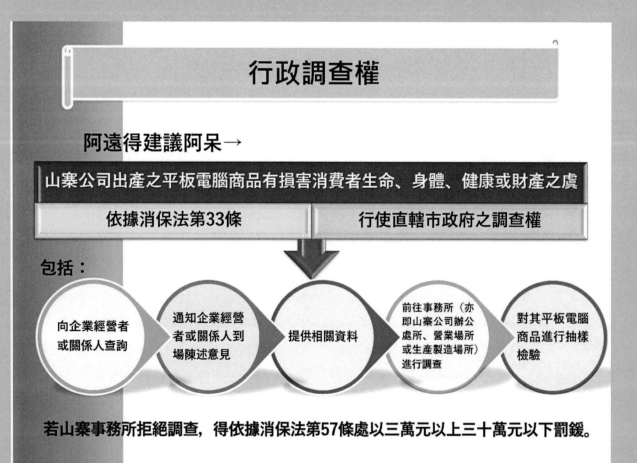

行政調查權

阿遠得建議阿呆→

山寨公司出產之平板電腦商品有損害消費者生命、身體、健康或財產之虞

依據消保法第33條	行使直轄市政府之調查權

包括：

- 向企業經營者或關係人查詢
- 通知企業經營者或關係人到場陳述意見
- 提供相關資料
- 前往事務所（亦即山寨公司辦公處所、營業場所或生產製造場所）進行調查
- 對其平板電腦商品進行抽樣檢驗

若山寨事務所拒絕調查，得依據消保法第57條處以三萬元以上三十萬元以下罰鍰。

35

行政調查權(續)

◆ 若阿呆發現山寨公司經消保法第33條之調查，確有影響消費者相關權利之情形，依據消保法第36條，應命山寨公司限期改善、回收或銷毀。

若發現山寨公司侵害消費者權益嚴重，或其公司出產之平板電腦之設計生產有重大缺陷時	得命令山寨公司停止該平板電腦之設計、生產、製造以及加工。

然山寨公司出產之平板電腦已廣為散佈於市面，有鑑於該電腦有隨時爆炸，危害消費者生命	此時即得於大眾傳播媒體公告企業經營者之名稱、地址、商品。	另得適用消保法§58及§59之罰則。

◆ 山寨公司產製具有嚴重缺陷之商品，對於此等嚴重影響消費者權益、違反消保法之情形，**中央主管機關或行政院**得本於職權，命其停止營業（消保法第60條）。

36

陸、案例解析

二、

烏龍的訂房專家

37

第一小題

◆**阿遠得依據**消保法第43條第1項，**向企業經營者、消費者保護團體或消費者服務中心**申訴。

1 若阿遠向「訂房專家」申訴，依據同條第2項之規定，「訂房專家」應於申訴之日起十五日內妥適處理之。

2 若向「訂房專家」申訴後，未獲妥適處理，阿遠得依據同條第3項之規定，向直轄市、縣（市）政府消費者保護官申訴。

38

第二小題

依據行政院函示，若是十萬元以下之紛爭，應適用小額消費爭議之相關規定。

阿遠消費紛爭之額度為新臺幣三仟元，

應適用消保法第45條之4以下有關小額消費爭議相關規定。

依消保法第45條之4規定，當事人之一方無正當理由，不於調解期日到場者，調解委員得審酌情形，依到場當事人一造之請求或依職權提出解決方案，並送達於當事人；該方案應經全體調解委員過半數之同意，並記載消保法第45條之3，所定異議期間及未於法定期間提出異議之法律效果。

· 此時，若「訂房專家」在未出面之情況下，在調解委員提出調解方案送達後，於十日內未表示異議者，視為已依此方案成立調解。

· 若「訂房專家」有對於調解委員提出之調解方案提出異議，則此時調解委員會應另定相關期日進行調解。

· 但若「訂房專家」再次無正當理由而不到場時，依據消保法第45條之5規定，即視為依該調解方案成立。

· 一旦依調解方案成立調解，調解委員會應作成調解書，送請法院審核，經核定後，即與民事確定判決具同一效力，阿遠得以此作為強制執行之依據。

39

行政監督程序體系圖

```
行政調查 ─┬─ 調查主體 ─┬─ 直轄市或縣(市)政府 (§33Ⅰ)
          │            └─ 中央主管機關(§38)
          │
          ├─ 要件：企業經營者提供之商品或服務有損害消費者
          │        生命、身體、健康或財產之虞。「應」開始調查。
          │
          └─ 效果   1. (§33Ⅱ)
```

一、向企業經營者或關係人查詢。
二、通知企業經營者或關係人到場陳述意見。
三、通知企業經營者提出資料證明該商品或服務對於消
　　費者生命、身體、健康或財產無損害之虞。
四、派員前往企業經營者之事務所、營業所或其他有關
　　場所進行調查。
五、必要時，得就地抽樣商品，加以檢驗。

2. 調查時，可為證據之物，得聲請檢察官扣押 (§34Ⅰ)
3. 主管機關 辦理檢驗，得委託辦理。(§35)
4. 若拒絕主管機關依據第33條之調查，依據第57條，處新臺
　 幣三萬元以上三十萬元以下罰鍰。

40

行政監督程序體系圖(續)

```
行政調查後 ─┬─ 調查主體 ─┬─ 直轄市或縣(市)政府 (§36)
的命令權及  │            └─ 中央主管機關(§38)
公告權      │
            ├─ 要件：企業經營者提供之商品或服務經第33條之調查後，確
            │        有損害消費者生命、身體、健康或財產，或確有損害之虞。
            │
            ├─ 效果   1. 應命其限期改善、回收或銷燬。
            │         2. 必要時並得命企業經營者立即停止該商品之設計、生產、
            │            製造、加工、輸入、經銷或服務之提供，或採取其他必要
            │            措施。此項限期改善、回收、銷燬之命令，應視個案訂之，
            │            但最常不得超過六十日。(施行細則 §33)
            │         3. 違反本項命令情結重大，處新臺幣六萬元以上一百五十萬
            │            元以下罰鍰。
            │
            └─ 若已發生重大損害確   主管機關應即在大眾傳撥媒體公
               有發生重大損害之虞，  告企業經營者之名稱、地址、商
               而情況危急時          品、服務、或為其他必要之處置
                                     (§37)
```

有37條規定情形者，主管機關除依第
36條及第37條之規定處置外，得對其
處新臺幣十五萬元以上一百五十萬元
以下罰鍰，並得按次處罰(§58)。
若違反情節重大，中央主管機關或行
政院得立即命令其停業(§60)。

41

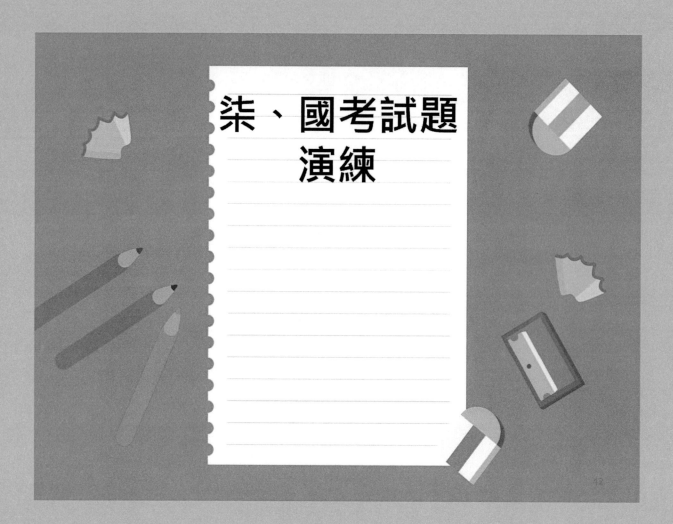

柒、國考試題演練

題號	答案	題目	相關條文
1	C	依消費者保護法規定，下列有關消費者保護團體之敘述，何者錯誤？ (A)消費者保護團體以社團法人或財團法人為限 (B)以保護消費者權益、推行消費者教育為宗旨 (C)以確保公平競爭、促進經濟之安定與繁榮為宗旨 (D)消費者保護刊物之編印發行為其任務之一 【107年度不動產經紀營業員資格取得測驗更新題庫】	§27 §28
2	B	依消費者保護法規定，下列何者非屬消費者保護團體之任務？ (A)商品或服務品質之調查、檢驗、研究、發表 (B)設仲裁庭，處理消費爭議之仲裁 (C)消費資訊之諮詢、介紹與報導 (D)處理消費爭議，提起消費訴訟 【107年度不動產經紀營業員資格取得測驗更新題庫】	§28
3	B	依消費者保護法規定，下列有關直轄市或縣(市)政府進行調查之敘述，何者錯誤？ (A)調查時，應出示有關證件 (B)調查完成後，不得公開其經過及結果 (C)通知企業經營者或關係人到場陳述意見 (D)必要時，得就地抽樣商品，加以檢驗 【107年度不動產經紀營業員資格取得測驗更新題庫】	§33

題號	答案	題目	相關條文
4	A	消費者與企業經營者因商品或服務發生消費爭議時，消費者得向企業經營者申訴，企業經營者對於消費者之申訴，應於申訴之日起至多幾日內妥適處理之？ (A)15 日 (B)30 日 (C)40 日 (D)50 日 【107年度不動產經紀營業員資格取得測驗更新題庫】	§43
5	C	依消費者保護法規定，消費者因商品有瑕疵經向企業經營者申訴，而未獲妥適處理時，消費者得向下列何者申訴？ (A)檢察官 (B)法官 (C)消費者保護官 (D)書記官 【107年度不動產經紀營業員資格取得測驗更新題庫】	§44
6	B	依消費者保護法規定，下列何者非屬消費爭議時，消費者申訴之對象？ (A)企業經營者 (B)鄉鎮區公所 (C)消費者保護團體 (D)消費者服務中心 【107年度不動產經紀營業員資格取得測驗更新題庫】	§43

題號	答案	題目	相關條文
7	D	依消費者保護法之規定，消費者與企業經營者發生消費爭議，申請調解時，消費爭議調解事件之受理、程序進行及其他相關事項之辦法，由下列何者定之? (A)消費爭議調解委員會 (B)消費者保護團體 (C)消費者保護委員會 (D)行政院 【107年度不動產經紀營業員資格取得測驗更新題庫】	§44-1
8	C	依消費者保護法第45 條之規定，直轄市、縣（市）政府應設消費爭議調解委員會，並置委員至少及至多幾名？ (A)5 至7 名 (B)5 至9 名 (C)7 至21 名 (D)9 至21 名 【107年度不動產經紀營業員資格取得測驗更新題庫】	§45
9	B	依消費者保護法之規定，直轄市、縣（市）政府之消費爭議調解委員會主席，應由誰擔任？ (A)直轄市、縣（市）政府代表 (B)消費者保護官 (C)消費者保護團體代表 (D)學者專家 【107年度不動產經紀營業員資格取得測驗更新題庫】	§45

題號	答案	題目	相關條文
10	D	依消費者保護法規定，下列有關消費爭議調解之敘述，何者錯誤？ (A)調解程序，於直轄市、縣 (市) 政府或其他適當之處所行之 (B)消費爭議調解委員會之調解程序，得不公開 (C)列席協同調解人對於調解事件之內容，除已公開之事項外，應保守秘密 (D)調解事件之內容應保守秘密，絕對不得公開 【107年度不動產經紀營業員資格取得測驗更新題庫】	§45-1
11	A	關於消費爭議之調解，調解委員依消費者保護法規定，得依職權提出解決爭議之方案，惟該方案應經參與調解之委員至少超過多少比例同意？ (A)1/2 (B)2/3 (C)3/4 (D)4/5 【107年度不動產經紀營業員資格取得測驗更新題庫】	§45-2
12	A	當事人對於消費爭議調解委員會依職權提出解決事件之方案，得於送達後幾日之不變期間內提出異議，未於該期間內提出異議者，視為已依該方案成立調解？ (A)10 日 (B)15 日 (C)20 日 (D)30 日 【107年度不動產經紀營業員資格取得測驗更新題庫】	§45-3

題號	答案	題目	相關條文
13	B	依消費者保護法規定，消費爭議調解辦法由何機關定之？ (A) 消費者爭議調解委員會 (B) 行政院 (C) 消費者服務中心 (D) 各直轄市或縣（市）政府 【103普考】	§44-1
14	D	依消費者保護法規定，下列有關調解之敘述何者正確？ (A) 消費爭議調解委員會，由委員互推主席 (B) 依消費者保護法第四十五條之二，有關一般消費爭議經委員會依職權調解提出之解決方案，應經全體調解委員過半數之同意 (C) 當事人對委員會依職權調解之方案，得於送達後十五日之不變期間內，提出異議 (D) 調解成立者應作成調解書。調解書之作成及效力，準用鄉鎮市調解條例第二十五條至第二十九條之規定 【103普考】	§45 §46
15	A	消費者與企業經營者因商品或服務發生消費爭議時，得向下列何機構申訴？ (A) 消費者保護團體 (B) 職業公會 (C) 法院 (D) 消費爭議調解委員會 【107地特四等】	§43

16　A　依消費者保護法規定，直轄市或縣（市）政府對於建商興建預售屋商品出售予消費者所為之行政監督的敘述，下列何者錯誤？ §33 §34 §36 §37

(A) 直轄市或縣（市）政府認為建商提供之預售屋有損害消費者生命、身體、健康或財產之虞者，應即進行調查。於調查完成後，不得公開其經過及結果

(B) 直轄市或縣（市）政府於調查時，對於可為證據之物，得聲請檢察官扣押之

(C) 直轄市或縣（市）政府對於建商提供之商品或服務，經調查認為確有損害消費者生命、身體、健康或財產，或確有損害之虞者，應命其限期改善、回收或銷燬

(D) 直轄市或縣（市）政府於建商提供之商品或服務，對消費者已發生重大損害或有發生重大損害之虞，而情況危急時，除命其限期改善、回收或銷燬之處置外，應即在大眾傳播媒體公告企業經營者之名稱、地址、商品、服務、或為其他必要之處置

【104普考】

17　C　發生消費爭議時，不動產經紀業經營者對於消費者之申訴，依消費者保護法之規定，應於申訴之日起幾日內妥適處理之？ §43

(A) 5 日

(B) 10 日

(C) 15 日

(D) 20 日

【104普考】

18　C　消費者與不動產經紀業經營者因商品或服務發生消費爭議時，依消費者保護法之規定，關於爭議的解決方式，下列敘述何者錯誤？ §43 ～ §46

(A) 消費者得向不動產經紀業經營者、消費者保護團體或消費者服務中心或其分中心申訴

(B) 消費者向(A)等對象申訴未能獲得妥適處理時，得向直轄市或縣（市）消費爭議調解委員會申請調解

(C) 調解程序，於直轄市、縣（市）政府或其他適當之處所行之，其程序得公開

(D) 調解委員、列席協同調解人及其他經辦調解事務之人，對於調解事件之內容，除已公開之事項外，應保守秘密

【104普考】

19　D　依消費者保護法之規定，下列有關消費者保護團體之敘述，何者錯誤？ §27 §28 §31

(A) 消費者保護團體以社團法人或財團法人為限

(B) 消費者保護團體之任務包含接受消費者申訴，調解消費爭議

(C) 消費者保護團體為商品或服務之調查、檢驗時，得請求政府予以必要之協助

(D) 消費者保護團體對於企業經營者提供之商品，認為有損害消費者健康之虞者，得命其回收

【104普考】

題號	答案	題目	相關條文
20	C	關於消費爭議調解委員會的敘述，下列何者正確？ (A) 直轄市、縣（市）政府應設消費爭議調解委員會，置委員5 至11 名 (B) 調解程序，於直轄市、縣（市）政府或其他適當之處所行之，其程序應公開 (C) 關於消費爭議之調解，當事人不能合意但已甚接近者，調解委員得斟酌一切情形，求兩造利益之平衡，於不違反兩造當事人之主要意思範圍內，依職權提出解決事件之方案，並送達於當事人 (D) 當事人對於經參與調解委員過半數同意提出解決事件之方案，得於送達後20 日之不變期間內，提出異議 【105普考】	§43 ～ §46
21	B	依消費者保護法規定，關於消費爭議之處理，當事人對於調解委員依職權提出之解決方案若有異議，最遲得於送達後幾日內提出？ (A) 7日 (B) 10日 (C) 15日 (D) 20日 【106普考】	§45-5
22	C	依消費者保護法規定，企業經營者對於消費者之申訴，應於申訴之日起幾日內妥適處理？ (A) 7日 (B) 10日 (C) 15日 (D) 20日 【106普考】	§43

題號	答案	題目	相關條文
23	A	下列關於消費者保護法所定調解之敘述，何者錯誤？ (A) 消費者與企業經營者均得申請調解 (B) 限於消費爭議案件始得申請調解 (C) 申請調解之案件，須業經申訴，而未獲妥適之處理者 (D) 申請調解，應向直轄市或縣（市）消費爭議調解委員會申請 【104普考】	§43 ～ §46
24	A	下列有關消費者保護法消費者保護團體之敘述，何者錯誤？ (A) 消費者保護團體僅限於財團法人 (B) 消費者保護團體就企業經營者重大違反消費者保護法之行為，得向法院訴請停止或禁止之 (C) 消費者保護團體可接受消費者申訴，調解消費爭議 (D) 主管機關對於績效良好之消費者保護團體得予以財務上之獎助 【105警察員級】	§27

-第八章-
消費訴訟

林瑞珠教授

大綱

- 壹、引導案例
- 貳、消費訴訟之特別規定
- 參、消費訴訟之提起
- 肆、案例解說
- 伍、團體訴訟判決摘要
- 陸、試題演練

壹、引導案例

◆ 2011年5月下旬，塑化劑(DEHP)之風波蔓延全台。

◆ 據衛生署（現已改衛福部）表示，若食用高含量塑化劑，將有不孕症狀以及提高罹癌之風險。

塑化劑對人體可能影響
- 內分泌失調(糖尿病、甲狀腺疾病)
- 男童女性化、女童性早熟
- 危害神經系統、腦部損害
- 抑制骨髓細胞生長
- 破壞免疫系統
- 影響生殖系統、傷胎兒
- 傷肝.腎、肝腫瘤.肝癌
- 乳癌.攝護腺癌
- 子宮內膜異常增生

塑化劑介紹
- 環境荷爾蒙一種，讓塑膠變柔軟，增加韌性和延展性
- 香水髮膠等的「定香劑」，避免香料快速釋出
- 親脂性物質，不需高溫，碰到油脂易溶出
- 常見塑化劑：DEHP(鄰苯二甲酸二(2-乙基己基)酯)
  DEP、DBP、DOP、BBP、DMP等
- 常見製品：塑膠容器、塑膠餐具、塑膠瓶裝水.果汁、日用品、玩具、香水髮膠、香水指甲油、化妝品、沐浴乳等

圖片來源：公共電視　有話好說，「無所不在的殺手：塑化劑 塑膠袋買特瓶保鮮膜 錯誤使用 傷腎散肝且致癌！」
·2010年8月12日·http://talk.news.pts.org.tw/2010/08/blog-post_12.html

問題思考

2011年5月底台灣爆發的塑化劑事件，讓台灣民眾人心惶惶。起雲劑添加最多的運動飲品一時乏人問津。

◆ 「起雲食品」專門提供相關運動飲料，並在市場上有一定之佔有率。

◆ 然而，經衛生署檢驗及公告，其所販售之運動飲料所含之塑化劑，超過100ppm！嚴重超出衛生署所定，食品中不得添加塑化劑之規定！

◆ 【案例假設】雖然衛生署已檢驗公告「起雲食品」之相關超量商品，但該公司相關運動飲料仍然於市面上各大通路販售…

1 「正義消費者保護基金會」設置已五年，並經評定為優良，且因確有一定之績效及聲望，受捐款總額頗高，登記財產總額達新臺幣五千萬元，並聘僱專人負責處理消費爭議問題，亦有委任律師隨時處理訴訟案件。

阿遠身為「正義消費者保護基金會」之委任律師，亟欲於本次案件中避免社會大眾繼續受害：
1. 其有何消保法上依據得停止其販售含有超量起雲劑之產品？
2. 該依據有何要件？

問題思考

2 許多民眾向「正義消費者保護基金會」投訴，表示其經常飲用「起雲食品」之超量運動飲料，經健康檢查後發現有不孕症等情狀，並經證實係飲用該運動飲料所致。

阿遠以及其他「正義消費者保護基金會」委任律師欲為這些受害民眾向「起雲公司」請求賠償，請問：
1. 於消保法上之法律依據為何？
2. 阿遠及其他律師是否得請求報酬？

問題思考

3 阿遠及其他律師認為該含有超量塑化劑運動飲料之市佔率極高，受害者眾。考量仍有許多飲用過量塑化劑商品之受害者，阿遠有何消保法上之依據得使其他受害人知悉，以共同參與訴訟？

4 除了向「起雲食品」請求賠償飲用含有超量塑化劑所受之損害外，阿遠是否有其他消保法上之依據，得為消費者爭取其他賠償？

貳、消費訴訟之特別規定

規範目的

消費訴訟章節之立法，係基於消費爭議的發生，具有兩項特性所設：

1 爭議發生之消費關係雙方為**消費者**以及**企業經營者，雙方之經濟實力通常存有差距**，消費者承擔訴訟費用之能力、獲取法律專業協助的能力往往不如企業經營者，加以企業經營者對其商品或服務擁有較多的知識，**倘若消費者僅能依民事訴訟法所定之一般程序主張權利，則法律將難以在消費訴訟之場合體現實質正義**，故消保法特別規範消費訴訟之相關特別規定，便於消費者在訴訟中獲得充分保障，便利消費者提起，減少其程序利益之消耗。

2 消費爭議發生可能不僅存在企業經營者與單一消費者之間，因商品或服務同種類化之下，同一瑕疵或缺陷所造成之損害，可能同時或分別造成眾多消費者之損害；**若是單一消費者分別向企業經營者請求，除了造成法院案件繁多，並且需分別就原因發生事實為判斷，增加個別消費者以及法院審理之負擔**，故有予以簡化之必要。

消費訴訟之管轄法院

 消保法第47條　消費訴訟，**得**由消費關係發生地之法院管轄。

『**得**』
↓
未排除民事訴訟
法相關管轄規定

於民事訴訟法
「**以原告就被告**」
的原則外，另賦
予消費者選擇管
轄法院之權利

以免舟車勞頓制
約消費者向法院
請求救濟之能力，
以落實消保法保
護消費者的宗旨

民事訴訟法第1條、第2條關於管轄之一般規定，
民事訴訟法第3條以下管轄之特別規定，均有適用。

移送管轄之原因及程序

除非有民事訴訟法專屬管轄之規定

- 否則消費訴訟均可依消保法第47條之規定由消費關係發生地作為法院管轄
- 以避免企業經營者利用定型化契約之合意管轄規定，造成消費者請求之困難。

◆ 民事訴訟法第28條第2項亦規定**若當事人一造為法人或商人時，若是合意管轄地顯失公平時，他造得聲請移送管轄，但以他造並非法人或商人者為限。**

➤ 避免消費關係等雙方當事人其中法人或商人利用定型化契約或其他方式，以排他之合意管轄方式，造成消費者可能陷於較「以原就被」更不利之地位所設。

◆ 民事訴訟法第436條之9亦有對此類關係下之管轄法院為一定之限制。

民事訴訟法第28條

- I、訴訟之全部或一部，法院認為無管轄權者，依原告聲請或依職權以裁定移送於其管轄法院。
- II、第二十四條之合意管轄，如當事人之一造為法人或商人，依其預定用於同類契約之條款而成立，按其情形顯失公平者，他造於為本案之言詞辯論前，得聲請移送於其管轄法院。但兩造均為法人或商人者，不在此限。
- III、移送訴訟之聲請被駁回者，不得聲明不服。

民事訴訟法第436-9條

- 小額事件當事人之一造為法人或商人者，於其預定用於同類契約之條款，約定債務履行地或以合意定第一審管轄法院時，不適用第十二或第二十四條之規定。但兩造均為法人或商人者，不在此限。

消費專庭之設置

消保法第48條第1項：高等法院以下各級法院及其分院得設立消費專庭或指定專人審理消費訴訟事件。

因消費訴訟案件與一般訴訟案件略有不同，例如：**消費訴訟案件中，有時消費者並非研習法律之人，或未委任訴訟代理人時，需要法官盡量行使闡明權，告知當事人訴訟相關事項以及事實上、法律上爭點，以補足前述消費關係雙方實力之差距**，且有相關消費技術層面之爭點（例如定型化契約條款是否顯失公平之判斷），皆與一般訴訟不同；故以消費專庭審理消費事件有助於消費者之保障。

消保法第48條第2項：法院為企業經營者敗訴之判決時，得依職權宣告為減免擔保之假執行。

因在判決企業經營者敗訴後，若要求消費者提供相對額度之擔保對企業經營者假執行可能發生困難，且不符合消保法保護消費者之宗旨，故規定於假執行時，法院得依職權宣告消費者減免擔保。

12

參、消費訴訟
之提起

消費者保護團體提起之訴訟

消保法§49規定消費者保護團體為消費者實施消保法§50及§53訴訟之要件。

- 相關訴訟影響消費者權益甚鉅，為使消費者保護團體能夠實際保障消費者，故對於提起訴訟之消費者團體資格加以限制。
- 104年修法後，將原本各款要件刪除，放寬要件。

消保法第49條

- Ⅰ、消費者保護**團體**許可設立**二年以上**，置有消費者保護**專門人員**，且申請行政院**評定優良**者，**得以自己之名義**，提起**第五十條消費者損害賠償訴訟**或**第五十三條不作為訴訟。**
- Ⅱ、消費者保護團體依前項規定提起訴訟者，應委任律師代理訴訟。受委任之律師，就該訴訟，得請求預付或償還必要費用。
- Ⅲ、消費者保護團體關於其提起之第一項訴訟，有不法行為者，許可設立之主管機關應廢止其許可。
- Ⅳ、優良消費者保護團體之評定辦法，由行政院定之。

14

消費者保護團體提起訴訟之程序

消保法第49條第1項 — 設立2年以上設有專員，且申請評定為優良

其規定律師就該訴訟，得請求預付或償還必要費用。

- 提起訴訟，其團體尚須符合第一項之要件，方可以自己名義提起相關訴訟。

- 第一項所稱「消費者保護專門人員」有明示於消保法施行細則第37條。

- 曾任法官、檢察官或消費者保護官。
- 律師、醫師、建築師、會計師或其他執有全國專門職業執業證照之專業人士，且曾在消費者保護團體服務一年以上。
- 曾在消費者保護團體擔任保護消費者工作三年以上。

- 消保法第49條第2項規定提起此類訴訟應委任律師代理訴訟，係為確保並維護消費者之權益。

15

消費者損害賠償之請求範圍

消保法第50條

- Ⅰ、消費者保護團體對於同一之原因事件，致使眾多消費者受害時，得受讓二十人以上消費者損害賠償請求權後，以自己名義，提起訴訟。消費者得於言詞辯論終結前，終止讓與損害賠償請求權，並通知法院。
- Ⅱ、前項訴訟，因部分消費者終止讓與損害賠償請求權，致人數不足二十人者，不影響其實施訴訟之權能。
- Ⅲ、第一項讓與之損害賠償請求權，包括民法第一百九十四條、第一百九十五條第一項非財產上之損害。
- Ⅳ、前項關於消費者損害賠償請求權之時效利益，應依讓與之消費者單獨個別計算。
- Ⅴ、消費者保護團體受讓第三項所定請求權後，應將訴訟結果所得之賠償，扣除訴訟及依前條第二項規定支付予律師之必要費用後，交付該讓與請求權之消費者。
- Ⅵ、消費者保護團體就第一項訴訟，不得向消費者請求報酬。

同一原因事件

其含義應採廣義之解釋：

包含以相同企業經營者因相同型號、批號、來源或其他特徵之商品，或內容、時間、提供者等特徵相同之服務而受有損害者。

16

訴訟承擔與任意訴訟承擔

訴訟法上關於第50條是否定性為「訴訟擔當」存有爭議[1]。

惟有學說觀察其性質認為[2]：

消保法第50條規定屬於任意訴訟擔當。

以消費者以自己之意思讓與自己之損害賠償請求權(訴訟實施權)予消費者保護團體，由消費者保護團體代替實質當事人為相關之訴訟行為。

雖「非財產上之損害」請求權原則上不得讓予他人，惟消保法第50條第3項明文規定讓與之損害賠償請求權，包含民法第194條、第195條第1項之非財產上之損害。

訴訟擔當	係指以自己名義成為當事人，有當事人適格，實施並參與訴訟，而實質判決效果及於其他當事人之謂。
任意訴訟擔當	係指依實質相對人授權，使非實體法上權利義務主體之第三人取得訴訟實施權。

1. 究竟屬於單純的訴訟實施權之授予（任意訴訟擔當），抑或以授予訴訟實施權為目的之債權信託讓與（訴訟信託），學說與實務有不同見解。詳參張文郁，論消費者保護訴訟，月旦法學雜誌，第252期，2016年5月，頁19。
2. 邱聯恭講述，許士宦整理，口述民事訴訟法講義（一）二〇〇九年筆記版，頁334。

17

訟訴結果所得賠償之交付

消保法第50條第5項、第6項：

消費者保護團體受讓第三項所定請求權後，應將訴訟結果所得之賠償，扣除訴訟及依前條第二項規定支付予律師之必要費用後，交付該讓與請求權之消費者。

消費者保護團體就第一項訴訟，不得向消費者請求報酬。

必要費用之範圍，消保法施行細則第39條訂有明文，包括民事訴訟費用、消費者保護團體及律師為進行訴訟所支出之必要費用，及其他依法令應繳納之費用。

消保法第52條

- 消費者保護團體以自己之名義提起第五十條訴訟，其標的價額超過新臺幣六十萬元者，**超過部分免繳裁判費**。← 民事訴訟法第44-1條，選定公益社團法人為當事人，並無此規定

民事訴訟法第77-13條

- 因財產權而起訴，其訴訟標的之金額或價額在新臺幣十萬元以下部分，徵收一千元；逾十萬元至一百萬元部分，每萬元徵收一百元；逾一百萬元至一千萬元部分，每萬元徵收九十元；逾一千萬元至一億元部分，每萬元徵收八十元；逾一億元至十億元部分，每萬元徵收七十元；逾十億元部分，每萬元徵收六十元；其畸零之數不滿萬元者，以萬元計算。

18

不作為訴訟之提起

消保法第53條

- Ⅰ、消費者保護官或消費者保護團體，就企業經營者重大違反本法有關保護消費者規定之行為，得向法院訴請停止或禁止之。
- Ⅱ、前項訴訟免繳裁判費。

消保法第49條第1項：消費者保護團體許可設立二年以上，置有消費者保護專門人員，且申請行政院評定優良者，得以自己之名義，提起第五十條消費者損害賠償訴訟或**第五十三條不作為訴訟**。

⬇

因公害產品所發生之危害，其影響不容小覷，對消費者之生命、健康、財產乃至生活環境影響極大，惟消費者無力獨自訴請排除公害，故詞條擴大公益法人之功能，得以自己名義提起訴訟[1]。

「違反本法之重大行為」應如何界定？　　消保法施行細則第40條規定，其指企業經營者違反本法有關保護消費者規定之行為，確有損害消費者生命、身體、健康或財產，或確有損害之虞者。

---

1. 邱聯恭，程序制度機能論，頁169以下。

19

選定當事人之訴訟

消保法第54條

- Ⅰ、因**同一消費關係**而被害之多數人，依**民事訴訟法第四十一條**之規定，選定一人或數人起訴請求損害賠償者，法院得**徵求原被選定人之同意後公告曉示**，其他之被害人得於一定之期間內以書狀表明被害之事實、證據及應受判決事項之聲明、併案請求賠償。其請求之人，視為已依民事訴訟法第四十一條為選定。
- Ⅱ、前項併案請求之書狀，應以繕本送達於兩造。
- Ⅲ、第一項之期間，至少應有十日，公告應黏貼於法院牌示處，並登載新聞紙，其費用由國庫墊付。

選定當事人之程序

很多消費爭議並非僅存在於企業經營者與單一消費者間。

若多數消費者基於同一原因關係而欲對企業經營者提起訴訟時：

- 為避免大量同類型案件累積於法院，造成必須針對同一原因事實而造成必須分別調查證據及勘驗證物之不便
- 擴大紛爭解決一回性之功能
- 單一消費者未必能夠確實主張法律上權利

藉由此項當事人選定，得集合眾人之力量對企業經營者請求。

學說認為此處屬於任意訴訟擔當[1]：

- 藉由當事人之選定，移轉訴訟實施權予他人。

為貫徹此項集合消費者眾人之力之規定	消保法第54條第1項及第3項規定，以法院公告並刊登新聞紙等方式，使眾人知悉，便於參與訴訟。
代理或必要允許之補正	消保法第55條規定準用民事訴訟法第48條及第49條，亦即在欠缺代理權之情形，得予以補正。

1.邱聯恭講述，許士宦整理，口述民事訴訟法講義（一）二〇〇九年筆記版，頁299。

懲罰性賠償金之請求

消保法第51條

- 依本法所提之訴訟，因企業經營者之**故意**所致之損害，<u>消費者</u>得請求損害額五倍以下之懲罰性賠償金；但因**重大過失**所致之損害，得請求三倍以下之懲罰性賠償金，因**過失**所致之損害，得請求損害額一倍以下之懲罰性賠償金。

立法理由

- 「為促使企業經營者重視商品及服務品質維持消費者利益，懲罰惡性之企業經營者仿效，並阻嚇其他企業經營者，參酌美國、韓國立法例而有懲罰性賠償金之規定。」

- ↑**法條明定請求主體為消費者[1]**

- 104年修法，將故意所致之損害改為五倍，並增設重大過失所致者為三倍之規定。「懲罰性賠償金之立法目的在於促使企業經營者重視商品及服務品質，懲罰惡性之企業經營者。為嚇阻企業經營者之惡意侵害，本次修正提高懲罰性賠償金之上限，將企業經營者因故意所致之損害，消費者得請求之懲罰性賠償金，由損害額三倍以下提高為五倍以下；增訂因重大過失所致之損害，消費者得請求三倍以下之懲罰性賠償金；並維持現行規定，因過失所致之損害，得請求一倍以下之懲罰性賠償金。」

> 此處「**依本法所提之訴訟**」，本文認為：
> - 「依本法」應指依據消保法作為訴訟請求之實體法上基礎而言，
> - 因此定型化契約上相關主張並非基於本法所提，故不得於主張定型化契約責任中請求懲罰性賠償金。
> - 消保法條文僅第7條至第9條商品及服務責任、第22條、第23條之廣告責任，始能作為實體法上請求基礎[2]。。
> - <u>近來有學說認為不應因為請求權基礎的不同而有差異[3]。</u>

1.有認為懲罰性賠償金之請求主體不限於消費者：參見張志朋，論我國商品責任之請求權主體 - 消費者與第三人區別之必要性與正當性，臺大法律系碩士論文，2004年。
2.詹森林，消保法商品責任之消費者與第三人，民事法理與判決研究（四），2006年12月，頁5-6。
3.詹森林，受僱人執行職務之侵權行為與雇用人之消保法懲罰性賠償金責任 - 最高法院九七年台上字第二三一五號判決之研究，台灣法學雜誌第142期，2009年12月，頁55。

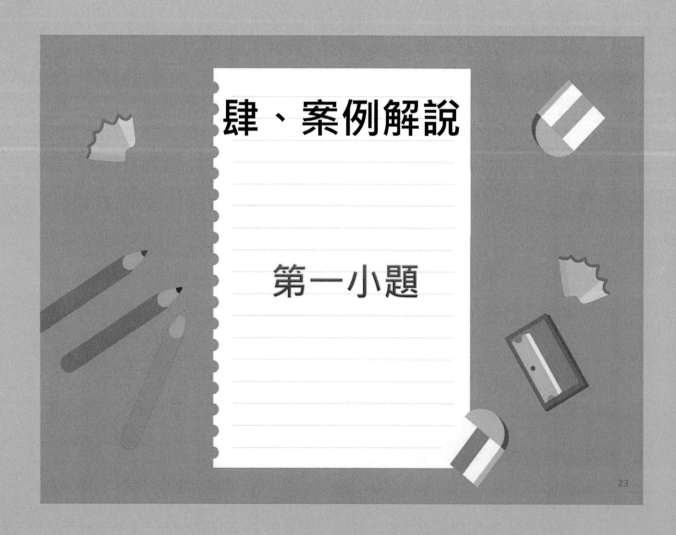

肆、案例解說

第一小題

不作為訴訟之要件

消保法第53條規定，不作為訴訟之要件，係以消保官或消保團體對於企業經營者重大違反消保法有關保護消費者規定之行為者，得向法院訴請停止或禁止之。

消保法第53條規定提起不作為訴訟之消費者保護團體，須符合消保法第49條規定，成立二年以上並申請行政院評定優良，置有消費者保護專門人員等要件。

重大違反消保法之行為係指，依據消保法施行細則第40條之規定，以企業經營者違反消保法有關保護消費者規定之行為，確有損害消費者生命、身體、健康或財產，或確有損害之虞者。

要件

「正義消費者保護基金會」

- 1.設置已超過二年、經評定為優良、聘僱專人處理消費者保護問題
- 2.符合消保法第49條規定及第53條不作為訴訟之原告適格
- 3.含有超量塑化劑之商品流入市面已造成消費者生命、身體及財產之嚴重危害
  - （根據衛生署所公布之資料，食品不得添加任何塑化劑；而塑膠罐裝食品之外包裝僅能含有1ppm之塑化劑，故100ppm已嚴重超過衛生署所訂之標準）

⚠

　　「正義消費者保護基金會」符合消保法第53條提起不作為訴訟之原告適格，阿遠作為委任律師，得建議「正義消費者保護基金會」就「起雲食品」製造超量塑化劑商品嚴重損害消費者生命、身體和財產之行為，向法院訴請停止或禁止其製造相關產品。

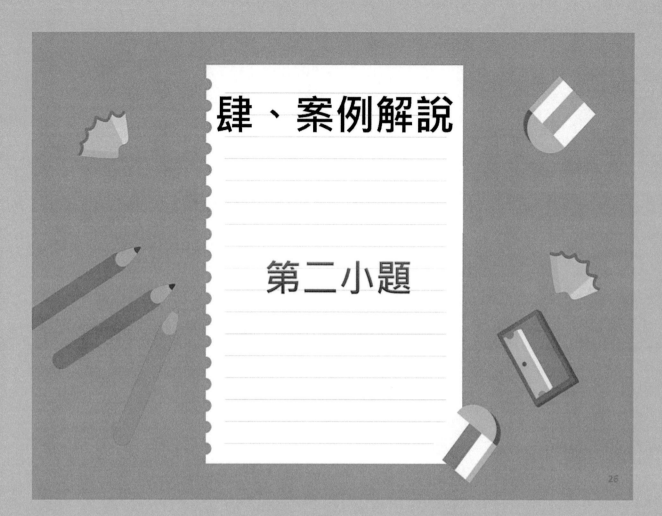

肆、案例解說

第二小題

26

消費者損害賠償訴訟

消保法第50條

- 消保法第50條規定有關消費者損害賠償訴訟，消費者保護團體以同一原因事件，致眾多消費者受害時，受讓二十人以上消費者損害賠償請求權後，以自己名義，提起訴訟。而對該「同一原因事件」，採廣義之見解下，包括基於相同之行號、批號、來源或特徵之商品，而受有損害，均屬於此處之同一原因事件。

「同一原因事件」

- 消費者若係因飲用該相同品牌類型並含有過量塑化劑之運動飲料，而受有損害，為相同之行號、來源之商品，自屬此處之「同一原因事件」。

「正義消費者保護基金會」符合消保法49條之原告適格

- 得於受讓二十人以上消費者損害賠償請求權後，以自己名義，提起訴訟。
- 依據消保法第50條第3項之規定，受讓之範圍上包括民法第194條、第195條第1項非財產上之損害。

必要費用及報酬

- 消保法第50條第5項及第6項之規定，**消費者保護團體不得請求報酬**，而應將訴訟結果所得之賠償，扣除**訴訟**及依前條第二項規定**支付予律師**之**必要費用**後，交付該讓與請求權之消費者。
- 所謂必要費用，依據消保法施行細則第39條之規定，為民事訴訟費用、消費者保護團體及律師為進行訴訟所支出必要費用以及其他依法令應繳納之費用。
- 故受委任之阿遠及其他律師得請求報酬。

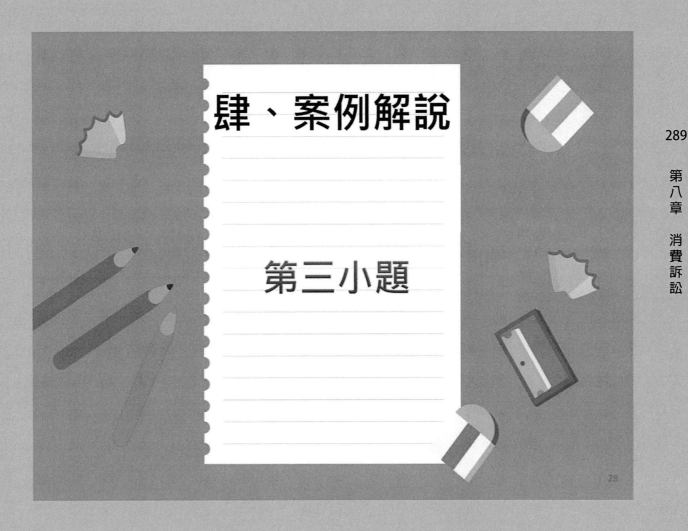

肆、案例解說

第三小題

選定當事人訴訟

◆ 消保法第54條規定選定當事人訴訟之制度，在「**同一消費關係**」有被害之多數人情形下，法院得徵求原選定人之同意，以**公告曉示**之方式，使其他被害人得經書狀表明後，併案請求訴訟。

◆ 惟有疑問者，在於各消費者係分別向超商或各個通路購買該運動飲料，就文意而言並非「同一消費關係」，如此是否仍有本條之適用？

就「同一消費關係」之解釋上，本文認為：

- ◆若是拘泥於文意上解釋而認為僅單一消費關係下之多數被害人有權請求，將架空本條之保護目的。

- 因難以想像在只有「一個消費關係」下造成多數被害人，並且又有以法院為公告、刊載於新聞紙之需要（此種情形極為少見）。

- 故應**擴大本條「同一消費關係」之解釋範圍，與消保法第50條第1項之「同一原因事件」為相同之解釋**，方可充分發揮本條之功能。

在「同一消費關係」之擴張解釋，而與「同一原因事件」採相同範圍下：

・只要因飲用「起雲食品」所生產之含有過量塑化劑運動飲料並受有損害之消費者，均屬第54條之多數被害人。

若已有部分被害人選定「正義消費者保護基金會」代為提起訴訟：

・法院得依據消保法第54條第一項請求「正義消費者保護基金會」之同意後公告曉示，以相關公告及新聞紙使公眾周知（消保法第54條第3項），得以併案請求，一併審理相關事實證據。

30

肆、案例解說

第四小題

31

懲罰性賠償之請求

☐ 消保法第51條規定有關懲罰性賠償之請求，依本法所提之訴訟，因企業經營者之故意所致之損害，消費者得請求損害額五倍以下之懲罰性賠償金；但因重大過失所致之損害，得請求三倍以下之懲罰性賠償金，因過失所致之損害，得請求損害額一倍以下之懲罰性賠償金。

阿遠及其他律師以「正義消費者保護基金會」之名義為消費者提起訴訟：

◆ 因其係以消保法第7條第1項及第3項為請求之依據，屬於依據消保法所提起之訴訟。

◆ 故對於消費者財產上之損害，企業經營者若是故意、重大過失或過失所致者，消費者得請求五倍、三倍或一倍以下之懲罰性賠償金。

非財產上之損害（例如造成不孕症之消費者，其所受身體、健康之損害）是否得為懲罰性賠償金所計算之基礎？

◆ 目前實務似採否定見解，有學者採肯定見解[1]。

◆ 本文認為，消保法第51條並未對請求賠償額之基礎設有限制，亦即應包括財產上損害以及非財產上損害；並且如學者所言，非財產上損害與懲罰性賠償金之功能與目的並不相同，實務見解遽為限制，並非妥當[2]；因此，**非財產上之損害亦得依消保法第51條請求懲罰性賠償金。**

1. 詹森林，非財產上損害與懲罰性賠償金，月旦裁判時報第5期，2010年10月，頁32以下，其引用實務見解如：最高法院九一年台上字第一四九五號判決、最高法院九七年台上字第二四四三號判決、最高法院九八年台上字第二三五二號判決。
2. 詹森林，非財產上損害與懲罰性賠償金，月旦裁判時報第5期，2010年10月，頁35, 39。

32

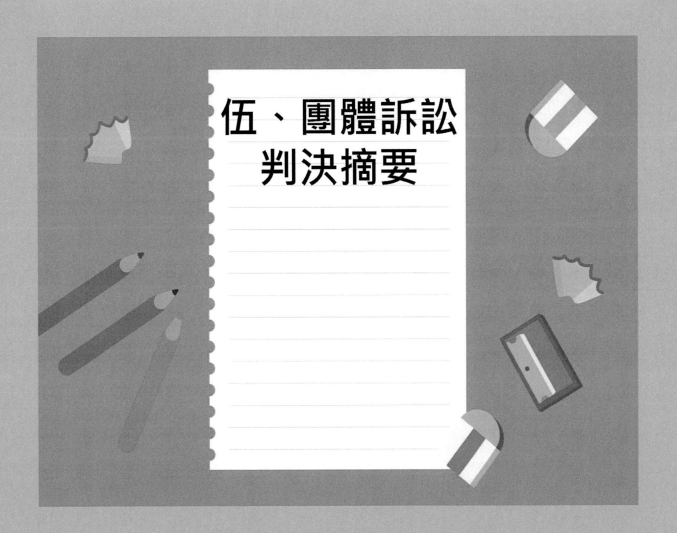

伍、團體訴訟判決摘要

頂新正義豬油案，消基會提團體訴訟

正義豬油案二審 19人共獲賠9.5萬元

律師 江信志
已經有盡到相當的注意義務

2019年8月13日

黃怡菁 郭俊麟 台北報導

公視新聞報導

二審判決，味全、和味丹等廠商獲判免賠，味全的委任律師認為，判決結果合理。律師江信志表示：「我們認為說味全公司，當然我們是跟正義、頂新、強冠購買油品，那味全公司在購買油品的時候，已經有盡到相當的注意義務和當時合理期待的安全性，然後有盡到相關請第三單位做到檢驗，所以針對假油的部分，我們也沒辦法透過第三單位檢測出來，所以認為說我們對假油事件並沒有所謂的故意過失。」

但消基會指出，二審提出的求償金額，加總來到378萬多元，但現在只獲得平均每人約5千元的賠償金額，讓消基會認為，判決結果趨於保守。消基會榮譽董事長兼承辦律師蘇錦霞認為：「我們一直認為說這些食品案件來看，法院對於消費者賠償金額部分都趨於保守，在審理的過程當中，也都很難了解到消費者吃到這些東西，（就算）沒有生理上的即時反應的損害，但是對於他的心理，還有他未來發展的身體變化，其實是沒有辦法預估的。」

消基會主張，消費者難以舉證吃下黑心油的當下，會對人體造成哪些影響，但買到劣油還是對當事人造成了未知的損害，將會研擬是否再提出上訴。

資料來源：公視（2019年8月13日），正義豬油案二審 19人共獲賠9.5萬元，https://news.pts.org.tw/article/441881（最後訪問日期：2020年3月28日）。

34

臺北地方法院104年消字第10號民事判決(一審)

原告

財團法人中華民國消費者文教基金會

法院敘明原告適格

- 原告消基會為合於消保法第49條第1項所定之消費者保護團體，得以自己之名義，提起同法第50條規定之消費者損害賠償訴訟，**有原告提出之法人登記證書、優良消費者保護團體證書、臺北市政府函及臺北市政府消費者保護官處理同意權案件決定書等附件為憑**。原告主張係受讓起訴狀所附之附表所示消費者（**總人數超過20人**）對於被告等17人之損害賠償請求權，此有原告提出**消費者出具之請求權讓與書及同意書**等附卷可稽。

- 故本件原告以自己名義而依消保法第50條第1項規定，提起本件訴訟，合於法律規定。

- 另就團體訴訟之審理，原告既係受讓多數消費者之損害賠償請求權而提起本件訴訟，統計消費者損害之總額後，於本案中列為原告所得請求之損害賠償額，併予敘明。

被告

魏應充（時任頂新製油公司、正義公司、味全公司董事長）
頂新製油實業股份有限公司
正義股份有限公司及負責人何育仁
味全食品工業股份有限公司
布列德麵包股份有限公司
王品餐飲股份有限公司
台灣農畜產工業股份有限公司
味丹企業股份有限公司
味王股份有限公司
奇美食品股份有限公司
桂冠實業股份有限公司
海森食品股份有限公司
乾杯拉麵股份有限公司（原名：乾杯一風堂股份有限公司）
國際機能食品股份有限公司
康百國際食品股份有限公司
義美食品股份有限公司

35

本案黑心豬油之產業關係

被控生產
黑心豬油

魏應充（時任頂新製油、正義、味全董事長）
頂新製油實業股份有限公司
正義股份有限公司及負責人何育仁
味全食品工業股份有限公司
布列德麵包股份有限公司
王品餐飲股份有限公司
台灣農畜產工業股份有限公司
味丹企業股份有限公司
味王股份有限公司
奇美食品股份有限公司
桂冠實業股份有限公司
海森食品股份有限公司
乾杯拉麵股份有限公司（原名：乾杯一風堂股份有限公司）
國際機能食品股份有限公司
康百國際食品股份有限公司
義美食品股份有限公司

頂新集團
關係企業

購買

被控購買
黑心豬油
製作食品

（下文爭點根據被告產業類型分述之）

36

針對生產黑心豬油的公司

消保法相關爭點

1. 被告正義公司所生產之系爭豬油產品皆符合食用油標準，但有無違反食品安全衛生管理法（下稱食衛法）第15條，即有無「攙偽、假冒」，在本質上有危害人體健康之情形？

2. 被告正義公司生產之系爭豬油產品經檢驗皆符合食用油標準，但是否違反消保法第7條第1項規定，應確保商品「符合當時科技或專業水準可合理期待之安全性」？

3. 依消保法第7條請求損害賠償之範圍為何？得否請求賠償「購買產品金額」？

4. 原告得否受讓消費者非財產上損害賠償請求？

5. 依食衛法第56條第1項(現為第2項)，非財產上損害賠償金額應如何認定？

6. 依消保法第51條，懲罰性賠償金應如何計算？被告正義公司是否為故意？

37

法院見解

✗ 雖符合食用油標準，但系爭豬油產品為「攙偽」、「假冒」

雖歷來食衛法未對「攙偽或假冒」作出定義性或解釋性之文義規定，惟參諸食衛法第1條顯在「管理食品衛生安全及品質」…觀諸食衛法第15條第1項各款規定，顯均在避免可能危害人體之物品藉由製造、加工、調配而混入食物鏈，以免對於人體健康造成危害。

以「攙偽」、「假冒」二詞就文義上而言，**分別有謂其本質、來源（原料）與正品有所不同之意**，與其他各款規定相較，顯係在強調食品來源（原料）、本質上不得有危害人體健康之虞。**即便之後透過任何製造加工過程而淨化、精煉，亦不被允許。** 原因在於檢驗技術及項目有其極限性，許多有害物質或情形（例如自由基Free Radical），依現行技術尚無法完全檢測，又**一般檢驗均僅就某些特定項目進行檢驗**（例如混油事件爆發之前，無人料及食用油脂內遭非法添加「銅葉綠素」，故無檢驗該項）。

✗ 雖符合食用油標準，但不符合「當時科技或專業水準可合理期待之安全性」

依高雄地院系爭刑案判決所載，被告正義公司於103年間向裕發公司等4家公司購買飼料用豬油、棕櫚油、魚油及其他不明原料油品作為食品原料，既符合食衛法第15條第1項第7款規定所稱「攙偽、假冒」之情形，本質上自有危害人體健康之虞，即不得將該原料加工、製造成為食品進入食物鏈。

雖被告正義公司辯稱，製造、加工、販賣之系爭豬油產品**經檢驗皆符合食用油標準。**惟被告正義公司係以製造、生產商品為營業之企業經營者，正義公司所製造之系爭豬油產品原料（來源）不明而**有攙偽、假冒情形**，自存有瑕疵，**被告正義公司復未舉證其商品於流通進入市場時就「原料（來源）」之明確性已符合其公司已實施之溯源管理規定**，更遑論已符合今日科技或專業水準可合理期待之安全性，是被告正義公司自應依消保法第7條第3項負損害賠償之責。

38

法院見解(續)

✗ 原告不得請求賠償「購買產品金額」之純粹經濟上損失

消費者依**消保法第7條**規定請求損害賠償，須因其財產權或人格權等固有權利受到不法侵害始得為之，並不包括具有瑕疵商品本身的損害及其他純粹上經濟損失，本件原告請求被告正義公司賠償附表E-2各附表「購買產品金額」欄之損害，惟該欄所載金額乃消費者購買商品之價款，縱消費者因該些商品存有瑕疵而受有損害，亦屬經濟上損失，均不得依消保法第7條請求。

✗ 原告因證據不足，不得請求賠償財產上損害（醫療費）

原告自承「實際上目前並沒有收集到消費者有嘔吐、腹瀉或其他身體狀況之證據」，是目前難認本件消費者有何就醫治療之必要及支出醫療費用之損失，且原告復未舉證本件消費者日後將有與其食用系爭豬油產品有因果關係之病徵出現，故**無法證明消費者現在或將來受有醫療費用之財產上損害**。

✓ 原告得依食衛法第56條第1項(現為第2項)，請求非財產上之損害賠償責任

按不法侵害他人之身體、健康、名譽、自由、信用、隱私、貞操，或不法侵害其他人格法益而情節重大者，被害人雖非財產上之損害，亦得請求賠償相當之金額；消費者雖非財產上之損害，亦得請求賠償相當之金額，並得準用消保法第47條至第55條之規定提出消費訴訟。

消費者在未予同意之情況下使該等非純淨之豬油成分進入體內，即等同於侵入行為，況該等來源不明之攙偽假冒豬油成分確有可能危害人體健康，對於消費者**身體自主性**之侵害，已然成立。其次，所謂健康權，亦包含心理之健康層次。被告正義公司生產之系爭豬油產品既有攙偽、假冒情形，使消費者於未同意之情況下食入攙偽假冒、來源不明、不純淨之豬油，內含未知之油品或成分，進而引發大規模消費者對於食品安全之疑慮、不安與恐慌，**對於心理上健康之損害已然造成**。

39

法院見解(續)

✓ 消費者得請求非財產上損害賠償，每人每一事件2,000元

惟本院審酌本件事發時之相關法規就食用油品之溯源管理規範尚非周全，全委由業者進行自主管理，**被告正義公司已訂有相關溯源管理措施且實際已在執行，係因其總經理何育仁於原料豬油極度缺乏下，為能獲取足額原料豬油以生產大量豬油產品販賣牟利，而於溯源管理上有過失而致使使用有「攙偽」、「假冒」之原料油品產製系爭豬油產品**，尚非故意添加有害人體健康之物質。

且製造後販賣系爭豬油產品之時間應僅在103年2月起至9月間遭查獲止，時間尚非甚長，該些食用系爭豬油產品或食用以系爭豬油產品為原料製成之食品之消費者，實際上會食用到系爭豬油產品之量均甚有限（因系爭豬油產品或供炒菜烹飪以增加香氣、或以少量豬油製成豬油製食品，均非直接食用系爭豬油產品），食用之次數亦非甚多，食用後至今亦均未出現具體病徵，尚無財產上之實際損害等情，**認消費者依食衛法第56條第1項請求非財產上損害賠償，以每人每一事件2,000元為適當**，原告請求消費者每人每一事件（**實際係指消費每一種產品**）3萬元非財產上損害賠償，尚嫌過高。

✓ 消費者得請求非財產上損害賠償0.5倍之懲罰性賠償金1,000元

104年6月17日修正前消保法第51條：「依本法所提之訴訟，因企業經營者之**故意**所致之損害，消費者得請求損害額三倍以下之懲罰性賠償金；但因**過失**所致之損害，得請求損害額**一倍以下**之懲罰性賠償金。」原告依消保法第51條請求懲罰性賠償金部分，因自該法條文義及立法理由觀之，並無排除非財產上損害之意，被告正義公司**非出於故意**等一切情狀，認課以**非財產上損害賠償0.5倍之懲罰性賠償金**即為適當，原告請求非財產上損害賠償1至3倍之懲罰性賠償，亦嫌過高。（至於財產上損害賠償部分，因已認定不得請求，自無討論懲罰性賠償金之必要，附此敘明）。

 從而，原告主張讓與請求權之消費者中，如經認定有食用被告正義公司於103年2月起至9月間遭查獲止所生產銷售之系爭豬油產品及其相關食品，**每人就本事件得請求之非財產上損害、懲罰性賠償金分別為2,000元、1,000元，合計3,000元**。

40

針對購買黑心豬油製作食品的公司

消保法相關爭點

1. 被告王品公司、台畜公司、味全公司、奇美公司等購買正義公司生產之「攙偽、假冒」豬油製作食品，是否違反消保法第7條第1項規定，應確保商品「符合當時科技或專業水準可合理期待之安全性」？

2. 原告得否依消保法向上開被告公司請求負侵權責任？

3. 原告得否依買賣契約關係向被告頂新公司、王品公司、台畜公司、味全公司等主張債務不履行及不完全給付之責任？

法院見解

✓ **被告王品公司、台畜公司、味全公司、奇美公司等購買豬油製作之食品符合「當時科技或專業水準可合理期待之安全性」，且並無故意或過失**

系爭刑案判決中專家證人陳稱：檢驗只是一種把關的工具而已，重要的是源頭管理，用檢驗的方式，根本沒有辦法辨別熬製豬油的豬是病死豬或健康豬，也沒辦法判斷是否為回收豬油、是用豬的什麼部分熬製成豬油。是堪認該些向正義公司購買系爭豬油產品之食品製造業者實無法再經由目前有效之食品檢驗方法，自其購買之食用油「成品」驗出原始之原料油品有「攙偽、假冒」之情形。

國內食用油大廠正義公司生產之油品復經相當檢驗仍無法發現原料油品有「攙偽、假冒」之情形，則**在此專業分工時代，實難要求非專業油品製造之被告王品公司尚應就豬油原料為溯源檢驗**，被告王品公司在**購入正**義公司豬油前既已確認是有**經SGS食品檢驗之食用油大廠**所生產之油品，故認其在製造前揭「主餐王品牛小排」、「附餐法式玉米濃湯」，**應已符合當時科技或專業水準可合理期待之安全性**。從而，應認其就產品製造**並無故意或過失**之行為。此外，原告復未舉證證明被告王品公司與正義公司有何共同侵權行為。

✗ **原告不得請求被告王品公司、台畜公司、味全公司、奇美公司等負侵權責任**

原告依民法侵權行為規定（民法第191條之1、第184條、第185條第1項）、消保法第7條、第8條、第51條及食衛法第56條等規定，請求被告王品公司應連帶負非財產上之損害賠償責任及給付懲罰性違約金，為屬無據。

42

法院見解(續)

✗ **原告不得請求被告頂新公司、王品公司等負債務不履行及不完全給付責任**

被告頂新公司：原告提出之消費者消費時所索取之統一發票，發票人均為「臺灣頂巧餐飲事業股份有限公司」，足認該些產品均非被告頂新公司所生產銷售，是**該些消費者與被告頂新公司間並無買賣契約關係**，且頂新公司與臺灣頂巧餐飲事業股份有限公司在法律上為屬**不同法人格**之權利主體，頂新公司復從未有債務承擔或契約讓與之表示，是原告以其受讓該些消費者之請求權，請求被告頂新公司負本件損害賠償責任（包括依消保法、食衛法及民法等規定），顯屬無據，為無理由。

- -

被告王品公司：消費者張○之**家人陳○○** 等5人，**與被告王品公司間並無任何買賣關係**，是渠等依民法關於物之瑕疵擔保、債務不履行之規定，請求被告王品公司負損害賠償責任，為屬無據。消費者張○雖與被告王品公司間雖有買賣關係，惟如前所述，無法認定被告王品公司有使用正義公司生產之有「攙偽、假冒」之系爭豬油產品製造其所購買之餐點，且縱認所購買之餐點中含有以「攙偽、假冒」之豬油原料所製造之豬油，然如前所述，**被告王品公司就其購買正義公司豬油並無故意或過失，自無可歸責之事由**，原告復未舉證消費者張○所購買之餐點有何滅失或減少其價值之瑕疵，原告主張依民法關於債務不履行、物之瑕疵擔保之規定，請求被告王品公司負損害賠償責任，亦屬無據。

- -

被告台畜公司：消費者謝○○ 、黃○○分別**係於「愛買」賣場、「潤泰全球股份有限公司中和分公司」**購買被告台畜公司生產之豬肉鬆產品，有**統一發票、銷售貨品清單**在卷可稽，是堪認附表B-5所示之消費者**與被告台畜公司間均無買賣契約關係**，渠等自無依民法關於物之瑕疵擔保、不完全給付之債務不履行等規定，請求被告台畜公司負損害賠償責任之權利。

- -

（以上摘錄法院關於部分被告公司之判決，說明關鍵判決意旨）

43

一審原告勝訴

◆原告得請求之損害賠償總金額為40萬5千

每位消費者得請求金額為3,000元；原告以其受讓消費者之請求權，得請求被告正義公司、何育仁連帶賠償損害之金額為405,000元。

◆原告應負擔二分之一裁判費

按「消費者保護團體以自己之名義提起第五十條訴訟，其標的價額超過新臺幣60萬元者，超過部分免繳裁判費」，為消保法第52條所明定，本件**原告得請求之金額（405,000元）與其起訴請求之金額（36,830,528元）相差懸殊**，如依勝敗訴金額比例計算應負擔之裁判費比例即有失公平，爰諭知訴訟費用由被告正義公司、何育仁連帶負擔二分之一，餘由原告負擔。

☐ 原告消基會就敗訴部分提起上訴

☐ 被告正義股份有限公司、何育仁就原審命其給付部分提起上訴

44

臺灣高等法院106年消上字第13號民事判決(二審)

上訴人(被上訴人)

財團法人中華民國消費者文教基金會

法院敘明二審審理範圍

- 消基會就一審敗訴部分提起上訴，主張其另受讓其他向味丹公司、味全公司及康百公司購買及食用商品之消費者群體之損害賠償請求權，就此為訴之追加，正義公司等2人亦就原審命其等給付部分提起上訴。因消基會於本院準備程序，就部分之消費者群體所受損害，與正義公司等2人成立訴訟上和解（包括原起訴及於本院追加部分），並撤回各該部分對其餘對造當事人之上訴及追加之訴，另與義美公司成立訴訟上和解。

- 故本院以附表請求權人/使用人（**下合稱系爭消費者群體**）得否請求正義公司等2人及王品公司、味丹公司、味全公司、康百公司（王品公司以次4人下合稱王品公司等4人，與正義公司等2人下合稱正義公司等6人）負損害賠償責任為審理範圍。

被上訴人(上訴人)

被控生產黑心豬油

← 正義股份有限公司及負責人何育仁（下稱正義公司等2人）

購買 ↑

被控購買黑心豬油製作食品

王品餐飲股份有限公司

味全食品工業股份有限公司

味王股份有限公司

康百國際食品股份有限公司

45

□ 消基會就敗訴部分提起上訴
□ 正義股份有限公司、何育仁就原審命其給付部分提起上訴

二審主要爭點

1. 依消保法第51條，懲罰性賠償金應如何計算？正義公司等2人是否為故意？

2. 味全公司已就使用正義油品製作之食品，與消費者達成和解，正義公司等2人得否據此主張其無須對該食品造成之損害賠償負連帶責任？

★ 二審法院亦認為王品、味全、味王、康百公司購買正義油品製作食品，符合當時科技或專業水準可合理期待之安全性，無需負消保法上商品製造人責任，亦無民法上債務不履行、不完全給付責任。與原審法院見解相近，故下文不再贅述。

46

法院見解

✓ 何育仁係故意違反保護消費者之法律

何育仁任由胡○○及林○○向傑樂公司及東原公司以外之其他供應商採購原料豬油，又未建立完善之訪廠制度，復未落實溯源管理，何育仁對於供應商所提供原料油品來源不明、混有其他成分等情，應已有預見其發生，且其發生不違背其本意，終至爆發系爭油品事件。

✓ 消費者得就所食用之每1項食品，請求1倍之懲罰性賠償金2,500元

因食用味全公司等3人使用正義油品所製產品而健康權受侵害……消費者依103年2月5日修正之食安法56條1、2項請求非財產上損害賠償……消保法第51條立法理由主要在懲罰惡性之企業經營者，以嚇阻其他企業者仿效，茲審酌**何育仁係故意違反**保護消費者之法律，惟**對消費者損害之程度尚屬輕微**，認課以非財產上損害賠償之1倍之懲罰性賠償金即每人2,500元，即足發揮嚇阻之功效。

惟賠償之數額，應視所受損害之程度以定其標準。李○○等4人因食用之**2項產品**均有摻偽假冒情形，**對增加罹病風險之擔憂更甚其他只食用單一產品之消費者群體**，關於其等得請求之非財產上損害及懲罰性賠償金，自應按所食用產品之品項計算。

 消費者得就所食用之每1項產品，分別請求何育仁給付如前所述之非財產上損害2,500元及懲罰性賠償金2,500元，**共計9萬5,000元**。正義公司依民法28條與何育仁負連帶責任。

✗ 李○○非為重複求償，正義公司等2人不得就此主張免責

味全公司除給付228元（即價金76之3倍），另補償500元，合計給付728元，李○○因此簽立退費賠償同意書……然3倍價金之退還及500元之補償，僅係味全公司在系爭油品事件發生後尚未確認責任歸屬前之維護商譽措施，並避免日後對其之重複求償，並非就何育仁之違反食安法侵權責任及正義公司之法人侵權責任為賠償，李○○自仍得對何育仁請求上開非財產上損害賠償及懲罰性賠償金。

二審改判部分

◆ 消基會應得請求金額為9萬5,000元，駁回其餘請求

◆ 經廢棄之第一審訴訟費用，由正義公司等2人連帶負擔

◆ 第二審上訴費用，關於消基會上訴部分，由正義公司等2人負擔百分之二，
　餘由消基會負擔；正義公司等2人上訴部分，由此2人連帶負擔。

☐ 消基會已上訴至最高法院，案件正在審理中(截至2020年3月17日)

☐ 消基會勝訴部分金額未逾150萬元，故正義公司等2人不得上訴至第三審

48

陸、國考試題
演練

題號	答案	題目	相關條文
1	B	消費者保護團體，須經許可設立至少幾年以上，置有消費者保護專門人員，且申請行政院評定優良者，得以自己之名義，依消費者保護法規定提起消費者損害賠償訴訟或不作為訴訟？ (A)1 年 (B)2 年 (C)3 年 (D)4 年　　　　　　　　　　　　　　　【107年度不動產經紀營業員資格取得測驗更新題庫】	§49
2	C	消費者保護團體對於同一之原因事件，致使眾多消費者受害時，至少應得受讓多少名以上消費者損害賠償請求權後，以自己名義，提起訴訟？ (A)10 人 (B)15 人 (C)20 人 (D)30 人　　　　　　　　　　　　　　【107年度不動產經紀營業員資格取得測驗更新題庫】	§50
3	A	依消費者保護法所提之訴訟，因企業經營者之過失所致的損害，消費者得請求損害額至多幾倍以下的懲罰性賠償金？ (A)1 倍 (B)2 倍 (C)3 倍 (D)5 倍　　　　　　　　　　　　　　【107年度不動產經紀營業員資格取得測驗更新題庫】	§51

題號	答案	題目	相關條文
4	D	依消費者保護法所提之訴訟，因企業經營者故意所致之損害，消費者得請求損害額至多幾倍以下之懲罰性賠償金？ (A)1 倍 (B)2 倍 (C)3 倍 (D)5 倍　　　　　　　　　　　　　【107年度不動產經紀營業員資格取得測驗更新題庫】	§51
5	D	甲消費者保護團體依消費者保護法第四十九條規定提起訴訟。下列敘述何者正確？ (A) 應經消費者保護基金會的同意，始得提起該訴訟 (B) 如已置有消費者保護專門人員，則可不委任律師代理訴訟 (C) 如委任律師代理訴訟，該律師不得請求預付必要費用 (D) 固然甲並非被害人，但甲仍得為該訴訟的原告　　　　　　　　　　　　　　　　　　　　　　【103普考】	§49
6	C	因同一消費關係而被害之甲、乙、丙，依民事訴訟法之規定，選定甲與乙起訴請求損害賠償。以下敘述何者正確？ (A) 此為法定訴訟擔當 (B) 甲與乙稱為選定人 (C) 甲與乙稱為選定當事人 (D) 該訴訟繫屬中，同一消費關係之其他被害人丁與戊在法院判決前，均得併案請求賠償　　　　　　　　　　　　　　　　　　　　　　　　　　　　　　　　　　【103普考】	§54

題號	答案	題目	相關條文
7	D	消費者甲向企業經營者乙提起消費訴訟，下列敘述何者正確？ (A) 法院為甲敗訴之判決時，得依職權宣告為減少擔保之假執行。果爾，乙得在判決確定前，聲請法院強制執行甲的財產 (B) 法院為乙敗訴之判決時，得依職權宣告為免除擔保之假處分 (C) 法院為乙敗訴之判決時，得依職權宣告為減少擔保之假扣押 (D) 法院為乙敗訴之判決時，得依職權宣告為免除擔保之假執行。果爾，甲得在判決確定前，聲請法院強制執行乙的財產 【103普考】	§48
8	B	設若消費者保護基金會對於同一之原因事件，致使眾多消費者受害時，受讓甲、乙、丙等20位消費者損害賠償請求權後，以自己名義，提起消費訴訟。以下敘述何者正確？ (A) 如甲僅有非財產上損害賠償請求權，因該權利具一身專屬性，故不得讓與給消費者保護基金會 (B) 該訴訟繫屬中，如乙終止讓與損害賠償請求權，消費者保護基金會仍具當事人適格 (C) 在該訴訟判決前，丙均得終止讓與損害賠償請求權，並通知法院 (D) 消費者保護基金會應將該訴訟結果所得賠償，交付甲、乙、丙等20位消費者，不得扣除訴訟費用 【103普考】	§50

題號	答案	題目	相關條文
9	A	有關消費者保護法第五十四條消費者集體訴訟之相關規定，下列敘述何者錯誤？ (A) 集體訴訟之公告曉示後，其他被害人得於一定之期間內表明併案請求賠償。前述之期間，至少應有七日 (B) 併案請求賠償之書狀，應以繕本送達於兩造 (C) 集體訴訟之公告僅需黏貼於法院牌示處 (D) 公告應登載新聞紙，其費用由國庫墊付 【103普考】	§54
10	B	建商銷售房屋因同一原因事件，致使眾多購屋者受害時，依消費者保護法規定，消費者保護團體得受讓多少人以上之購屋者的損害賠償請求權後，以自己名義提起訴訟？ (A) 10人 (B) 20人 (C) 30人 (D) 50人 【104普考】	§50
11	B	下列有關消費者保護團體之敘述，何者錯誤？ (A) 消費者保護團體，以社團法人或財團法人為限 (B) 消費者保護團體，得接受消費者申訴，但不得調解消費爭議 (C) 消費者保護團體，得處理消費爭議，亦得提起消費訴訟 (D) 消費者保護團體，得建議政府採取適當之消費者保護立法或行政措施 【105鐵路員級】	§27 §43

題號	答案	題目	相關條文
12	B	依消費者保護法之規定，關於消費訴訟事件，下列敘述何者錯誤？ (A) 因不動產經紀業經營者之故意所致之損害，消費者得請求損害額5倍以下之懲罰性賠償金 (B) 因不動產經紀業經營者之過失所致之損害，消費者得請求損害額3倍以下之懲罰性賠償金 (C) 法院為不動產經紀業經營者敗訴之判決時，得依職權宣告減免擔保之假執行 (D) 消費者保護團體以自己之名義提起訴訟時，其標的價額超過新臺幣60萬元者，超過部分免繳裁判費 【104普考】	§51
13	C	針對臺灣社會發生食品安全問題（如黑心油），消費者得依消費者保護法第50條所定消費者保護團體訴訟（以下簡稱「消保團體訴訟」）尋求救濟。下列敘述何者正確？ (A) 多數受害之消費者得申請組成消保團體之組織，以便立即以團體自己名義，逕向法院提起消費者團體損害訴訟 (B) 消保團體於受讓20人以上消費者損害賠償請求權，得以自己名義提起訴訟。消費者於言詞辯論終結前，不得終止讓與該損害賠償請求權 (C) 消保團體依法提出消保團體訴訟者，應委任律師代理訴訟 (D) 消保團體就消費者團體損害賠償訴訟，於扣除訴訟、支付予律師之必要費用以及得向消費者請求之報酬後，將訴訟結果所得之賠償交付該讓與請求權之消費者 【105普考】	§50

54

題號	答案	題目	相關條文
14	A	消費者保護團體得依消費者保護法之規定，提起消費者損害賠償訴訟或不作為訴訟，下列何者錯誤？ (A) 消費者保護團體依規定提起訴訟者，得以自己之名義提起，視個案情形決定是否委任律師代理訴訟 (B) 消費者保護團體對於同一之原因事件，致使眾多消費者受害時，得受讓二十人以上消費者損害賠償請求權後，以自己名義，提起訴訟 (C) 消費者保護團體以自己名義提起訴訟者，應具備之條件有：許可設立二年以上，置有消費者保護專門人員，且申請行政院評定優良 (D) 消費者保護團體以自己之名義提起消費者損害賠償訴訟，其標的價額超過新臺幣六十萬元者，超過部分免繳裁判費 【107普考】	§49 §50
15	B	關於消費者保護團體經消費者受讓損害賠償請求權而提起之訴訟，下列敘述何者錯誤？ (A) 消費者保護團體受讓同一原因事件受害之消費者20人以上之損害賠償請求權後，得以自己名義，提起消費訴訟 (B) 消費者保護團體進行該消費訴訟，得向消費者請求合理之報酬 (C) 消費訴訟進行中，倘有消費者終止讓與損害賠償請求權，不影響消費者保護團體實施訴訟之權能 (D) 訴訟標的價額超過新臺幣60萬元者，其超過的部分免繳裁判費 【104關務三等】	§50 §51 §52

55

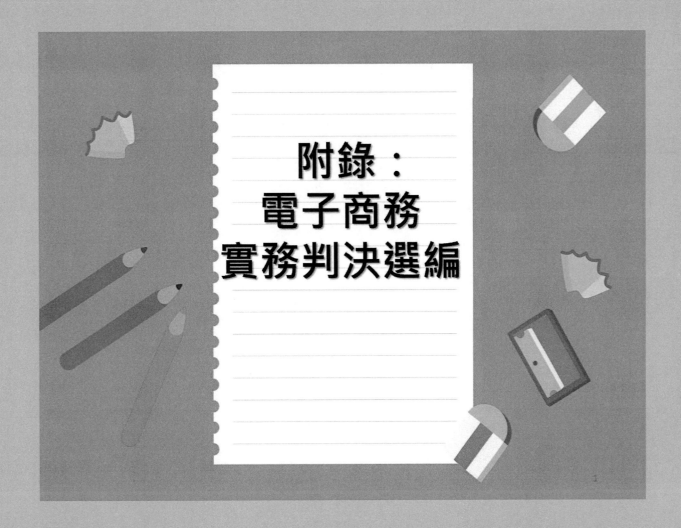

附錄：
電子商務
實務判決選編

大綱

壹、標錯價，賣不賣

(零售業等網路交易定型化契約應記載不得記載事項)

貳、買錯了，退不退

（通訊交易解除權合理例外情事適用準則）

壹、標錯價‧賣不賣

標錯價之判斷流程

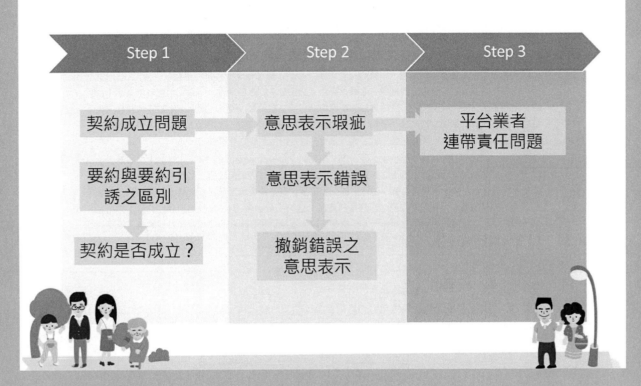

契約成立與否之問題

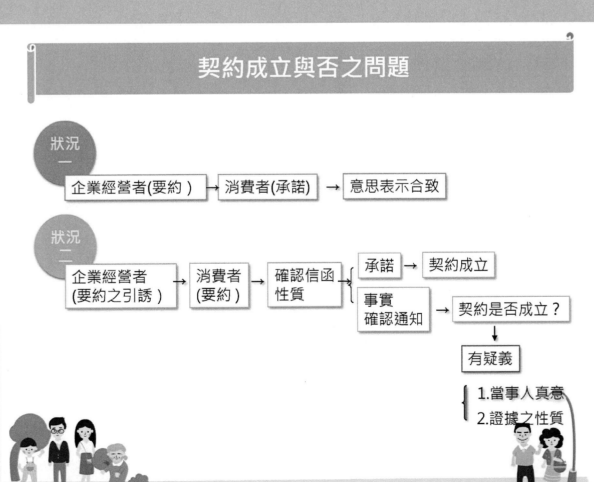

高雄地方法院107年雄簡字第234號民事判決

案件事實

- 原告等6人（消費者）因有購買筆記型電腦之需求，於民國106年7月24日於Google搜尋網站搜尋相關資訊，發現被告所架設之網站（網址：www.sinya.tw）刊登販售「AcerSF31414吋筆記型電腦-銀」資訊之頁面，並標示網路價新臺幣2,835元，原告因此下單訂購並付貨款。

- 原告主張：被告既於系爭網站標示系爭筆記型電腦之品項、價格等，即表示被告願以一台2,835元之價格，向不特定人出售該等筆記型電腦，應屬「要約」之性質，經原告同意該等筆記型電腦之價格而為承諾，故兩造間已成立買賣契約。縱認被告於系爭網站刊登之資訊屬「要約引誘」，然被告於接受原告下訂後，既有寄發訂單成立通知函予原告，依零售業等網路交易定型化契約應記載及不得記載事項第5條規定，被告已藉由寄發訂單成立通知函之確認機制，確認兩造間成立買賣契約。

- 被告主張：其對外正式販售商品之網站網址為「https：//www.sinya.com.tw」，原告主張者為內部測試網站。又依筆記型電腦線上購物之交易慣例，網站經營者必詳列商品規格，諸如處理器型號、顯示卡規格、記憶體容量大小、硬碟容量、螢幕容量、光碟機、作業系統等資訊，始能特定買賣標的，而系爭頁面僅有訂單編號，且無記載商品之詳細規格資訊，僅有「AcerSF31414吋筆記型電腦-銀」之品名，就筆記型電腦之重要規格均付之闕如。另系統寄發之系爭訂單成立通知函亦無相關訂單資料及產品明細，難認兩造就買賣契約必要之點已達成合意。

本案爭點

- 兩造就系爭筆記型電腦，是否成立買賣契約？
- 是否因「零售業等網路交易定型化契約應記載及不得記載事項第5點」之訂立，而改變法院見解？

高雄地方法院107年雄簡字第234號民事判決（續）

法院見解

被告在該網站刊登之內容，並非要約

- 參以系爭頁面所示之系爭筆記型電腦之價格，僅為通常交易市價之十分之一，此業為原告下訂時所知悉，且消費者於系爭網站購買電腦時，除選定產品型號外，多須進一步具體指定該型號電腦中各項組件之規格種類，並依所示之記憶體與保固期限等資訊，據以特定交易標的並下訂購買，則系爭頁面就該等重要交易資訊均付之闕如，內容不具備明確性，其所標示之價格又與通常交易價格相去甚遠，復未有該商品之特別促銷與降價活動之訊息，難謂一般理性消費者單憑系爭頁面所示內容即認其屬要約，而有締約之信賴。是原告主張系爭頁面為要約之意思表示，應非可採。

被告後續爭議處理未當，不妨礙對於契約是否成立之判斷

- 查被告固曾以遭駭客入侵、系爭網站為測試網站，或被告僅係販賣筆記型電腦之機殼與上蓋等理由回應原告乙情，為被告所不爭，而被告在與消費者處理消費爭議之過程與方式，或有其未當之處，然兩造就系爭筆記型電腦是否成立買賣契約，仍應回歸民法上關於要約、承諾等契約要素為斷。

- 復參以現代社會因電腦網路科技發達，業者架設購物網站使消費者得自行上網瀏覽選購商品，再經由網站預設程式之自動化流程接受消費者訂購，並由業者依其自身存貨等履約能力，評估控管該次交易之風險，故由此網路交易模式與風險分配觀點觀之，被告抗辯本件未成立買賣契約乙節，應無加重消費者責任或違反誠信原則之情事。

高雄地方法院107年雄簡字第234號民事判決（續）

法院見解（續）

有關零售業等網路交易定型化契約應記載事項第5點之修正

- 該應記載及不得記載事項之性質僅屬行政指導，**未具有規制權利義務之法效力，亦未變更民法上要約、承諾等契約是否合致成立之判斷準據**，則兩造間就系爭筆記型電腦未成立買賣契約，業如前述，自無法執此規定請求被告負出賣人責任。
- 再者，系爭訂單通知函為被告透過網站預設之自動程式所為之自動化回覆通知，由其內容觀之，並未明示兩造間就何具體標的物、價格達成買賣之意思合致，且原告亦無從提出所指之訂單明細，則**系爭訂單成立通知函應僅屬訂購單到達之意思通知，非屬就系爭筆記型電腦買賣所為之承諾**，故亦無法依此認兩造間成立系爭筆記型電腦之買賣契約。

臺南地方法院107年消字第10號民事判決

案件事實

- 原告9人分別於2018/6/13-14間登入被告網站，下單購買9件電腦及相關產品，於結帳時網頁顯示價格均以一折計算，原告遂分別均以線上刷卡方式完成付款，旋均收到被告公司系統自動發出之「購物訂單付款完成通知信」電子郵件。不久後被告公司旋即以電子郵件向原告等宣稱網路系統異常，商品售價顯示錯誤，又委請律師向原告等函稱撤銷意思表示錯誤，拒絕給付。
- 原告主張：買賣契約已成立生效，系統錯誤係因被告公司自身之過失，自不得據民法第88條第1項主張撤銷意思表示，而本件原告等**購買商品數量不多，並無權利濫用之行為**。又經濟部於民國105年7月15日公告修正「零售業等網路交易定型化契約應記載及不得記載事項」第5點為「企業經營者應於消費者訂立契約前，提供商品之種類、數量、價格及其他重要事項之確認機制，並應於契約成立後，確實履行契約。」，被告自不得以系統異常為由而拒絕履行契約。

本案爭點

- 買賣契約是否已成立生效？
- 被告可否依民法第88條第1項規定，主張撤銷其錯誤之意思表示？

臺南地方法院107年消字第10號民事判決（續）

法院見解

買賣契約，已成立生效

- 被告於網站刊登系爭商品時，已將各項編訂型號、規格、名稱之電腦商品分別標示優惠之售價而刊登在其網站，此刊登之內容，**就各該商品已達確定或可得確定之程度，而其標示之售價亦已臻確定**，故被告在所屬網站所刊載相關買賣訊息之意思表示，**自符合「要約」**，應受其要約之拘束。原告在網站點選要購買之商品及其數量後，回覆下單表示購買時，買賣契約即已成立生效。

被告得主張撤銷其錯誤之意思表示

- 按判斷應否允許表意人撤銷其錯誤之意思表示時，相對人是否有值得保護之信賴存在、允許表意人撤銷是否會害及交易安全，以及相對人之主觀心態等，自應一併審酌。以社會上相同經驗智識之人、處於相同之狀態下，應可判斷知悉被告公司官方網站結帳頁面以一折計算渠等購買商品總價，**有相當之可能係出於系統錯誤所致**，原告等對被告公司網站購物結帳系統網頁內容表示錯誤應有認識之可能性，**應認尚無足資值得保護之信賴存在**。
- 被告公司於發現上開系統錯誤情形後，不到1日，已立即以電子信件通知原告等該系統異常訊息等情，業據被告提出原告不爭執形式上真正之各該電子郵件為證，應認被告與其處理自己事務之注意義務相符，並無放任錯誤或怠於注意之情事。從而被告主張撤銷其錯誤之意思表示，尚屬可採。

臺南地方法院107年消字第10號民事判決（續）

法院見解（續）

有關零售業等網路交易定型化契約應記載事項第5點

- 原告主張依「零售業等網路交易定型化契約應記載及不得記載事項」第5點規定，被告不得據民法第88條第1項主張撤銷其本件錯誤之意思表示云云，惟**上開規定僅為主管機關依據法律授權**，對多數不特定民眾就一般事項所作抽象之對外發生法律效果之法規命令，自**不排除**民法第88條第1項規定之適用。

新竹地方法院105年竹小字第286號民事判決

案件事實

- 原告於民國105年4月30日向被告網路經營之「泰贈點TreeMall」下單購買住宿券9張,每張999 元下訂(每張市價新臺幣11100元),被告於5月4日以簡訊與電話聯絡原告告知訂單已取消;數日後5月9日原告詢問被告為何取消全部已取得訂單號碼之訂購,被告以系統漏洞作為答覆,並於5/30寄送一張平日住宿券作為補償。

- 原告主張:買賣契約已成立,被告應履行契約。被告抗辯:本次因為系統誤為上架,網站上標定價格(每張999)只是**展示商品圖片作為要約引誘**,原告雖有下單9張,但被告沒有承諾,故買賣契約未成立;公司沒有使用授權碼向發卡銀行請款;依據TreeMall電子商務約定條款第二項第5款「本網站可能包括許多連結,這些被連結網站或網頁上的所有資訊,都是由被連結網站所提供,TreeMall不擔保其內容之正確性、可信度或即時性」;原告**明知折扣價格與市場價格顯不相符**,網站又無任何促銷或競售或清倉大拍賣標語或廣告,原告卻藉前述錯誤圖謀獲利,依民法第148條第2項規定,原告因**有失誠信而欠缺保護必要**,故應允許被告撤銷錯誤之意思表示,退步言之,若法院仍認原告本件請求為有理由,則被告爰依民法第264條規定主張原告需對待給付買賣價金。

本案爭點

- 買賣契約是否已成立生效?
- 被告可否依民法第88條第1項規定,主張撤銷其錯誤之意思表示?

新竹地方法院105年竹小字第286號民事判決(續)

法院見解

買賣契約已成立生效

- 消費者保護法第22條規定「企業經營者應確保廣告內容之真實,其對於消費者所負之義務不得低於廣告內容」,並未明定「廣告為要約」或「廣告必為契約內容之一部」,故**消費者如信賴廣告內容,依企業經營者提供之廣告訊息與之洽談而簽訂契約,企業經營者所應負之契約責任,仍及於該廣告內容**,該廣告應視為契約之一部。反之,簽訂契約時倘雙方已就廣告內容另為斟酌、約定,或企業經營者並未再據原屬「要約引誘」之廣告為訂約之說明、洽談,使之成為具體之「要約」,縱其廣告之內容不實,應受消費者保護法或公平交易法之規範,仍難逕謂該廣告為要約或已當然成為契約之一部(最高法院92年度台上字第2694號民事判決意旨參見)。查,依兩造陳詞及所提證據,本件買賣交易業已成立。

被告不得主張撤銷其錯誤之意思表示

- 參照經濟部公告「零售業等網路交易定型化契約應記載及不得記載事項」第5條確認機制之規定,**茲企業經營者就其與消費者所訂定之契約,按照前開民法之規定本應依契約內容履行**。又本件買賣關係成立於105 年4月30日......**因斟酌消保官提醒,援先前類似爭議...(下略)**等語(附於本院卷第104頁),則被告乙次購入可享「買40送4」之內部優惠成本,**既非消費者得以知悉,焉能指摘本次39位消費者其1之原告**,於單日(4月30日約17時45分~6 時30分左右)於被告經營之「泰贈點TreeMall」網站上點選購買9 張住宿券並完成交易,係屬惡意搶購或有失誠信而無保護必要之行為,故被告前開抗辯,皆無可取。

臺灣高等法院104年上易字第991號民事判決

案件事實

- 上訴人(消費者)於103年9月8日上午瀏覽被上訴人公司之喜傑獅網站（下稱系爭網站），其中系爭電腦標示售價為新臺幣2,700元，遂於系爭網站向被上訴人分3筆訂單訂購13台系爭電腦（3台、5台及5台），依序完成訂購後，網頁顯示下單成功，其中5台轉帳13,500元完成付款，其餘8台則為貨到付款。被上訴人於翌日取消系爭訂單，否認成立買賣契約。上訴人請求被上訴人交付系爭電腦13台。(原審為上訴人敗訴之判決，上訴人不服，提起上訴。)

- 被上訴人主張：

- 其為經營客製化電腦業者，並未提供現品或固定規格電腦之銷售，須先由消費者具體指定電腦中各該組件規格，方能特定交易標的與金額而為購買。

- 網站於103年9月8日清晨遭駭客入侵破壞，上訴人於該段期間內之上午6時55分註冊成為系爭網站會員，並連續送出3張訂購單，被上訴人於當日上班後始接獲系統異常通知，惟因該段時間內系爭網站系統異常，致下單程序錯誤，上訴人所送出訂購單內容均為亂碼，料件規格為空白，金額亦為0元。

- 網站自動回覆上訴人之電子郵件，其內文及隨附檔案之「客製化訂購單」所載金額不同，產品訂購品項及料件明細規格與型號欄位亦均為亂碼，足見系爭訂單係因系統遭駭客入侵而異常作業所致，並為上訴人所明知，且此係不可抗力之因素而不可歸責於被上訴人，其亦於當日即致電上訴人表明因訂購單內容錯誤而須取消。

- 網站頁面原已記載保留審核訂單權利之聲明，表明系爭網站係詢價系統，**上訴人於系爭網站對伊送出之系爭訂單僅係要約**，事後既已拒絕承諾，則兩造買賣契約自未成立。

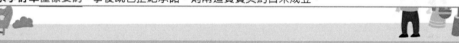

臺灣高等法院104年上易字第991號民事判決（續）

本件爭點：買賣契約是否生效？

法院見解

買賣契約未成立生效

- 買賣契約之成立，以當事人就標的物及其價金互相同意為要件，其未就標的物及價金互相同意者，自不得謂其買賣契約為已成立。業者架設購物網站使消費者得以自行上網瀏覽選購商品，並經由網站預設程式之自動化流程接受消費者訂購，此已屬交易常態並為社會一般之人所週知，核亦係**以互相一致**之意思表示而成立買賣契約，不因業者係經由電腦程式之自動回應而有所異。

- 惟因自動化流程程式發生異常，網站所為自動交易回應顯已非業者預設程式所預期之表示內容。上訴人雖於系爭網站完成下單程序，**然此係因系爭網站遭入侵破壞而作業異常所致，並為上訴人下單訂購時所明知，難認雙方已就價金及買賣標的物互相表示意思一致而成立買賣契約**。

有關零售業等網路交易定型化契約應記載事項第5點 (105年修法前)

- 經濟部公告之「零售業等網路交易定型化契約應記載及不得記載事項」第5點規定(105年修法前)：「企業經營者對下單內容，除於下單後二工作日內附正當理由為拒絕外，為接受下單。但消費者已付款者，視為契約成立」，上訴人雖已自行匯付13,500元予被上訴人，然兩造就系爭訂單之價金及標的**物既未互為表示意思一致，自無就上訴人下單內容成立買賣契約之可言**。

臺灣高等法院104年上易字第991號民事判決（續）

一審法院見解（臺灣新北地方法院104年訴字第1015號民事判決）

- 被告並無以網站上展示系爭筆電之圖片，且提供詳細料件內容、價格供不特定多數人選擇、訂製個人專屬之電腦，應僅屬要約之引誘，待原告後續之訂購行為方屬要約。被告網站後台收到之原告訂單「工單編號」為亂碼，「機種金額」及「應付金額」通通為0，料件規格也完全空白，系統自動發出之客製化訂購單也皆為亂碼；難認兩造間就系爭筆電之「買賣價格」、「商品規格」等契約必要之點已達成合意而成立買賣契約。原告應可認知到被告網站並非進行促銷，而係發生系統錯誤，主張以每台2,700元，13台共3萬5,100元之價金，購買總價值共126萬6,200元之筆電等情，縱認買賣契約成立，亦實有違誠實信用原則，而不得主張其權利。

臺灣桃園地方法院 102 年訴字第 505 號民事判決

案件事實

- 原告等4人於民國101年9月16日，於「GoMy購買網」（http://www.gomy.com.tw）上發現被告刊登「『開學季』特賣會～RV250EVO雙燈版2011年全新出廠車未領牌新車」之促銷廣告，該廣告中標示之建議售價為175,000元，原網路價為170,000元，活動特價為16,000元。顯見系爭商品在做特惠價折扣促銷活動，原告4人因有購買之需求，而且被告係三陽機車在台灣南部最大的經銷商，因而信賴該廣告之內容並以網頁上之標示價格下單訂購如附表所示數量之商品。詎料，被告事後竟以網站系統上之線上價格標示錯誤為由，拒絕履行契約。

本案爭點

- 買賣契約是否成立？
- 「零售業等網路交易定型化契約應記載及不得記載事項」第5點之確認機制
- 設若契約成立，被告得否以錯誤為由撤銷該意思表示？

臺灣高等法院104年上易字第991號民事判決（續）

法院見解

買賣契約並未成立

被告既已明示其所廣告要約內容具有數量限制僅有1台且車色為黑色之條件，即其出賣商品僅有黑色機車1台，足見**被告自始即表明於其接受客戶訂單後若該台黑色機車存貨尚存在，始願成立契約**，消費大眾由此亦可知悉被告並無受拘束之意，被告張貼之資訊應僅屬要約之引誘，待消費者（原告）後續之訂購行為方屬要約。

「零售業等網路交易定型化契約應記載及不得記載事項」第5點之確認機制

* 原告：原告於二審未提及，然本件之一審判決書未公開。
* 被告：本條款尚無排除民法第88條規定，有關撤銷錯誤意思表示之適用。即買賣契約視為成立在先，惟如事後因發現意思表示錯誤者，仍得依民法第88條主張撤銷；否則確認機制之設立，將成為具文。

* 法院：未提及。

臺南地方法院107年消字第10號民事判決（續）

法院見解（續）

設若契約成立，被告亦得以錯誤為由撤銷意思表示

* 是否允許表意人撤銷錯誤之意思表示，涉及表意人與相對人間之利益調和。故**應就相對人是否有值得保護之信賴存在、允許表意人撤銷是否會害及一般交易安全，以及相對人之主觀心態等**一併審酌。本件系爭商品網頁上之標價不及建議售價十分之一，且被告銷售該商品並非採取超低價競售之手法，則**原告等居於一般消費者之地位，以社會上相同經驗智識之人，處於相同之狀態下，應可判斷知悉此網頁上所登載之銷售價格有相當可能係出於誤載**，況從該網頁內容消費者留言，亦可輕易發現上開情事，原告等對系爭商品售價表示錯誤應有認識之可能性，則原告等信賴利益即無保護之必要，故此時縱**認上開廣告係要約，亦應認被告已盡其注意義務，而准許被告撤銷錯誤之表示行為**。

臺灣基隆地方法院102年基消簡字第1號民事判決

案件事實

- 原告於奇摩拍賣上，訂購標定賣價為新臺幣895元之系爭手機，奇摩拍賣甫以電子郵件發出訂購確認信函，詎被告竟稱標價錯誤、電腦異常，要求原告提高價金，並於101年11月27日以電子郵件通知原告取消交易，並移除原告之得標資格，原告援依「零售業等網路交易定型化契約應記載及不得記載事項」第2條、第3條、第5條主張契約成立，被告有依約交付買賣標的物之義務。

法院見解：買賣契約成立

- 系爭手機在奇摩拍賣網站上之廣告，**既明確標有手機實圖、品牌、規格、型號描述及售價，究其實質，應足以認為與傳統買賣之陳列有同一之效果，是前揭廣告應視為要約之性質，而非僅係要約之引誘**。又參諸消費者保護法第22條「企業經營者應確保廣告內容之真實，其對消費者所負之義務不得低於廣告之內容」之規定，益徵**在消費事件中，廣告之內容於契約簽訂後將成為契約內容之一部分，而應認係要約**。原告既本於被告地標網通公司之廣告要約而下單訂購，自屬承諾之通知，且因其承諾內容與要約之內容相互一致，依民法第153條第1項規定，雙方間之買賣契約即已成立。則原告請求被告依約定超商取貨方式交付系爭手機予原告，即有理由。
- 法院並未對於原告援引之**「零售業等網路交易定型化契約應記載及不得記載事項」表示意見。**

臺灣苗栗地方法院100年苗簡字第496號民事判決

案件事實

- 原告於民國100年7月29日在網路奇摩超級商城網站中被告的網頁上，訂購Samsung三星LED55吋液晶電視（型號UA55D8000YM，超透析面板，無線網路功能）二台，並於同年7月29日20時55分及7月30日13時11分收到被告發出之交易成功通知信。惟原告於同年9月30日15時34分收到被告通知信，載明該兩筆訂單為錯誤標價價格之無效訂單。
- 原告主張依據零售業等網路交易定型化契約應記載及不得記載事項第5點確認機制之規定，被告以錯標價格視為拒絕訂單之正當理由於理法不合，另被告亦已通知訂單付款成功，交易成立之確認信，實已確認契約成立。

本案爭點

- 買賣契約是否成立？
- 可否適用「零售業等網路交易定型化契約應記載及不得記載事項第5點確認機制」？

臺灣高等法院104年上易字第991號民事判決（續）

法院見解

買賣契約並未成立

本件被告於網路商店中標示售價銷售其商品，既未具體陳列商品實物，而係向多數不特定人為之，性質上應相當於「價目表之寄送」；又據被告提出之網頁資料觀之，被告確有於網頁多處表示「秀翔電器在收到您的訂單後，仍保有決定是否接受訂單及出貨與否之權利」之說明，就此網頁資料形式上係屬真正，**應認被告於網頁上標示系爭貨品之行為，屬於「寄送價目表」之要約誘引行為**，被告應不受其拘束，**系爭貨品買賣契約應未成立。**

無應記載及不得記載事項關於確認機制之適用

- 雖有經濟部所公布之「零售業等網路交易定型化契約應記載及不得記載事項」之規定，**惟被告既在網頁多處表示「秀翔電器在收到您的訂單後，仍保有決定是否接受訂單及出貨與否之權利」之說明，則其在網頁上所表示之商品價格、數量，應不能解釋為確認之商品數量及價格**，原告於此情形，縱為買受之表示，仍不能適用上開規定，認為相關買賣契約業已成立。

臺灣臺北地方法院99年消簡上字第1號民事判決

案件事實

- 被上訴人於民國98年6月25日在其網址「www.dell.com.tw」之網路商店上，就其品牌部分商品標明有線上折扣之優惠，上訴人即依網站所標示之折扣價格及訂購方式，訂購網站上所展售之型號Dell2009W20" Ultrasharp Widescreen LCD Monitor（S142009WTW）20吋之寬螢幕液晶顯示器1台，以及DellE2009W20" Digital Widescreen LCD Monitor（S14E2009WTW）20吋之寬螢幕顯示器1台，並立即獲取兩組訂單號碼，被上訴人亦隨即發出通知信告知已收取完整之訂單相關資料。詎料被上訴人事後逕以系爭網站上線上價格標示錯誤、訂單不被接受為由，拒絕履行兩造間所成立之買賣契約。

本案爭點

- 被上訴人在其網路商店上標明之「網上購買限時優惠」、「線上折扣NTD7,000」之優惠，係要約或要約之引誘？
- 「零售業網路交易定型化契約應記載及不得記載事項草案」第4點、第5點之意涵
- 被上訴人，得否撤銷其錯誤之意思表示？
- 上訴人，有無權利濫用或違反誠信原則？

臺灣高等法院104年上易字第991號民事判決（續）

法院見解

被上訴人所張貼之訊息係屬要約

被上訴人在網站上刊登之優惠內容，**為限時優惠，並非無限期**，且折扣NTD$7000之標示，亦使任何瀏覽該網站者一望即可明確知悉該折扣之金額。被上訴人亦自認系爭商品標價係源於本應僅就Vostro1520型號之商品提供適用7,000元之線上折扣，卻誤將「AND」之選項設定為「OR」之選項，可見被上訴人亦有就某項商品進行折扣7,000元之本意，對消費者而言，其難以知悉被上訴人係欲就何項商品進行折扣7,000元。

且當前我國不論網路交易或實體商店之消費購物，商家為了促銷突然大幅降價乃常見之事，例如日常電視廣告中不時聽聞「破盤大特價」等**宣傳，亦常有限時、限量的特價搶標活動之盛況**，本件被上訴人就系爭商品折扣7,000元後，約為1.2折至1.9折左右，尚屬目前臺灣社會商家可能出賣之折數，消費者實無從瞭解廠商（被上訴人）就商品定價之標準或心態，**亦無消費者必須衡量每件商品之賣價是否合理，始能承諾之理**。是本件被上訴人之商品標價應為要約，而非僅為要約之引誘。

「零售業網路交易定型化契約應記載及不得記載事項草案」非指企業經營者標示賣價之行為均非要約

- 「零售業網路交易定型化契約應記載及不得記載事項草案」第四點、第五點，均係為保護消費者而提供消費者再次確認要約或更正要約錯誤之方式，該等草案主要目的非為保護企業經營者，該等草案之內容並非認企業經營者標示賣價之行為均非要約，故被上訴人辯稱依上開草案，其就系爭商品之標價為要約之引誘，而非要約，亦非可採。

臺南地方法院107年消字第10號民事判決（續）

法院見解（續）

被上訴人不得撤銷其錯誤之意思表示

本件被上訴人自認系爭商品標價錯誤係源於價格設定人員所致，是被上訴人就系爭商品標價自承係因其自己（或使用人）之錯誤所致，**不論前開規定過失之認定係採「抽象輕過失」或「具體輕過失」，被上訴人至少欠缺與處理自己事務一般的注意義務，顯然有過失**，依前開規定，被上訴人自不得撤銷其錯誤之意思表示。

上訴人並無權利濫用或違反誠信原則之情事

被上訴人履行系爭商品之買賣契約亦僅須交付上開顯示器二台，其所失利益至多亦僅折扣之金額共計**14,000元**（尚未扣除依原價賣出時，被上訴人因該交易可獲得之利潤），是被上訴人辯稱如認本件買賣契約成立，被上訴人之損失將達數億元以上，顯有誤會，故上訴人請求被上訴人履行系爭買賣契約，尚難認係以損害被上訴人為主要目的，上訴人並無權利濫用或違反誠信原則之情事。

- 至被上訴人因其網站商品標價錯誤如就訂購者之訂單全部履約是否將使**被上訴人遭受數億元以上之損失，此與本件買賣契約之成立無涉**，仍應視個別購買者之訂單具體情形而論，且被上訴人並非一定選擇依購買者之訂單履行，況被上訴人亦可透過保險或對錯誤標價應負責之人請求負責，以被上訴人為國際知名企業而論，不應為免除其契約上責任即認購買者有權利濫用或違反誠信原則之情事。

相關判決核心問題

勝　　敗
消費者勝訴　消費者敗訴

標錯價
賣不賣

「要約」及「要約引誘」之不同

	要約	要約引誘
性質不同	意思表示	單純事實通知
目的不同	喚起相對人為承諾	喚起相對人為要約
是否具體明確	具體表明契約內容	未具體表明契約內容
重視當事人資格否	注重當事人資格	不注重當事人資格

系爭契約是要約

銷售者之網站中提供之商品訂購選單因足以呈現契約必要之點，應屬要約之表示。

訂購者以滑鼠或按鍵圈選或勾選者即為承諾之表示。

因此符合要約的表示買家在網站下單後，依指示完成匯款到指定帳戶、或線上刷信用卡付款等手續，買賣契約即完成。

定型化契約應記載事項之修正

「零售業等網路交易定型化契約應記載事項」第五點

現行條文	修改前之條文
五、確認機制及契約履行 　企業經營者應於消費者訂立契約前，提供商品之種類、數量、價格及其他重要事項之確認機制，並應於契約成立後，確實履行契約。	五、確認機制 　消費者依據企業經營者提供之確認商品數量及價格機制進行下單。 　企業經營者對下單內容，除於下單後二工作日內附正當理由為拒絕外，為接受下單。但消費者已付款者，視為契約成立。

- 為降低履約爭議之發生，並保障消費者權益，爰參考歐盟消費者權利保護指令第八條第二項、英國二〇一三年消費契約法第十六條、德國民法第三百十二條等內容，於本點前段規定企業經營者就消費者訂購流程，應提供商品之種類、數量及價格等之確認機制。

- 又考量現行網路購物實務運作推陳出新，企業經營者有主打短時間到貨，亦有提供預購或訂購等各類不同服務型態，為周全保護消費者與兼顧企業經營者營運策略，企業經營者就消費者所為之訂購，其確認機制除應遵循本事項要求之外，亦得依消費型態或經營上之需求，納入其他網路交易消費者保護之必要資訊，諸如告知嗣後查詢服務方式，或使消費者知悉預定出貨期程等相關重要事項。

- 企業經營者就其與消費者所訂立之契約，按民法之規定本應依契約內容履行。為使消費者瞭解此一原則，特於本點後段予以宣示。至於，契約之成立及履行之各項法定要件與效力，以及履約之消費者保護事項，皆已於民法及消費者保護法規定，應回歸適用之，考量本應記載事項之性質，於此不另行規定。

貳、買錯了・退不退

通訊交易解除權合理例外情事適用準則

通訊交易解除權合理例外情事適用準則

- **本準則依消費者保護法（以下簡稱本法）第十九條第二項規定訂定之。**
- 本法第十九條第一項但書所稱合理例外情事，指通訊交易之商品或服務有下列情形之一，並經企業經營者告知消費者，將排除本法第十九條第一項解除權之適用：
  - 一、易於腐敗、保存期限較短或解約時即將逾期。
  - 二、依消費者要求所為之客製化給付。
  - 三、報紙、期刊或雜誌。
  - 四、經消費者拆封之影音商品或電腦軟體。
  - 五、非以有形媒介提供之數位內容或一經提供即為完成之線上服務，經消費者事先同意始提供。
  - 六、已拆封之個人衛生用品。
  - 七、國際航空客運服務。

- **通訊交易，經主管機關依本法第十七條第一項公告其定型化契約應記載及不得記載事項者，適用該事項關於解除契約之規定。**

- **本準則自發布日施行。**

立法理由

第一款規定‧易於腐敗、保存期限較短或解約時即將逾期

- 易於腐敗（例如：現做餐盒或蔬果等），保存期限較短或解約時即將逾期（例如：蛋糕或鮮奶等）之商品，因其本身容易快速變質腐壞，保存期限少於七日，或雖較七日稍長，惟解約時即將逾期，**均不適宜退還後再出售**。

第二款規定‧依消費者要求所為之客製化給付

- 例如：依消費者提供相片印製之商品、依消費者指示刻製之印章或依消費者身材特別縫製之服裝等；**消費者依現有顏色或規格中加以指定或選擇者，非屬本款所稱之客製化給付**。

第三款規定‧報紙、期刊或雜誌

- 此類出版品因具有**時效性**，時間經過後不易出售。

第四款規定‧經消費者拆封之影音商品或電腦軟體

- 以有形媒介提供之影音商品或電腦軟體經拆封後，處於**可複製**之狀態，性質上不易返還。

立法理由

第五款規定‧非以有形媒介提供之數位內容或一經提供即為完成之線上服務，經消費者事先同意始提供

- （例如：電子書等）或一經提供即為完成之線上服務（例如：線上掃毒、轉帳或匯兌等），此種類型契約如係經消費者事先同意而開始提供，因其完成下載或服務經即時提供後即已履行完畢，**性質上不易返還**，故規定為合理例外情事。

第六款規定‧已拆封之個人衛生用品。

- 因衛生考量而密封之商品（例如：內衣、內褲或刮鬍刀等），商品如拆封檢查試穿（用）後再次出售，有影響衛生之虞。

第七款規定‧國際航空客運服務

- 國際航空客運服務為**全球化產業**，涉及聯營、共同班號等國際同業間之合作關係；又國際航空客運服務之運價及使用限制依「民用航空法」第五十五條及「航空客貨運價管理辦法」相關規定，應報請主管機關備查，且應將機票使用限制充分告知旅客，爰將國際航空客運服務列為合理例外情事，其應適用主管機關備查等相關規定。

通訊交易解除權合理例外 判斷流程

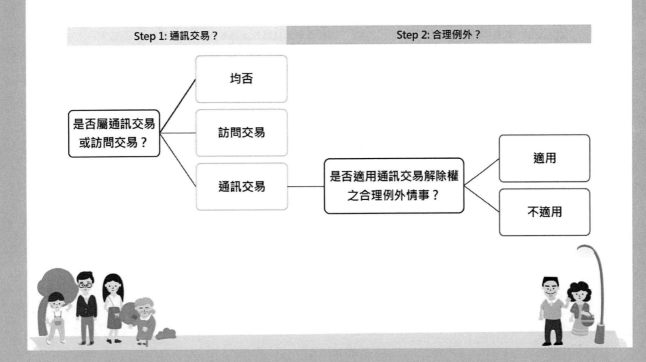

Step 1: 通訊交易？　　　　　　Step 2: 合理例外？

是否屬通訊交易或訪問交易？
- 均否
- 訪問交易
- 通訊交易 → 是否適用通訊交易解除權之合理例外情事？
  - 適用
  - 不適用

台北地方法院106年度北小字第3092號民事判決

案件事實

- 原告主張被告利用蝦皮購物網路交易平臺，要求其代購一支ＹＳＬ品牌口紅（系爭商品），原告於106年5月2日赴免稅店購買，於同年月11日寄至被告指定全家超商門市，被告於7日期限內未到場取貨致系爭商品被退回，故要求被告重新下單以便再次寄送，卻遭被告拒絕，故訴請被告賠償代購系爭商品損失1350元及法定利息。

- 被告抗辯其瀏覽蝦皮購物網，看到原告張貼系爭商品照片，於下單訂購後才認為不合用，因此未去取貨，惟依消費者保護法規定，郵購買賣的消費者享有購物後不用說明理由，七日內可退回商品的權益，並主張其當時未取得系爭商品，故不需要通知原告取消交易。

本案爭點

- 本案中之「代購」是否屬通訊交易?

台北地方法院106年度北小字第3092號民事判決

法院見解

• 本案法院認為通訊交易係消保法第2條第10款規定，指企業經營者以廣播、電視、電話、傳真、型錄、報紙、雜誌、網際網路、傳單或其他類似之方法，消費者於未能檢視商品或服務下而與企業經營者所訂立契約。而被告訂購ＹＳＬ品牌口紅，可在全臺該品牌專櫃上檢視內容，非在締約前沒有檢視商品的機會，被告委託原告在免稅店代購，僅因市價與免稅店有價差之所趨，故**法院認為兩造間交易型態與通訊交易之規範不符**，不應適用消保法第19條第1項所定之7日解除權，故原告請求被告賠償代購系爭商品而生之損失及法定利息，有法律上之理由。

• 法院並於判決中指出，本案被告締約後反悔不願依約履行，且不通知原告取消交易，顯違反誠實信用之締約上責任，就被告不願履行契約或拒不支付價金，原告自得依民法第226條主張損害賠償。

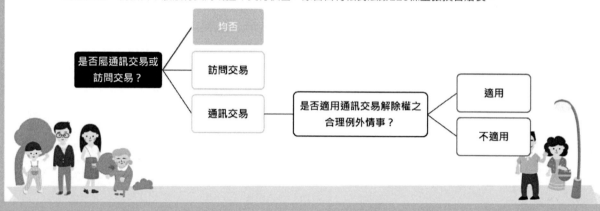

新北地方法院106年度小上字第52號民事判決

案件事實

• 訴訟兩造特別約定「代購商品不負任何商品瑕疵退換貨，風險要請買家自行承擔」，買方(上訴人)主張其委託被上訴人代購之日本唱片，具有包裝盒凹損等瑕疵，其得依消保法第19條第1項前段規定解除系爭契約(消保法第19條第1項規定：通訊交易之消費者，得於收受商品或接受服務後七日內，以退回商品或書面通知方式解除契約，無須說明理由及負擔任何費用或對價)。

本案爭點

• 本案中之免除責任特約，是否適用消保法第10條之1而無效?

• 本案中之「代購」是否屬「通訊交易解除權合理例外情事適用準則」第2條第2款之「依消費者要求所為之客製化給付」?

新北地方法院106年度小上字第52號民事判決

法院見解

- 爭點1：

- 依消保法第10條之1之文義，不得預先約定限制或免除者，限於消保法第二章（消費者權益）中第一節（健康與安全保障）相涉者為限。且依民法關於出賣人物之瑕疵擔保責任，非不得依當事人之特約予以免除，此種情形，買受人即不得再依物之瑕疵擔保請求權而為減少價金之主張（最高法院83年度台上字第2372號裁判意旨參照）。

- 本件上訴人主張其委託被上訴人代購日本唱片，具有包裝盒凹損等瑕疵一事，**既未涉何危害上訴人安全與健康情事**，而非屬消保法第10之1條規定不得預先約定限制或免除範圍。承前述，瑕疵擔保責任亦得依當事人之特約予以免除。

- 爭點2：

- 本件被上訴人係於接受上訴人委託後，**始為上訴人為下單代購行為**（被上訴人係「提供服務」），而非被上訴人逕將系爭代購唱片轉售上訴人，兩造間契約關係**自屬通訊交易解除權合理例外情事適用準則第2條第2款所稱「依消費者要求所為之客製化給付」**。

桃園地方法院107年度桃小字第1257號民事判決

案件事實

- 原告主張其於被告經營之網站購買為現貨商品之CHANEL品牌包包，消費金額為新臺幣71540元，於到貨後，因尺寸不符所需，遂向購物網站之客服人員表示欲辦理退貨，經其同意後，原告即將系爭商品寄回。惟被告收受系爭商品後，僅退還原告43,254元，尚有28,286元未返還，屢經催討，均未獲置理。

- 被告抗辯原告係請被告代購國外價值70,000多元之香奈兒 包包(系爭商品)，在網頁上已註明此為代購型商品。又原告訂購系爭商品後，另行訂購LV品牌皮包，惟原告收受系爭商品後，因尺寸太小想要更換，被告也特別通融讓原告以換貨方式處理兩件訂單，而將價值20,000多元之LV皮包寄給原告，一併退還系爭商品與LV皮包之價差40,000多元予原告，並非原告所稱之退貨。

本案爭點

- 本案之交易關係是否為代購？
- 該交易關係是否屬「通訊交易解除權合理例外情事適用準則」第2條第2款之「依消費者要求所為之客製化給付」？

桃園地方法院107年度桃小字第1257號民事判決

法院見解

- 法院認為被告雖辯稱系爭商品屬代購型商品，惟未提出原告下訂後其始向國外訂購並運送抵臺之相關海外商品購買憑證，且原告於105年5月26日向被告訂購系爭商品後，隨即於同年月29日收受系爭商品，顯示系爭商品並非被告因原告訂購後始向國外廠商購買，而應無客製化情事，故本案交易關係應非屬「通訊交易解除權合理例外情事適用準則」第2條第2款之「依消費者要求所為之客製化給付」，系爭商品買賣**應適用消保法第19條第1項之解除權規定**。

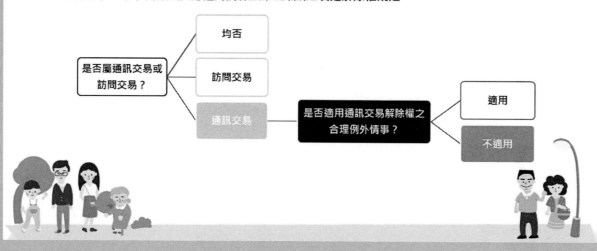

桃園地方法院107年度桃小字第1257號民事判決

案件事實

- 原告向被告購買屁屁洗淨器，原告打開商品檢查後，因不滿意出水力道太弱，立刻申請退貨，被告拒絕退貨；原告認為系爭攜帶型屁屁洗淨器只是裝水的塑膠容器，應不屬於個人衛生用品，且其打開商品僅為必要之檢查，並未使用。
- 被告抗辯系爭攜帶型屁屁洗淨器，依一般正常人之社會基本常識，一看即知係屬個人衛生用品，且系爭攜帶型屁屁洗淨器訂購網頁內容明確記載「個人衛生用品除商品本身有瑕疵外，未拆封商品仍享有7天猶豫期之退貨權利。但已拆封即適用《通訊交易解除權合理例外情事適用準則》，本公司無法接受退換貨」。

本案爭點

- 系爭攜帶型屁屁洗淨器，已被拆封並無疑義，關鍵在於是否屬通訊交易解除權合理例外情事適用準則第2條第6款之「個人衛生用品」？

桃園地方法院107年度桃小字第1257號民事判決

法院見解

- 系爭商品係個人外出如廁後手持清洗肛門之用，*既為手持，而非固定式*，法院認為在操作過程中，使用者因人而異，有直接碰觸肛門或身體其他部位，甚至是排洩物之可能，故認系爭**攜帶型屁屁洗淨器**屬**通訊交易解除權合理例外情事適用準則第2條第6款之「個人衛生用品」**，故原告(買方)不得依消保法第19條第1項前段規定解除系爭契約。

臺灣彰化地方法院106年員簡字第13號民事判決

案件事實

- 原告主張其向被告訂購國際牌DL-SJX11T（加長型）免治馬桶，並給付價金7,800元而成立買賣契約，原告於同年12日卻收受被告寄送之國際牌DL-F509BTWS之商品（下稱系爭商品）。系爭商品與原告所訂購之商品型號不符，價格亦僅有5,600元，故原告於收受系爭商品後之7日內向被告表示退貨並將系爭商品退還給被告。
- 被告抗辯原告所訂購系爭商品屬於個人衛生用品，不適用7日契約解除權之規定，且本件被告於出貨時，已告知原告將替換其他更新型號之系爭商品給予原告，並經原告同意。

本案爭點

- 系爭商品-國際牌DL-SJX11T（加長型）免治馬桶，是否屬通訊交易解除權合理例外情事適用準則第2條第6款之「個人衛生用品」？

臺灣彰化地方法院106年員簡字第13號民事判決

法院見解

- 法院認為原告所購買之系爭商品為價值數千元之免治馬桶座，屬衛浴空間之電器用品，與通訊交易解除權合理例外情事適用準則第2條第6款例示所稱*內褲、刮鬍刀等衛生用品*顯然有別，而認為非屬該款之個人衛生用品。

- 法院並指出查本案原告所購買之系爭商品屬電器用品，自須先將外包裝拆除後方得檢視商品，故原告拆除系爭商品之包裝應屬合理之審閱商品方式，無礙原告解除權之行使。

高雄地方法院107年度雄小字第1018號民事判決

案件事實

- 原告透過Facebook獲悉係爭天才學院講座資訊，遂支付場地費新臺幣300元報名參加該講座，於上課當天，講師黃某不斷以言語激勵學員，說明腦力開發能讓賺錢變得更簡單輕鬆等等，原告於參加講座當日即以55000元價金購買腦力開發線上課程，內容包括於1年期間內隨時登入線上影音學習專區學習進修以及線上討論諮詢專區進行提問，並附加贈送4堂實體諮詢課程。嗣後原告認為講師資歷有誇大其實或與事實不符之實而欲解除契約。

- 被告抗辯系爭契約非屬通訊、訪問交易，無消費者保護法7日無條件解除權之適用。被告並指出縱認系爭契約係屬於消費者保護法第19條之通訊、訪問交易，然系爭契約標的是為提供腦力開發影音教材並給予學員1年期間的線上學習進修權限，非以有形媒介提供之數位內容，一經提供即已完成線上服務，參酌通訊交易解除權合理例外情事適用準則第2條第4、5款規定，本件屬消費者保護法第19條解除權合理例外情形，應無7日無條件解除權之適用，系爭契約第3條第3項並已具體說明使消費者知悉。

本案爭點

- 本案交易是否屬通訊或訪問交易?
- 有無符合通訊交易解除權合理例外情事適用準則第2條第4、5款規定?

高雄地方法院107年度雄小字第1018號民事判決

法院見解

- 爭點1：
- 法院認為原告在與被告簽訂系爭契約之前，確實未能事先檢視被告所提供之商品或服務，因此系爭契約確實合於消費者保護法第19條通訊交易之性質，應有消費者保護法第19條得在接受商品或接受服務後7日內無條件解除契約規定之適用。

- 爭點2：
- 法院認為綜合審酌系爭契約之實質內容，除影音商品外，性質上尚含有於特定期間內傳授一定知識、技藝、諮詢服務等內容，與通訊交易解除權合理例外情事適用準則第2條第4、5款規定之要件**並未完全相符**，而肯認原告有解除契約之權利。（**本案中雖有解除權**，但原告並未依消費者保護法第19條第1項前段以退回商品或書面通知方式解除契約，故法院認定不生解除之效力。）

臺南地方法院107年度南小字第1092號民事判決

案件事實

- 原告轉帳5,050元至被告所指定之玉山銀行帳戶，委託被告替原告報名參加大中華貓會臺灣分部所舉辦之「**大中華貓報恩貓展**」比賽CFA組，惟原告於106年10月24日，通知被告將不參加11月25日系爭貓展比賽，並詢問可否將上開報名費用延至下次比賽時再使用，並獲得被告之承諾。
- 原告主張其於107年2月7日終止兩造間之委任關係，被告既尚未完成報名手續，則被告受領原告預付處理委任事務之必要費用5,050元自當返還，惟被告否認之，並辯稱報告程序已完成，故拒絕退費。

本案爭點

- 本案原告是否已完成系爭大中華貓報恩貓展比賽之線上報名程序？
- 本案中系爭大中華貓報恩貓展比賽之線上報名，有無符合通訊交易解除權合理例外情事適用準則第2條第5款規定？

臺南地方法院107年度南小字第1092號民事判決

法院見解

• 爭點1：

• 法院認為系爭貓展之報名google表單中明載「3.報名完成以匯款時間為準，一經匯款則視同報名完成。」，且原告匯款完成後，被告即以訊息通知原告已完成報名，並傳送報名成功之資料照片予原告，故原告應已完成報名程序。

• 爭點2：

• 法院指出雖原告尚未接受服務，惟系爭貓展活動，若於原告接受服務後7日內得解除契約，顯已逾期，故<u>系爭通訊交易自屬消保法第19條第1項但書所稱之合理例外情事，報名完成後即無法解除契約</u>，且亦經企業經營者公告在其活動規定上，故系爭通訊交易自得排除消保法第19條第1項解除權之適用，原告主張依消保法第19條第1項前段規定解除契約並請求返還系爭報名費，並無理由。

臺中地方法院106年度沙小字第491號民事判決

案件事實

• 原告主張其於**露天拍賣網站**向被告購買飛利浦全自動義式咖啡機（系爭商品），原告收到系爭商品後，發現缺少部分配件並有損壞情形，原告依消費者保護法之規定，7日內以退回系爭商品之方式向被告解除系爭買賣，被告自屬無法律上原因而受有該9,600元價金之利益。原告據此依民法不當得利之法律，請求被告返還該9,600元。

• 被告抗辯其於露天拍賣網站上有標明系爭商品係被告使用過的二手商品，並詳載系爭商品之狀況及張貼系爭商品之相關相片，被告並主張系爭商品之卡榫斷裂是原告收受後所造成。

本案爭點

• 於露天拍賣網站上全自動咖啡機是否屬通訊交易？有無符合通訊交易解除權合理例外情事適用準則？

臺中地方法院106年度沙小字第491號民事判決

法院見解

- 法院認為被告寄送交付系爭商品予原告之前，原告事前並未有機會檢視系爭商品實體，故兩造間之系爭買賣契約，應屬消費者保護法規定通訊交易之消費關係。
- 惟系爭商品乃為實體之咖啡機，並無通訊交易解除權合理例外情事適用準則」第2條各款規定之情事，故本案原告係合法行使7日解除權，原告據此依不當得利之法律關係，請求被告給付原告9,600元，為有理由。

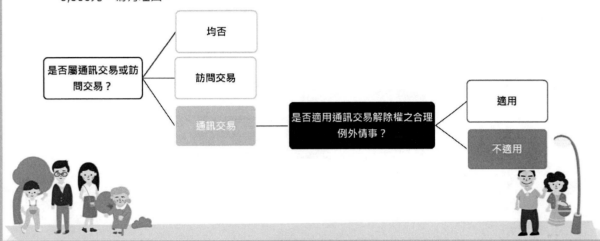

桃園地方法院106年度壢小字第1005號民事判決

案件事實

- 原告主張：原告於106 年向被告購買其於Facebook專頁所刊登出賣之3袋服飾福袋（下稱系爭福袋）。然原告於取得系爭福袋後，3個福袋內均有一件L號且同款式、同色系之上衣，明顯太大與購買尺寸不符，遂向被告辦理退貨並請求返還上開價金。
- 被告未於言詞辯論期日到場，亦未提出準備書狀作任何聲明或陳述。

本案爭點

- 於Facebook專頁上購買服飾福袋是否屬通訊交易？服飾福袋有無符合通訊交易解除權合理例外情事適用準則？

桃園地方法院106年度壢小字第1005號民事判決

法院見解

• 系爭福袋係原告在**網路**上向被告訂購，8月31日送達原告，原告於同年9月5日以託運將系爭福袋退回之方式通知被告解除買賣契約，此有統一發票、超商代收繳費收據、嘉里大榮物流之託運單足憑。

• 系爭福袋之內容物為衣服，非屬可排除適用消費者保護法第19條第1項之合理例外情事。

• 是原告既已於收受系爭福袋7日內即將物品退回並向被告表示解除契約之意思表示，依上開規定，原告自無須說明退貨理由及負擔任何費用，故原告主張依照消費者保護法第19條規定解除契約，自屬有據，應予准許。

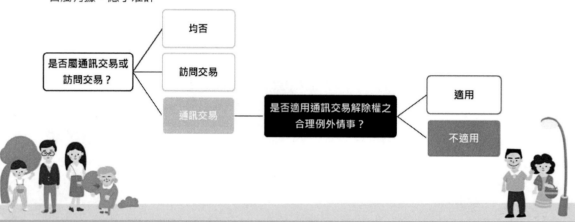

台中地方法院107年度中小字第1540號民事判決

案件事實

• 原告於106年4月29日以**網路上儲值點數消費向被告購買遊戲產包**，於106年5月4日向被告表示解除約並要求退款。

• 被告以**原告註冊會員時並未提供**

本案爭點

• 被告得否依消費者保護法第19條規定解除系爭買賣契約？

• 是否屬通訊交易解除權合理例外情事適用準則**第二條第四款**之情事？

被告以原告註冊會員時並未提供[⋯]，無法證明原告即為帳號會員本人，且被告提供之線上遊戲服務為非有形媒介提供之數位內容，已無從回復或返還。

台中地方法院107年度中小字第1540號民事判決

法院見解

- 被告於產包購買頁面注意事項記載「產包的部分被使用或消耗之情形，視為商品已開啟，無法接受退款。」而原告於一〇六年二月十日即已透過二百九十九元之遊戲產包開始接受被告公司所提供之線上遊戲服務，故商品已開啟。

- 本件商品已開啟，係經消費者拆封之影音商品或電腦軟體，屬通訊交易解除權合理例外情事適用準則**第二條第四款**之情形，故為消費者保護法第十九條但書所稱合理例外之情形。從而，原告依消費者保護法第十九條請求被告給付一千三百九十九元，為無理由，不應允許。

國家圖書館出版品預行編目(CIP)資料

圖解案例消費者保護法 = Consumer protection law/林瑞
珠編著. -- 增訂二版. -- 臺北市 : 元華文創股份有限公
司, 2022.08
　　面；　公分
　　ISBN 978-957-711-273-6(平裝)

　　1.CST: 消費者保護法規

　　548.39023　　　　　　　　111013348

圖解案例消費者保護法（實務案例增訂二版）

林瑞珠 教授　編著

發 行 人：賴洋助

出 版 者：元華文創股份有限公司

聯絡地址：100 臺北市重慶南路二段 51 號 5 樓

聯絡電話：(02)23511607

公司地址：302 新竹縣竹北市台元一街 8 號 5 樓之 7

公司電話：(03)6567336

網　　　址：http://www.eculture.com.tw/

電子郵件：service@eculture.com.tw

主　　　編：李欣芳

責任編輯：立欣

行銷業務：林宜葶

出版年月：2022 年 08 月 增訂二版

定　　　價：新臺幣 500 元

ISBN：978-957-711-273-6（平裝）

總經銷：聯合發行股份有限公司
地　址：231 新北市新店區寶橋路 235 巷 6 弄 6 號 4F
電　話：(02)2917-8022　　　傳　真：(02)2915-6275